一九色鹿一

A STUDY ON THE SEYI IN
TANG DYNASTY

唐代色役研究

吴树国 著

社会科学文献出版社
SOCIAL SCIENCES ACADEMIC PRESS (CHINA)

本书为国家社会科学基金一般项目
"唐代色役问题研究"（16BZS041）结项成果

目录

绪　论 / 1

第一章　唐前期色役的基本问题 / 24

　　一　色役在唐前期为独立役种 / 25

　　二　唐前期色役的可识别特征 / 30

　　三　唐前期色役的层次分类 / 38

　　四　唐前期色役的职役性质 / 41

第二章　唐前期色役的番期与役期 / 49

　　一　番期与役期：色役运行中的时间区别 / 50

　　二　十日或十五日役期：着眼于农事的月番役期规定 / 56

　　三　月番与倍番：基层官府分派色役的管理方式 / 60

　　四　更代期与累资期：色役身份变动的最低法定期限 / 64

　　五　农本与精易：色役番期与役期设立的制度理念 / 67

第三章　唐前期色役的纳资与纳课 / 72

　　一　不役纳资与舍身收课：唐前期色役纳资与纳课的区别 / 73

　　二　官僚利益诉求与皇权秩序维护：唐前期色役资课
　　　　合流的内在理路 / 87

　　三　资课合流的牵引作用与唐宋社会经济结构的变革趋势 / 95

第四章　唐后期色役的嬗变 / 103

　　一　开元、天宝时期色役运行状况与色役的减省 / 104

　　二　唐肃宗和代宗时期的色役整顿 / 115

　　三　两税法以后新色役的出现与中央的控制 / 119

　　四　唐后期的"府县色役"与州县色役之别 / 136

　　五　差役与杂徭芜杂下的唐后期色役 / 145

第五章　陵户：唐代色役的个案深入 / 150

　　一　关于唐代陵户的几个问题 / 150

　　二　礼制规范视域下唐代陵户的设置 / 166

第六章　特殊户役与白直：唐宋之际色役的关联 / 181

　　一　北宋募役法改革前的特殊户役 / 182

　　二　北宋白直的制度理路与历史内涵 / 196

结　语 / 213

附录一　唐前期色役性质考辨 / 223

附录二　试论唐前期"支度国用"中的杂徭 / 242

附录三　试论唐前期中男服杂徭的法定役期 / 255

附录四　北宋前期役制变迁探析 / 265

参考文献 / 277

后　记 / 294

绪　论

一　选题缘起与研究意义

色役是唐史研究的重要课题。早在 20 世纪 30 年代和 40 年代，陶希圣、鞠清远就已注意到色役及其相关的资课。[1] 至 50 年代，王永兴利用敦煌吐鲁番出土文书，具体揭示了色役的名目、特点及制度走向。[2] 以后在 80 年代，张泽咸在《唐五代赋役史草》中专门设立"色役"一章，讨论了色役的概念、种类及其与差科、资课和职役的关联。[3] 唐长孺则有专文《唐代色役管见》，将色役分别与杂职掌、杂任以及与正役、杂徭相比较，对色役进行定位，并分析了两税法施行

1　陶希圣、鞠清远：《唐代经济史》，商务印书馆，1936，第 163~168 页。

2　王永兴：《敦煌唐代差科簿考释》，《历史研究》1957 年第 12 期。

3　张泽咸：《唐五代赋役史草》，中华书局，1986，第 335~377 页。

后的色役。[1] 上述学者有关色役基本问题的研究为该课题拓展奠定了深厚的基础。以此发轫，国内史学界理当进一步推动唐代色役研究走向深耕与细化。然而，90 年代以后，尤其是明抄本《天圣令》出现后，学界趋向于否定色役的独立役种地位，致使该研究仍徘徊于初始阶段。无独有偶，日本学者把"色役"称为"番役"，研究重点同样指向色役与杂役、差科、杂任役的关联，以及色役在以正役、杂徭为主体的役制结构中的地位。可见，日本学界有关色役研究也踟蹰于概念界定和制度定位层面。

这一局面，固然与唐代法制文献缺少对色役的明确规定，及对色役实践层面的记载相对零散有直接关联，致使学术界一直在唐代色役性质、类别、征役方式以及发展变化上认识不一。但仅以此解释色役研究的相对滞后则有推脱之嫌，因为史料记载的缺略和局限在不同时代或不同研究对象之间皆有存在，属于历史研究的常态。问题的关键其实还是理念和视野。后来的色役研究始终浅尝于概念之间，未像前辈学者那样专注色役本身，并走向色役的深层肌理，致使色役运行的局部特质凝练无法对色役整体认识形成反哺；与此同时，研究视野基本局限于唐代，没有从中国古代役制整体发展脉络中对色役加以定位，亦是缺乏突破的根源。恰恰是因思维困陷于时代之毂，遮蔽对色役的整体认知，进而产生对色役独立役种地位的质疑。故要实现色役研究的推进，必须打破断代樊篱，将唐代色役放到中国古代役制的整体中加以认识，并且把色役作为专门研究对象，进行细化研究，从而把握色役的性质与特征。

关于色役，鞠清远在《唐代财政史》中将色役及相关资课列为特种收支，并论称："假使没有这种财政收入，则财政支出中，又增加多少，在赋税收入上，又应增加多少，方能应付这种支出？"[2] 明确指出了色役及资课的财政意义。在后来的唐代财政史研究中，色役资课的财政意义

1　唐长孺：《唐代色役管见》，《山居存稿》，中华书局，1989，第 166~194 页。
2　鞠清远：《唐代财政史》，商务印书馆，1940，第 102 页。

亦不断被强调。该研究理路反映出色役在王朝财政中的价值。然而财政史研究中往往重赋轻役，役经过税化，进而形成财政收入的部分，才能进入财政史研究视野，而作为"收支一体"的役本身的财政意义，却殊少有人关注。就色役而言，其役目繁杂，纳资收课亦在不同役目间表现出时间上的先后差异以及资课额度的多少之别。那么，色役被允许纳资课前的财政意义如何？同时，色役纳资课是否为独立的财政现象，它与力役的纳庸，甚至兵役的雇佣是否都存在关联？这些问题说明唐代色役更深层的财政意义还有待挖掘。

色役为唐代役制的重要组成部分，只有对它形成更全面、深入的认识，才能准确地把握唐代役制的结构，以及各役种之间的关系。尽管以往学术界对色役有过不同程度的探讨，但毋庸讳言，对色役的整体认识颇为模糊。拒绝承认色役独立役种者，将其诉归为力役的替代形式，这增加了色役的不确定性。即使将色役作为独立役种的研究，对色役的认识也颇为笼统，有些问题亟待厘清，如色役"分番供役"如何运行？如何分番？色役的纳资收课，何谓纳资？何谓收课？其标准的内涵是什么？色役在运行中与正役、杂徭及兵役之间为何种顺序？等等。因此，唯有全面深入地对色役问题加以梳理，才能更好地厘清色役，更深入地把握唐代的役制结构。

唐代色役的流变亦具有重要的研究意义。一方面，由于受两税法后色役全面纳资课和雇役的影响，很多学者认为色役在两税法前后已经消失；另一方面，囿于唐宋断代研究的樊篱，对色役嬗变的观察视野仅限于唐五代，故对唐代色役的流变研究仍有较大空间。实际上，宋代史料中色役的称谓繁多，但宋代的役制语境中有差役、职役，并没有色役，那么，宋代色役与唐代色役有何关联？唐代色役又与宋代差役、职役之间存在何种差异？这不仅涉及唐宋色役的演进，也关乎唐宋制度变迁中的"变革"与"连续"。

唐代色役研究对中国古代役制的整体研究亦不乏价值。按鞠清远先生较早对唐代色役的定义："政府指派特定人丁，与官吏，或各机关，以备服役，或供输一定数量的钱物，作为官吏的俸料中的一部分，或维持保护某种机关的，在唐代有一种名称，对于服役，称之为'色役'，对于所纳的钱物，称为'资课'。"[1] 这种固定服役于官府特定机关，或特定官吏的使役人群，在唐以前的秦汉和魏晋南北朝时期都有存在，至于宋代及以后的元明清更是比比皆是。那么，这一服役群体是否王朝行政体制所必需？在断代语境的各王朝役制中是否具有共同特征？尤其在唐前期兵徭为主体役种，至唐后期、宋代职役为主体役种的变迁中，色役是否成为中国古代役制整体结构变迁的重要载体？对这些问题的研究不乏通史性视野，亦使研究具有更为宏观的观察价值。

二　研究现状

色役是唐代赋役研究中的重要问题，吸引了众多学者的目光。20世纪 30 年代的"食货派"即对色役进行了早期探索，敦煌差科簿得以利用的 50 年代及改革开放之初的 80 年代更形成色役研究的两次热潮。近年来，尽管随着明钞本《天圣令》的发现，色役的相关讨论再次得以提振，但这一研究领域仍有许多重要问题未能达成一致，研究视角也有待进一步丰富。如何总结以往经验，进而推动色役研究走向深入显得极为关键。和卫国《唐代色役制研究述评》[2]已对色役研究进行过简要梳理，胡戟等主编《二十世纪唐研究》[3]、李锦绣《敦煌吐鲁番文书与唐史研究》[4]、张国刚主编《隋唐五代史研究概要》及所撰《二十世纪隋唐五代史研究的回顾与展望》《改革开放以来唐史研究若干热点问题述评》，[5]

1　鞠清远:《唐代财政史》，第 102 页。
2　和卫国:《唐代色役制研究述评》，《高校社科动态》1997 年第 2 期。
3　胡戟等主编《二十世纪唐研究》，中国社会科学出版社，2002，第 371~372、384~388 页。
4　李锦绣:《敦煌吐鲁番文书与唐史研究》，福建人民出版社，2006，第 198~210 页。
5　张国刚主编《隋唐五代史研究概要》，天津教育出版社，1996，第 233~237 页；张国刚:《二十世纪隋唐五代史研究的回顾与展望》，《历史研究》2001 年第 2 期；张国刚:《改革开放以来唐史研究若干热点问题述评》，《史学月刊》2009 年第 1 期。

张琰琰《近三十余年唐代胥吏问题研究述论》[1]也涉及色役研究的相关动态，但或因成文年代较早，或因主旨所限，或失之于简，既无法囊括最新的研究成果，所述也不够系统。有鉴于此，以下尝试以问题为线索，对 20 世纪以来唐代色役研究状况进行回顾并提出展望。[2]

（一）色役的概念、特点与性质

"色役"一词广泛存在于唐代史籍之中，然而对于色役概念及其在唐代赋役制度中所处地位等问题都缺乏明晰的解释。因此，围绕色役概念、特点与性质，众多学者展开争鸣。

20 世纪 30 年代，陶希圣、鞠清远《唐代经济史》初步界定了"色役"与"资课"，认为"色役"乃是唐代一部分人"提供特种徭役于特定的机关"，而服色役的"色役户"不提供色役时所纳的现物或钱币则被称为"资课"。[3]此后，在 40 年代出版的《唐代财政史》中，鞠清远对色役的概念界定又有所补充，更为清晰地指出色役在服务于特定机关之外还存在服务于官吏个人的情况。[4]虽然受到时代与材料的限制，许多相关问题未能深入，但两位先生对色役的概念界定及色役"不役纳资"的认识颇具开创之功。

20 世纪 50 年代以后，随着敦煌吐鲁番文书的出土与利用，学界对色役的认识有了重要推进。王永兴《敦煌唐代差科簿考释》对五件敦煌文书所涉职务和徭役名称加以考释，认为唐前期色役的特点是"某一种徭役由某一类人来负担，另一种徭役由另一类人来负担"，色役中的"色"是"类"的意思。[5]80 年代，王永兴在前文基础上发表了《唐天宝敦煌差科簿研究——兼论唐代色役制和其他问题》，具体分析了 26 种

1　张琰琰：《近三十余年唐代胥吏问题研究述论》，《中国史研究动态》2016 年第 1 期。
2　该研究状况为笔者与博士研究生李强共同梳理，最终以《20 世纪以来唐代色役研究述评》为题发表于《中国史研究动态》2021 年第 3 期。录入此书时有改动。
3　陶希圣、鞠清远：《唐代经济史》，第 163 页。
4　鞠清远：《唐代财政史》，第 102 页。
5　王永兴：《敦煌唐代差科簿考释》，《历史研究》1957 年第 12 期。

色役项目，将色役的特点概括为：分番服役、不服役者要纳资（或课）、身份性。[1] 此三点后来为多数学者所认可，前两点更成为判定色役的重要标准。

色役性质长期以来是学界争论的焦点。王永兴编著的《隋唐五代经济史料汇编校注》明确主张唐前期的色役与杂徭性质不同，"色役与杂徭是同时存在的两种徭役形式"。[2] 唐耕耦《唐代前期的杂徭》则认为色役包括杂徭，但不等于杂徭，其内容比杂徭更为宽广。[3] 张泽咸《唐五代赋役史草》探讨了色役与差科、杂任、职役等的关系，认为色役与差科难以区分，"杂任和职役理应都属于色役"。[4] 唐长孺《唐代色役管见》将色役分为两大类：一类居于吏与役之间，在律令上又是杂任或职掌；另一类是单纯的徭役，其中一部分由杂徭或正役转化而来，一部分是专业性的特殊人户。唐先生认为广义上杂徭包括色役，但主张狭义上杂徭与色役在唐前期具有区别。[5] 杨际平《唐前期的杂徭与色役》认为唐前期色役的概念并不明确，往往只是一种泛称。[6] 唐前期色役并非独立于正役、杂徭之外的徭役，而是正役、杂徭的一种使用形式。戴建国《唐〈开元二十五年令·杂令〉复原研究》结合《天圣令》中的新材料，推测唐前期色役只是一种泛称，泛指各种役使。[7] 王晶《唐前期的差科簿与差科流程：以阿斯塔那 61 号墓所出役制文书为中心》从吐鲁番出土的役制文书入手，提出"唐前期正役、色役、杂徭是三种平行共存的力役形式"。[8]

1　王永兴：《唐天宝敦煌差科簿研究——兼论唐代色役制和其他问题》，北京大学中国中古史研究中心编《敦煌吐鲁番文献研究论集》，中华书局，1982，第 145 页。

2　王永兴编著《隋唐五代经济史料汇编校注》，中华书局，1987，第 637 页。

3　唐耕耦：《唐代前期的杂徭》，《文史哲》1981 年第 4 期。

4　张泽咸：《唐五代赋役史草》，第 365 页。

5　唐长孺：《唐代色役管见》，《山居存稿》，第 171、180 页。

6　杨际平：《唐前期的杂徭与色役》，《历史研究》1994 年第 3 期。

7　戴建国：《唐〈开元二十五年令·杂令〉复原研究》，《文史》2006 年第 3 辑。

8　王晶：《唐前期的差科簿与差科流程：以阿斯塔那 61 号墓所出役制文书为中心》，《中国社会经济史研究》2023 年第 1 期。

国外对色役的研究主要集中在日本，色役性质的争论同样存在于日本学界。日本学者对色役有"杂役"、"番役"或"差役"等不同称谓。滨口重国《唐代两税法以前的徭役劳动》讨论了唐前期的役、杂徭、杂役等问题，涉及色役一词及色役的一些具体役目。[1] 曾我部静雄《均田法及其税役制度》认为色役包括在杂徭之中，乃是一种杂役。[2] 松永雅生《唐代差役考》指出色役番役据户等、户内丁多少征发，将之称为差役，并认为它在杂徭之外。[3] 宫崎市定《唐代赋役制度新考》认为唐代民众在承担租、庸、调、杂徭四种义务之外，还有"职掌"义务，称之为"番役"。[4] 小笠原宣秀、西村元佑《唐代徭役制度考》将唐代力役分为岁役、杂徭和色役，并结合大谷文书进行了考证。[5] 西村元佑《对唐律令中的杂任役与色役资课的考察》认为色役在律令上的用语就是杂任役。[6] 大津透《唐律令制下的力役制度：日唐赋役令管见》认为唐代赋役包括课役和差科，课役指租庸调，差科则指从色役到职掌人、杂徭。[7] 渡边信一郎《唐代前期赋役制度的再检讨——以杂徭为中心》认为唐代律令制下的徭役由正役、杂徭和色役组成，色役基本上是由军役、正役、杂徭等转化的一些下层公务劳动。[8]

由此可见，中外学界对色役的研究多是围绕色役概念展开，进而探

1 濱口重國「唐に於ける両税法以前の徭役労働」『東洋学報』第 20 卷第 4 期、第 21 卷第 1 期、1933 年。

2 曾我部静雄『均田法とその税役制度』講談社、1953、227~228 頁。

3 松永雅生「唐代差役考」『東洋史学』第 15 号、1956 年。

4 宫崎市定「唐代賦役制度新考」『東洋史研究』第 14 卷第 4 号、1956 年。中译本收入刘俊文主编《日本学者研究中国史论著选译》第 4 卷，夏日新、韩昇、黄正建等译，中华书局，1992，第 378~404 页。

5 小笠原宣秀、西村元佑「唐代徭役制度考」『西域文化研究』第 3 号、1959 年。中译本收入周藤吉之等著《敦煌学译文集——敦煌吐鲁番出土社会经济文书研究》，姜镇庆、那向芹译，甘肃人民出版社，1985，第 871~977 页。

6 西村元佑「唐律令における雑任役と所謂色役資課に関する一考察」『竜谷史壇』第 50 号、1962 年。

7 大津透「唐律令制下の力役制度について：日唐賦役令管見」『東洋文化』第 68 号、1988 年。

8 渡辺信一郎「唐代前期賦役制度の再検討一雑徭を中心に」『唐代史研究』第 11 号、2008 年。

讨色役与其他役种之间的关联及其在唐代赋役体系中的地位。学界对色役性质的认识难以统一，大体可概括为三种：一是认为色役是正役、杂徭之外的独立性役种；二是坚持色役只是一种泛称，包含于正役、杂徭之中，或认为色役涵盖了杂徭，否认色役独立性役种的地位；三是主张虽然在广义上色役多是一种泛称，但狭义上的色役存在特殊性。此外，对色役与杂任、职掌、差科等的关系也存在不同看法。

（二）色役的渊源与流变以及制度运行

制度形成的背后往往有着原始因子，而一种制度自形成之日起就处在变化与调适之中。对色役的渊源与流变进行梳理也是色役研究的重要内容。

武仙卿《南北朝色役考》较早关注了唐代色役的渊源，对南北朝至北宋色役名目与意义的变化进行了考察，指出魏晋南北朝是色役的典型时期，大都是现役；隋唐则除一部分地方政府或地方性质的色役以外大都以纳资课的形式转化为俸禄的一部分；北宋色役则又沾染了商业的性质。此种跨越断代、注意色役名实变化的研究路径颇值得借鉴。[1]

不同于武仙卿以是否服现役作为判断色役制典型与否的标准，王永兴《唐天宝敦煌差科簿研究——兼论唐代色役制和其他问题》则关注色役"轮番服役、不役纳资"是否显著和普遍，据此主张南北朝是色役的初期，发展并未成熟，唐代前期才是色役制的发展和成熟阶段。[2]此外，还论及从南北朝至唐朝天宝年间色役制的转变与消逝问题。张泽咸《唐五代赋役史草》也认为南北朝时期色役的名目尚未见诸记载，并不能称之为色役的盛世。该书对唐代色役的研究特别注意上下求索，既注意色役在魏晋南北朝的渊源，又关注其在五代、两宋的发展变化。[3]日本学

---

1 武仙卿：《南北朝色役考》，《食货》第 5 卷第 8 期、第 10 期，1937 年。
2 王永兴：《唐天宝敦煌差科簿研究——兼论唐代色役制和其他问题》，《敦煌吐鲁番文献研究论集》，第 154~166 页。
3 张泽咸：《唐五代赋役史草》，第 335~377 页。

者堀敏一《均田制的研究》亦涉及色役的沿革，重点关注其与西魏杂任役之间的关联。[1]

　　除了对色役跨越断代的梳理，一些学者也注意到其在唐代不同时期的变化。关于唐后期色役，日本学者西村元佑《通过唐代敦煌差科簿看唐代均田制时代的徭役制度——以大谷探险队携来的敦煌和吐鲁番古文书为参考史料》考察了"差科"的词义变迁，认为在两税法后差科失去税的含义，主要指向杂徭和色役。[2] 吴宗国《唐末阶级矛盾激化的几个问题》指出唐穆宗以后色役含义与唐前期不同，开始成为差役的同义语。[3] 唐长孺《唐代色役管见》不仅探讨了唐前期一部分正役、杂徭向色役转化的问题，还关注到唐后期色役内涵的变化，认为两税法以后色役"实际上成为杂徭的代用语，或者包括了杂徭和差科"。[4] 郑学檬主编的《中国赋役制度史》也对唐后期色役有所讨论，并将其与唐前期进行了简要对比。[5]

　　尽管上述研究都指出唐后期色役存在变化，但大多属于宏观观照或词义变迁的考察，未进行更细致的讨论。陈明光《唐代两税法时期中央与地方对"差役"的分割》则重点分析了两税法时期中央与地方徭役权益的分割，认为中央利用折免权大量发展"职役"，与地方争夺劳动人手。[6] 值得注意的是，该文涉及的唐后期中央"职役"人户大部分与唐前期色役存在关联，这无疑有助于考察色役在唐后期的发展变化。赵大旺《唐五代时期的色役》将色役分为诸司色役和府县色役，不仅重点解析唐后期的色役，还延展至五代、宋的流变，认为从唐后期到五代宋

1　堀敏一：《均田制的研究》，韩国磐等译，福建人民出版社，1984，第230~237页。

2　西村元佑：《通过唐代敦煌差科簿看唐代均田制时代的徭役制度——以大谷探险队携来的敦煌和吐鲁番古文书为参考史料》，原载『中国経済史研究—均田篇』同朋社、1977；中译本收入周藤吉之等著《敦煌学译文集——敦煌吐鲁番出土社会经济文书研究》，第978~1233页。

3　吴宗国：《唐末阶级矛盾激化的几个问题》，《北京大学学报》1984年第3期。

4　唐长孺：《唐代色役管见》，《山居存稿》，第180页。

5　郑学檬主编《中国赋役制度史》，厦门大学出版社，1994，第332~334页。

6　陈明光：《唐代两税法时期中央与地方对"差役"的分割》，《社会科学家》1986年第2期。

初诸司色役趋于消亡，府县色役则得以保存，这一变化趋向与晚唐五代"吏""役"地位的分化、雇役制度的盛行以及中央机构的精简密切相关。此外，他还特别梳理了作为惩罚性措施的"重处色役"的演变。[1]顾成瑞《唐后期诸司与州县差役纠纷探析》则分析了唐后期中央所辖诸司、诸使、诸军与地方州县在差役事务上的纠纷，并以此透视唐后期官僚行政体制的转轨与新旧赋役体系的交替。[2]

长期以来，学界对色役如何轮番、供役、免役，以及官府如何对其进行管理等细节问题缺乏足够认识。近年来，色役研究走向细化，一些学者聚焦于色役的运行细节。徐畅《蠲符与唐宋间官人免课役的运作程序》在探讨官人免课役问题时将介于官民之间的吏、诸色人也纳入其中，主要探讨了蠲符的适用对象、制作与下颁路径等制度执行问题。[3]赵大旺《归义军政权对徭役影庇的限制——以 P.3231〈平康乡官斋籍〉为主》通过官员、衙前子弟、色役人等出现于官斋劳动的现象探讨了归义军时期的免役细节，认为服役人本身虽免杂役，但不能影庇户内其他丁男，这种对徭役影庇的限制与中原地区的政策一致，且落实得较为充分。[4]顾成瑞以唐前期驿丁的应役方式为中心，讨论了力役征派的色役化问题。[5]沈国光则透过吐鲁番文书，揭示出府兵番上的色役化趋势。[6]

（三）色役的纳资与纳课

中国古代的"役"与"赋"常常相互关联。色役本身是一种役，但

1　赵大旺：《唐五代时期的色役》，硕士学位论文，南京师范大学，2014。

2　顾成瑞：《唐后期诸司与州县差役纠纷探析》，《中国史研究》2023 年第 1 期。

3　徐畅：《蠲符与唐宋间官人免课役的运作程序》，《文史》2013 年第 2 辑。

4　赵大旺：《归义军政权对徭役影庇的限制——以 P.3231〈平康乡官斋籍〉为主》，《敦煌研究》2016 年第 2 期。

5　顾成瑞：《唐前期驿丁应役方式的转变——兼论力役征派的色役化》，《史学月刊》2022 年第 10 期。

6　沈国光：《〈日本宁乐美术馆藏吐鲁番文书〉4 号文书考——兼论唐代西州府兵月番摊派的文书行政》，《西域研究》2023 年第 2 期。

不服役时要缴纳资课，资课与色役实为一个问题的不同侧面，故有关资课的研究亦值得重视。

对资课的专门性研究通常在财政史角度下进行，前述鞠清远在《唐代经济史》《唐代财政史》中对色役资课的早期探索正是着眼于财政问题，张泽咸《唐五代赋役史草》也从税收角度对资课进行了简要介绍。[1]除此之外，学者们关注较多的是资与课的差异以及资课与庸的联系和区别。日本学者松永雅生《两税法前的唐代资课》较早指出"资"与"课"不同，资是不负担正役、杂徭而需从事特殊力役者不役而纳的税；课的负担者是丁男和中男，他们在负担正役、杂徭之外，还需要从事其他色役劳动，课属于为此提供的代役金。[2]李剑农《魏晋南北朝隋唐经济史稿》将资课视为唐前期租庸调以外的税收，认为其性质同于庸税，并比较了资课与庸税的不同。[3]唐耕耦《唐代的资课》讨论了资课性质、资课与庸的联系和区别、资课在唐代的发展及在社会中所处地位等问题。[4]李春润发表了系列论文讨论唐代资课，《唐开元以前的纳资纳课初探》认为纳资、纳课在开元以前分别存在，是两种有着严格区分的纳钱代役制，"纳资是服役前原非课口而有官资的人纳钱代役；纳课则是服役前原属课口而无官资的人纳钱代役"；[5]而《略论唐代的资课》与《杂职和两税法后的代役纳课》两文则在讨论资课的产生、征纳及影响之外特别注意到唐后期资课，主张两税法以后资课已经不是国家税收项目而是财政支出项目之一，这一时期纳资代役集中表现为不合法的影占纳课。[6]李锦绣《唐代财政史稿》则不赞同李春润以纳资者有官资、纳课者是课口作为区分"资"与"课"的关键，认为"资"与"课"的区别不在于

1 张泽咸：《唐五代赋役史草》，第100~105页。

2 松永雅生「両税法以前における唐代の資課」『東方学』第14号、1957年。

3 李剑农：《魏晋南北朝隋唐经济史稿》，生活·读书·新知三联书店，1959，第268~270页。

4 唐耕耦：《唐代的资课》，《中国史研究》1980年第3期。

5 李春润：《唐开元以前的纳资纳课初探》，《中国史研究》1983年第3期。

6 李春润：《略论唐代的资课》，《中华文史论丛》1983年第2辑，上海古籍出版社，1983，第55~76页；李春润：《杂职和两税法后的代役纳课》，《中南民族学院学报》1985年第2期。

纳资与纳课人的身份差异而是用途不同，"资"只是代役钱，"课"则纳钱代役充官俸。李锦绣还将资课发展划分为纳庸、资课与番役并存、资课成为国家正式税收三个阶段，对资课在国家财政中的作用也有所讨论。[1]

一些有关俸禄制度的研究也涉及资课问题，这些研究多将禄力与资课作为俸禄的一部分加以考虑。刘海峰《论唐代官员俸料钱的变动》认为唐代是中国俸禄制度史上承前启后的重要阶段，其中一个重要变化就是禄力转变为代役钱。[2]陈仲安、王素《汉唐职官制度研究》将俸禄制度分为年俸与月俸、力禄、田禄，其中的力禄涉及色役，指出官供力役可以纳资代役，资逐渐发展为归官吏私有，成为官员俸禄的一部分。[3]黄惠贤、陈锋主编《中国俸禄制度史》关注到唐代官俸体系中的手力、手力课、杂色役与资课等，对京官和外官手力、杂色役向资课转化进而成为俸禄收入的问题也有所讨论。[4]杜文玉《唐宋时期职官管理制度研究》亦涉及唐代俸禄制中的手力课及其在五代、宋的变化。[5]

（四）色役与胥吏的关系

唐代并未形成严格意义上的胥吏概念，史籍中经常出现的是流外官、杂任、杂职、职掌等等。因此，研究者首先需要对胥吏的概念进行辨析，进而探讨其构成情况及其在唐代行政体系中的作用。这些研究常常涉及"吏""役"界限的区分，而经常与"吏"纠缠在一起的这部分"役"恰恰与色役有着千丝万缕的联系。

日本学者筑山治三郎《唐代政治制度研究》较早探讨了唐代的胥吏问题，认为唐前期的流外官及色役杂任等诸色职掌人皆属广义上的胥吏。[6]郭锋《唐代流外官试探——兼析敦煌吐鲁番有关流外文书》主要探讨了

1　李锦绣：《唐代财政史稿》上卷，北京大学出版社，1995，第531~571页。

2　刘海峰：《论唐代官员俸料钱的变动》，《中国社会经济史研究》1985年第2期。

3　陈仲安、王素：《汉唐职官制度研究》（增订本），中西书局，2018，第364~381页。

4　黄惠贤、陈锋主编《中国俸禄制度史》，武汉大学出版社，1996，第199~208、223~225页。

5　杜文玉：《唐宋时期职官管理制度研究》，科学出版社，2020，第221~266页。

6　築山治三郎『唐代政治制度の研究』創元社，1967，437~443頁。

流外官的范围、铨选使用及作用等问题，指出流外官与州县杂任及杂职掌类的胥吏不同。[1]张广达《论唐代的吏》指出唐代广义上的吏包括流外和杂任，狭义上的吏则仅指流外行署、流外非行署和流外番官。[2]任士英《唐代流外官名例试释》讨论了流外官、胥吏、杂任、职掌人之间的关系，认为杂任往往有"役"的内涵。[3]俞鹿年《唐代的吏胥制度》指出吏与胥存在差别，吏胥是吏和胥史的合称，流外官为吏，杂任为胥史，杂任"实际上是在政府中为公家驱使的各种色役，与其他色役不同之处就是他们在政府机构中都有执掌"。此外，他对唐代吏胥的类别与职掌、来源与待遇及政治地位与作用等问题也有所探讨。[4]赵世瑜《吏与中国传统社会》辨析了隋唐时期的流外官与杂任，认为流外官大部分属于吏，而多数杂任属于胥（即职役）。[5]李锦绣《关于唐后期官与吏界限的几点思考》则关注到唐代胥吏构成的变化情况，认为唐前期胥吏的主体是流外官，此外还有色役、杂任等诸色职掌人，到了开元时期，由于色役几乎已经完全纳资课，所以逐渐退出胥吏行列，而随着唐后期国家行政运作体制及行政手段的变化，新型胥吏又代替了旧有流外官，官吏界限也变得模糊。[6]

在明钞本《天圣令》发现之前，不少学者认为杂任属于役，而《天圣令》中的新材料为重新检讨这一问题提供了契机。黄正建《〈天圣令（附唐杂令）〉所涉唐前期诸色人杂考》辨析了"杂职"与"杂任"，指出杂职是番役，后来可以资课代役，杂任则否。[7]这无疑是将杂任归为

1　郭锋：《唐代流外官试探——兼析敦煌吐鲁番有关流外文书》，《敦煌学辑刊》1986 年第 2 期。

2　张广达：《论唐代的吏》，《北京大学学报》1989 年第 2 期。

3　任士英：《唐代流外官名例试释》，《烟台师范学院学报》1989 年第 4 期。

4　俞鹿年：《唐代的吏胥制度》，《中国法律史国际学术讨论会论文集》，陕西人民出版社，1990，第 259~274 页。

5　赵世瑜：《吏与中国传统社会》，浙江人民出版社，1994，第 48~54 页。

6　李锦绣：《关于唐后期官与吏界限的几点思考》，纪宗安、汤开建主编《暨南史学》第 4 辑，暨南大学出版社，2005，第 116~129 页。

7　黄正建：《〈天圣令（附唐杂令）〉所涉唐前期诸色人杂考》，荣新江主编《唐研究》第 12 卷，北京大学出版社，2006，第 203~220 页。

吏，杂职归为役。赵璐璐《唐代"杂任"考——〈天圣令·杂令〉"杂任"条解读》《唐代"杂职"考》两文则进一步对杂任与杂职的关系、人员构成及特点、职掌及其在唐代行政体制中的作用等问题进行了细致探讨。[1]

近年来一些学者对胥吏内部层级及特定人群的探讨也涉及了色役。张琰琰《试论唐代胥吏的来源》关注了胥吏群体内部的职掌层级及充任者的社会阶层梯次，认为胥吏中的杂职掌多数需要分番上下，吏、役难分。[2] 宁欣《编制内外：唐代的"趋吏"》则对包括吏、杂任、杂职、诸色人在内的游走于体制内外的"趋吏"群体进行了探究。[3]

（五）色役与身份制度

唐代以不同身份的人承担不同色役，身份性是色役的重要特点。一些学者关注到了色役背后所反映的唐代社会身份性特质，或注意到某类服色役的身份性群体在唐代的发展变化，对某些具有身份争议的服役群体也有所考辨。

王永兴对色役的研究一直注意把握身份性，《敦煌唐代差科簿考释》指出唐前期社会的一个重要特点在于把人们划分成不同的"类"，使之承担不同徭役。[4]《唐天宝敦煌差科簿研究——兼论唐代色役制和其他问题》更是明确指出色役的身份性特点，且在考察色役的转变与消逝时与人身隶属和人身奴役制的变化、身份性到非身份性的变化联系起来。[5]

---

1 赵璐璐：《唐代"杂任"考——〈天圣令·杂令〉"杂任"条解读》，荣新江主编《唐研究》第 14 卷，北京大学出版社，2008，第 495~508 页；赵璐璐：《唐代"杂职"考》，《文史》2010 年第 3 辑。

2 张琰琰：《试论唐代胥吏的来源》，《纪念岑仲勉先生诞辰 130 周年国际学术研讨会论文集》，中山大学出版社，2019，第 359~367 页。

3 宁欣：《编制内外：唐代的"趋吏"》，夏炎主编《中古中国的都市与社会：南开中古社会史工作坊系列文集一》，中西书局，2019，第 165~182 页。

4 王永兴：《敦煌唐代差科簿考释》，《历史研究》1957 年第 12 期。

5 王永兴：《唐天宝敦煌差科簿研究——兼论唐代色役制和其他问题》，《敦煌吐鲁番文献研究论集》，第 145~166 页。

此外，其编著的《隋唐五代经济史料汇编校注》从阶级关系角度将色役分为两类：一类是为地主阶级设置的，另一类是为劳动穷苦百姓设置的。[1] 这些认识视野宏大，涉及唐代社会变迁及中国古代社会的发展趋势等重要问题，理应受到重视。

一些色役人的身份地位在唐代发生了变化。唐长孺《魏、晋至唐官府作场及官府工程的工匠》认为魏晋至唐官府作场或官府工程中工匠的服役方式逐渐从长期服役到轮番服役再到纳资代役，身份地位也逐步得到提升。唐代纳资代役的普遍化、和雇与和市制的出现是不同于以往的重要变化，体现了国家占有劳动的权力在削弱，这些变化与社会经济的发展存在联系。[2] 魏明孔《浅论唐代官府工匠的身份变化》探讨了唐代官府工匠的身份、待遇及官私工匠在身份上的异同变化，亦将纳资代役及和雇视为工匠身份地位提高的重要表现，并指出这些变化取决于社会生产力的发展及由此引发的商品经济的繁盛。[3] 黄正建《〈天圣令（附唐杂令）〉所涉唐前期诸色人杂考》分析了《天圣令·杂令》所涉及的唐前期诸色人在定义、取人、任期（番期）等方面的规定。值得注意的是，黄正建在文末小结中特别指出应当进一步研究唐前期诸色人在向后期发展中出现的兴衰变化以及唐宋之际身份性群体的衰落。[4] 欧燕《唐代城市乐人研究》多个章节涉及了乐户由贱民向自由民转化的问题，并认为唐初太常音声人的出现正是其中的过渡阶段，随着唐代的社会变动，唐中后期乐户与太常音声人逐渐混同，官府乐人完成了向自由民的转化。[5] 崔靖娟《北周隋唐官兽医探究——以其地位演变为中心》关注到北周至隋唐兽医地位的下降趋势，认为其地位降低与南北朝隋唐官制

1　王永兴编著《隋唐五代经济史料汇编校注》，第 639 页。

2　唐长孺：《魏、晋至唐官府作场及官府工程的工匠》，《魏晋南北朝史论丛续编》，生活·读书·新知三联书店，1959，第 29~92 页。

3　魏明孔：《浅论唐代官府工匠的身份变化》，《中国经济史研究》1991 年第 4 期。

4　黄正建：《〈天圣令（附唐杂令）〉所涉唐前期诸色人杂考》，荣新江主编《唐研究》第 12 卷，第 203~220 页。

5　欧燕：《唐代城市乐人研究》，商务印书馆，2016，第 55~120 页。

改革进程相一致。[1]这些认识极为敏锐，能够透过身份变化与制度变迁挖掘背后所反映的深层社会问题，惜乎由于主旨所限，往往只是指出了问题的存在而未能有更为深入的讨论。

唐代乐户、太常音声人、墓户、陵户的良贱身份存在争议。因此，滨口重国《唐代陵、墓户的良贱》[2]、姜伯勤《敦煌音声人略论》[3]、卢开万《隋唐五代的乐工乐户》[4]、张泽咸《唐代阶级结构研究》[5]、乜小红《唐五代敦煌音声人试探》[6]、刘进宝《归义军时期的"音声人"》《唐五代"音声人"论略》[7]、赵元信《试论隋唐的音乐与乐人地位》[8]、欧燕《唐五代音声人辨析》[9]、黄正建《唐代陵户再探》[10]等对其良贱身份及社会地位等问题进行了考辨。或认为其属于贱民；或认为其属于良民；或认为其为居于良贱之间的特殊身份；或指出音声人与乐户的身份存在差异，音声人的地位略高；或注意其良贱身份的前后变化；或关注其法律地位与社会实际地位之间的差异。

（六）色役类目的个案研究

色役作为复合型役种，实际上包括了多种具体的服役类目。因此，除了在整体上对色役进行探讨之外，也有不少学者对某一具体类别的色役进行研究。色役所囊括的范围极广，限于篇幅，笔者在此仅举其要。

1　崔靖娟：《北周隋唐官兽医探究——以其地位演变为中心》，《农业考古》2019年第1期。
2　濱口重國「唐の陵・墓户の良賤に就いて」『史學雜志』第43編第8号、1932年。
3　姜伯勤：《敦煌音声人略论》，《敦煌研究》1988年第4期。
4　卢开万：《隋唐五代的乐工乐户》，《魏晋南北朝隋唐史资料》第12辑，武汉大学出版社，1993，第54~60页。
5　张泽咸：《唐代阶级结构研究》，中州古籍出版社，1996，第488~499页。
6　乜小红：《唐五代敦煌音声人试探》，《敦煌研究》2003年第3期。
7　刘进宝：《归义军时期的"音声人"》，《敦煌研究》2006年第1期；刘进宝：《唐五代"音声人"论略》，《南京师大学报》2006年第2期。
8　赵元信：《试论隋唐的音乐与乐人地位》，戴建国主编《唐宋法律史论集》，上海辞书出版社，2007，第9~21页。
9　欧燕：《唐五代音声人辨析》，杜文玉主编《唐史论丛》第11辑，三秦出版社，2009，第356~363页。
10　黄正建：《唐代陵户再探》，《陕西师范大学学报》2014年第5期。

关于勋官服色役，傅玫《唐代的勋官》指出勋官可以免除课税、正役和杂徭，但仍需服色役，对勋官服色役的具体名目也有所阐释。[1] 余新忠《唐代勋官的实际意义》在傅文的基础上进一步考察了勋官免除课役的实际意义。[2] 韩国学者金锡佑《唐代百姓勋官考论》对勋官赐予的范围和目的、特权、性质等问题进行了讨论。[3] 日本学者速水大亦论及勋官的上番任务、纳资额、负担与报酬等。[4]

关于中男服色役，李春润、朱淑瑶《略谈唐代中男的徭役负担》认为中男一部分充夫，一部分充杂使。杂使与职掌、色役相通，实际上就是充驱使人。[5] 赵贞《唐前期"中男"承担差役考——以敦煌吐鲁番文书为中心》梳理了中男在唐前期所承担的杂徭和差科名目。[6]

关于仗身役，牛来颖《读敦煌吐鲁番文书札记》对四件有关仗身的敦煌吐鲁番文书进行了诠释与考证。[7] 黄惠贤《唐代前期仗身制的考察》涉及了仗身制的演变、身份、仗身钱等问题。[8]

关于工匠服役的相关成果较多，系统的梳理可参见彭丽华《唐五代工匠研究述评》。[9] 近年来直接涉及色役问题的成果主要有：牛来颖《〈天圣令·赋役令〉丁匠条释读举例——兼与〈营缮令〉比较》指出《赋役令》中的"丁匠"应解释为"丁夫杂匠"，"无须严格区分年龄、身份、技术"，包括正役、杂徭、色役各项人身役使；[10] 刘子凡《唐前期西州民

1　傅玫：《唐代的勋官》，《中国史论集》，天津古籍出版社，1994，第93~107页。
2　余新忠：《唐代勋官的实际意义》，《铁道师院学报》1996年第2期。
3　金锡佑：《唐代百姓勋官考论》，《东方论坛》2004年第6期。
4　速水大『唐代勳官制度の研究』汲古書院，2015、223~286頁。
5　李春润、朱淑瑶：《略谈唐代中男的徭役负担》，《广西师范学院学报》1981年第4期。
6　赵贞：《唐前期"中男"承担差役考——以敦煌吐鲁番文书为中心》，《西域研究》2015年第1期。
7　牛来颖：《读敦煌吐鲁番文书札记》，《中国史研究》1986年第1期。
8　黄惠贤：《唐代前期仗身制的考察》，唐长孺主编《敦煌吐鲁番文书初探二编》，武汉大学出版社，1990，第242~278页。
9　彭丽华：《唐五代工匠研究述评》，《井冈山大学学报》2014年第2期。
10　牛来颖：《〈天圣令·赋役令〉丁匠条释读举例——兼与〈营缮令〉比较》，杜文玉主编《唐史论丛》第13辑，三秦出版社，2011，第103~115页。

间工匠的赋役》指出西州民间工匠除了在官府作坊中服役外，还会被分配服一些与工匠职业无关的徭役性色役；[1]牛来颖《唐律令时代公共工程建设的劳役与征派——以〈天圣令〉为中心》关注了匠人的层级及内部各色服役人的区别。[2]

乐户、太常音声人、陵户既有身份上的特性，也是色役的服役人。除了前述对其身份地位的讨论之外，张泽咸《唐代阶级结构研究》指出乐人及音声人分番上下，可纳资代役，"（陵户）理应属于色役或职役"。[3]刘进宝《归义军时期的"音声人"》《唐五代"音声人"论略》两文皆指出音声人分番执役，上番时由官府提供衣粮，下番时则凭借其占有的土地生活。[4]倪高峰《唐代太常音声人赋役制度研究》讨论了太常音声人承担的乐舞赋役和经济赋役。[5]欧燕《唐代城市乐人研究》涉及了乐人的培训和上番等问题。[6]黄正建《唐代陵户再探》讨论了陵户的人数设置、相关规定的"令""式"归属、职掌、身份等问题。[7]

关于烽子役，程喜霖《汉唐烽堠制度研究》考察了烽子的劳役及番代等；他的《唐代烽子上烽铺番期新证——新出烽铺文书研究之三》考证了烽子上烽铺的番期。[8]王永兴《唐代前期军事史略论稿》在论及烽堠制时对烽子也做了论述。[9]刘进宝《唐宋之际归义军经济史研究》讨论了烽子的主要任务、役期与上番期、上番期免杂徭等问题。[10]

1　刘子凡：《唐前期西州民间工匠的赋役》，《西域研究》2012 年第 3 期。

2　牛来颖：《唐律令时代公共工程建设的劳役与征派——以〈天圣令〉为中心》，《江西社会科学》2016 年第 9 期。

3　张泽咸：《唐代阶级结构研究》，第 496 页。

4　刘进宝：《归义军时期的"音声人"》，《敦煌研究》2006 年第 1 期；刘进宝：《唐五代"音声人"论略》，《南京师大学报》2006 年第 2 期。

5　倪高峰：《唐代太常音声人赋役制度研究》，《中国音乐学》2013 年第 4 期。

6　欧燕：《唐代城市乐人研究》，第 132~138 页。

7　黄正建：《唐代陵户再探》，《陕西师范大学学报》2014 年第 5 期。

8　程喜霖：《汉唐烽堠制度研究》，三秦出版社，1990，第 204~206 页；程喜霖：《唐代烽子上烽铺番期新证——新出烽铺文书研究之三》，《新疆师范大学学报》2006 年第 2 期。

9　王永兴：《唐代前期军事史略论稿》，昆仑出版社，2003，第 28~44 页。

10　刘进宝：《唐宋之际归义军经济史研究》，中国社会科学出版社，2007，第 211~213 页。

刘进宝、郁晓刚《归义军时期的烽子与镇兵》结合敦煌文书分析了烽子和镇兵问题。[1]

此外，滨口重国《唐代的白直及杂徭和各种特定的义务》主要讨论了白直及其与杂徭的关系。[2] 李春润《唐代的捉钱制》涉及捉钱制的性质、内容和危害。[3] 杨际平《关于唐天宝敦煌差科簿的几个问题》涉及差科簿中的勋官、翊卫等等。[4] 唐刚卯《唐代长安的纳课户》对唐中叶以后集中于长安，以纳课为途径，隶属禁军或其他中央机构以逃避地方政权管辖的纳课户进行了探讨。[5] 冻国栋《汉唐间"伍伯"浅识》考察了汉唐间的伍伯及其演变。[6] 雷绍锋《归义军赋役制度初探》对归义军时期的帐设、设司人、门子、厅子、堂子等进行了考察。[7] 陈国灿《唐代的"执衣"与执衣钱》关注了唐代执衣的起源、纳资代役、课执衣钱额、课执衣钱的变化等问题。[8] 刘进宝《从敦煌文书看归义军政权的赋役征免——以 Дx.2149 号文书为主的探讨》对酒户、烽子、门子、厅子进行了探讨。[9] 黄正建《唐代"庶士"研究》推测"庶士"属于番役（或色役），但和杂匠类番役有所不同，可能具有"职役"性质。[10] 刘进宝《唐五代"随身"考》考察了唐后期至五代"随身"的含义。[11] 孙正

1　刘进宝、郁晓刚：《归义军时期的烽子与镇兵》，《南京师大学报》2010 年第 2 期。

2　滨口重國「唐の白直と雑徭と諸々の特定の役務」『史学雑誌』第 78 編第 2 号、1969 年。

3　李春润：《唐代的捉钱制》，《中南民族学院学报》1982 年第 4 期。

4　杨际平：《关于唐天宝敦煌差科簿的几个问题》，韩国磐主编《敦煌吐鲁番出土经济文书研究》，厦门大学出版社，1986，第 129~161 页。

5　唐刚卯：《唐代长安的纳课户》，《中国唐史学会论文集（1991 年）》，三秦出版社，1991，第 190~202 页。

6　冻国栋：《汉唐间"伍伯"浅识》，《魏晋南北朝隋唐史资料》第 17 辑，武汉大学出版社，2000，第 39~45 页。

7　雷绍锋：《归义军赋役制度初探》，洪叶文化事业有限公司，2000，第 163~169 页。

8　陈国灿：《唐代的"执衣"与执衣钱》，《中华文史论丛》2006 年第 3 辑，上海古籍出版社，2006，第 235~246 页。

9　刘进宝：《从敦煌文书看归义军政权的赋役征免——以 Дx.2149 号文书为主的探讨》，《中国经济史研究》2007 年第 2 期。

10　黄正建：《唐代"庶士"研究》，《庆祝宁可先生八十华诞论文集》，中国社会科学出版社，2008，第 319~334 页。

11　刘进宝：《唐五代"随身"考》，《历史研究》2010 年第 4 期。

军《官还是民：唐代三卫补吏称"释褐"小考》指出三卫品官身份的不确定性，其性质介于官民之间，更像是一种任官资格。[1] 赵大旺《"观子户"还是"馆子户"——敦煌写本〈索铁子牒〉再探》认为《索铁子牒》中出现的"观子户"一词实为"馆子户"之讹，属于唐宋时期的重处色役。[2] 侯振兵《唐代驿丁制再探——以〈天圣令〉为中心》分析了《天圣令·厩牧令》唐 43 条及驿丁的职责。[3] 朱定芬《唐前期"有军名"色役研究》讨论了唐前期兵士执色役的历史渊源、制度基础、基本类别、制度运行及其与军事体制的关系。[4] 李锦绣《唐前期散官番上制度考论》探究了散官番上的制度确立、番第与番期、职掌、作用及意义等。[5]

　　从上述回顾可以看出，尽管学界对色役概念、特点、性质的研究成果丰富，但仍存在不少争论。争论的主要原因是史籍记载的模糊，致使学者们从不同视角解读有限史料。实际上，尽管对色役是否具有独立性存在不同认识，但大多数学者承认唐代役制中存在一部分服务于特定机关或官吏个人，具有一定"职事"特性的役。这一类役与普通力役存在差别，但现有研究对其特殊性认识不足。

　　学者对色役渊源与流变的探讨既有跨越断代的思考，也能注意到唐代不同时期的变化，这颇为可贵。然而，需要注意的是，目前研究大都缺乏对关键节点的细致考察，对制度演变的过程与逻辑也缺乏深入讨论。从唐代本身看，对唐后期色役的讨论较为单薄。这固然与唐前期史料相对集中有关，但更为重要的原因恐怕还是色役内涵与名目上的变化。对色役的研究不仅要把握其"名"，更要注重其"实"，前辈学者对色役源流的探讨恰恰是对与色役性质相近的役类进行上溯，而非拘泥于"色役"称谓本身。唯有如此，才能充分认识色役的变化轨迹。类似

1　孙正军：《官还是民：唐代三卫补吏称"释褐"小考》，《复旦学报》2013 年第 4 期。

2　赵大旺：《"观子户"还是"馆子户"——敦煌写本〈索铁子牒〉再探》，《敦煌研究》2014 年第 5 期。

3　侯振兵：《唐代驿丁制再探——以〈天圣令〉为中心》，《历史教学》2016 年第 24 期。

4　朱定芬：《唐前期"有军名"色役研究》，硕士学位论文，福建师范大学，2022。

5　李锦绣：《唐前期散官番上制度考论》，《历史研究》2023 年第 1 期。

问题也出现在跨断代思考中，魏晋南北朝有吏役、吏民，宋代有差役、职役，尽管它们与唐代色役不能完全等同，但对于其中性质相近的那一部分役究竟是如何演变转化的，现有研究大都语焉不详。所以，色役研究需要进一步突破断代与名目的限制，进而凸显其在中国古代役制发展中的地位与特点。此外，关于制度运行，一些成果仅在相关问题探讨中间接涉及色役人，而针对色役制度本身的研究则极为有限，故制度运行领域当是深化色役研究的重要方向。

资课是色役研究的重要课题，积累了丰厚成果，但也并非没有拓展空间。作为色役的代役金，资课与其他类型的财政收支区别明显，不同种类的色役所纳资课也存在差异，这种特殊性与差异性在具体财政运作中如何体现；尽管已有学者指出资课大致在开元、天宝时期成为国家重要税收，但问题在于原本作为色役代役金而存在的资课，究竟是如何一步步转化为税收的。这些都需要进一步深入探讨。

在唐代胥吏研究中，学界或是专门探讨狭义的吏，或是将色役混杂在一起关注广义的胥吏阶层。然而色役作为役，具有强制性、固定性和无偿性特征，这与拥有一定政治、经济待遇且在一定条件下可以"入流"的吏明显存在差异。因此，将色役从广义的胥吏阶层中剥离出来，关注其作为服役者在唐代行政体系中所具有的特殊作用，及其与官、吏的区别与联系成为关键。

早年从阶级关系角度进行的研究实际上触碰到了有关唐代社会变迁、身份制度的演变及中国古代社会的发展脉络等重要问题，但是这些极具价值的观察角度实际上未能受到充分的重视。尽管不少学者已经注意到色役与身份制度之间的关联，但当前的研究视角仍是较为单一的。色役研究如何与社会史的视角相结合，凸显制度背后各色服役人的生存状态及彼此的差异、身份性标签与制度之间的关联互动以及身份制背后的唐代社会变迁等问题恐怕是拓展研究视野的重要方向。

有关色役类目的个案研究对认识色役细节性问题极为关键，也有助于进一步把握不同类别色役之间的差异性。值得注意的是，现有研究成果往往能够结合供役部门的特性进行探究，如音声人研究涉及音乐和寺院问题，烽子研究涉及烽燧制度与军事问题，等等。这些都提醒我们应该对色役进行多角度、跨学科的探讨。

综观 20 世纪以来的唐代色役研究，制度运行细节、制度多重功能，以及制度生成与演变等深层问题都有待进一步探索。这要求研究者一方面要有鲜明的问题意识与宏大的研究视野，加强相关史料的考辨与解读；另一方面要注重理论建构，突破断代与名目的樊篱。而这些正是本书尝试努力的方向。

三　研究思路

由于色役在唐前期与唐后期变化迥异，故本书将大体上分为前、后两个不同阶段展开研究。当然，唐前期色役是认识唐后期乃至宋代差役或职役的基础，故它是本书研究的重点。此外，色役到宋代发展成职役，这是学界的共识。但唐代色役构成中的一些特殊人户以及官员禄力性质的色役在宋代是否存在，如何定性，这些是学界极少关注的，因此，本书沿着色役发展的线索尝试解析。鉴于上述问题意识，本书研究一方面呈现时间脉络，即按照唐前期、唐后期和北宋三个时间段展开研究；另一方面从静态和动态两方面进行探讨，唐前期色役主要是静态的结构性考察，唐后期色役和北宋特殊户役与白直则着眼于色役嬗变的动态探索。另外，唐代色役种类繁杂，个案研究不可或缺，本书也尝试通过个案研究丰富对色役的整体认识。

本书拟通过四个部分，分六章内容，实现研究主旨。

第一部分，唐前期色役制度的细化研究。以往对色役的研究多纠结于色役是否属于独立性役种，致使在色役定位问题上消耗了过多的精力。本书认为色役与力役、兵役同为唐代的独立性役种，并在此基础上，对色役的概念、特征和性质、番期与役期、纳资与纳课等问题做细化解析，希望能揭示色役运行的深层纹理。

　　第二部分，厘清唐后期色役嬗变的脉络。从开天之际、肃代之际以及两税法实施以后三个历史阶段，梳理色役的减省以及资课与现役的状态，特别注意色役在中央与地方的不同演进趋势等问题，努力挖掘唐后期色役嬗变的轨迹，呈现其演进的脉络结构。

　　第三部分，尝试色役个案的专门研究。色役属于复合型役种，除共同特征外，亦不乏个性特质。本书主要选取色役中的陵户进行细化研究，注意色役的部门役性质以及不同时期的嬗变特征，从而实现对色役更深层的把握。

　　第四部分，明析唐代色役与宋代职役之间的关联。宋代职役已经上升为主体役种，要认识宋代职役，就必须将唐代色役与宋代职役放在整体视域中考察。本书选取北宋与唐代关联密切的特殊户役和白直进行研究，凸显唐代色役与宋代役法的关联性。

　　此外，由于唐代色役处于中国古代役制变迁的关键阶段，本书还将在上述研究目标的基础上进一步阐释中国古代役制结构和发展的理论认识。

第一章　唐前期色役的基本问题

　　关于唐前期色役，鞠清远早在 20 世纪三四十年代就将其界定为："政府指派特定人丁，与官吏，或各机关，以备服役，或供输一定数量的钱物，作为官吏的俸料中的一部分，或维持保护某种机关的，在唐代有一种名称，对于服役，称之为'色役'，对于所纳的钱物，称为'资课'。"[1] 尽管这一定义属于财政学范畴，却已准确揭示了色役服务于官吏个人或专门机构的性质与纳资特征。从 20 世纪 30 年代开始，唐前期色役进入学界视野，伴随着敦煌吐鲁番出土文书和明钞本《天圣令》等新资料助推，该课题

1　鞠清远：《唐代财政史》，第 102 页。

研究不断走向深入。[1]然而围绕唐前期色役，学界亦存在诸多争议，尤其涉及色役的役种地位、识别特征、结构以及性质等基本问题，致使色役研究迄今仍受到影响。有鉴于此，本章尝试对唐前期色役基本问题再加认识，希冀使之得到厘清，并推动唐代赋役制度整体研究走向深入。

一 色役在唐前期为独立役种

成书于开元时期的《唐六典》，在其"户部郎中员外郎"条中记载："凡赋役之制有四：一曰租，二曰调，二曰役，四曰杂徭（开元二十三年，敕以为天下无事，百姓徭役务从减省，遂减诸司色役一十二万二百九十四）。"[2]引文中括号部分在原书中是小字，可见，唐前期法定役种仅是正役和杂徭，诸司色役究竟处于何种地位，并未清晰界定。唐代其他史籍中对色役亦缺乏明确的概念表述，从而导致学术界对唐代色役概念一直存在争议。很多学者坚持认为色役是正役、杂徭之外的独立役种。比如，王永兴认为，唐前期色役与正役、杂徭一样都是人民对国家担负的徭役。[3]张泽咸主张："色役是有别于杂徭的另一项徭役名称。"[4]日本学者渡边信一郎称："唐代前期的徭役包括正役、杂徭、色役三种。"[5]笔者亦持此说。[6]

---

1 参见张国刚主编《隋唐五代史研究概要》，第 233~237 页；和卫国《唐代色役制研究述评》，《高校社科动态》1997 年第 2 期；胡戟等主编《二十世纪唐研究》，第 384~386 页；李锦绣《敦煌吐鲁番文书与唐史研究》，第 198~210 页；李强《20 世纪以来唐代色役研究述评》，《中国史研究动态》2021 年第 3 期。

2 李林甫等：《唐六典》卷 3《尚书户部》，陈仲夫点校，中华书局，1992，第 76 页。

3 王永兴：《敦煌唐代差科簿考释》，《历史研究》1957 年第 12 期。

4 张泽咸：《唐五代赋役史草》，第 324 页。

5 渡边信一郎：《中国古代的财政与国家》，吴明浩、吴承翰译，社会科学文献出版社，2023，第 473 页。

6 吴树国：《唐前期色役性质考辨》，《陕西师范大学学报》2013 年第 6 期。已收入本书附录一。

（一）否认色役为独立役种的观点及其判定因素

有些学者否认唐前期色役的独立役种地位，主要有以下三种观点。第一种观点认为色役包括杂徭，或属于杂徭。日本学者曾我部静雄主张色役包括在杂徭之中，乃是一种杂役。[1] 唐耕耦则认为色役包括杂徭，但不等于杂徭，其内容比杂徭更为宽广。[2] 唐长孺亦谈到在最广泛的意义上，所有色役不管哪一类都属杂徭。[3] 第二种观点认为色役为正役、杂徭的一种使用形式。杨际平认为唐前期色役的概念并不明确，往往只是一种泛称，唐前期色役并非独立于正役、杂徭之外的徭役，而是正役、杂徭的一种使用形式。[4] 第三种观点认为唐前期的色役只是一种泛称。戴建国在《唐〈开元二十五年令·杂令〉复原研究》一文中认为，色役只是一种泛称，泛指各种番役和杂徭在内的各种役使；而番役和杂徭是两类不同形式的徭役，它们各自有着特定的含义。前者指番官分番所执役和那些没有官品但服役于内外官司（包括供官员私人驱使）、基层组织的固定役使；后者是不固定的，没有专门名称的地方临时性征发役使。[5]

上述三种观点的判定因素有三。一是从色役语义本身来解释。"色"意即种类，顾名思义，色役就是诸色之役，或曰各种各样的徭役。[6] 正因为色役这一特征，加之前述《唐六典》中赋役之制仅有役和杂徭，而杂徭作为役的"杂"特征又与色役特征契合，所以学界倾向于将色役归入杂徭之列。另外，《唐六典》中开元二十三年减诸司色役敕被附在杂徭之后，被一些学者视作杂徭包含色役的佐证。与之相反，有学者认为是色役包含杂徭，但其思考理路亦是着眼于二者都具有"杂"的役特征。二是色役在唐代赋役律令法典上

1　曾我部静雄『均田法とその税役制度』、227~228 頁。
2　唐耕耦：《唐代前期的杂徭》，《文史哲》1981 年第 4 期。
3　唐长孺：《唐代色役管见》，《山居存稿》，第 171 页。
4　杨际平：《唐前期的杂徭与色役》，《历史研究》1994 年第 3 期。
5　戴建国：《唐〈开元二十五年令·杂令〉复原研究》，《文史》2006 年第 3 辑。
6　张泽咸：《唐五代赋役史草》，第 335~336 页。

的缺载。成书于唐高宗时期的《唐律疏议》载："（依赋役令）丁役二十日。"[1] 另有"疏议曰：丁谓正役，夫谓杂徭，及杂色工匠，诸司工、乐、杂户，注云'太常音声人亦同'"。[2] 而《天圣令》所附唐开元二十五年（737）令各篇，包括《赋役令》，皆未见"色役"称谓。既然法律上没有色役称谓，于是有些学者认为色役不是独立役种，或是泛称，抑或与杂徭相类。三是着眼于色役的免役性特征。持此论者认为，既然服色役者可以免除正役或杂徭，那么正役与杂徭就和色役之间存在替代关系。也就是说，色役代替正役、杂徭，并由此否定色役是独立于正役、杂徭之外的徭役，将其认定为正役、杂徭的使用形式。

（二）色役非独立役种之观点辨析

对于上述否定色役为独立役种的认识以及判定因素，有必要从语境、通史视野与逻辑等层面对该问题再做考察。

色役的确有"各类役"语义，但其在使用中多有特殊语境，进而形成某种固定役的表达，比如唐代史籍中的"色役伪滥"[3]、"年支色役"[4]等，这些色役称谓明显属于专指，而非泛称。同时，色役总是与一些固定机构或机构中的征役种类连在一起，比如唐中宗即位赦文载："其诸司官员，并杂色役掌〔闲〕、幕士、门役之徒，兼音声之人及丁匠等，非灼然要籍，并量事减省。"[5] 又如前述"开元二十三年，敕以为天下无事，百姓徭役务从减省，遂减诸司色役一十二万二百九十四"。[6] 色役的这一特点在杨际平、戴建国的研究中都有揭示，认为色役是比较固定地使役

1　长孙无忌等：《唐律疏议》卷13"差科赋役违法"条，刘俊文点校，中华书局，1983，第252页。
2　长孙无忌等：《唐律疏议》卷28"丁夫杂匠亡"条，第534页。
3　杜佑：《通典》卷7《食货七》，王文锦等点校，中华书局，1988，第150页。
4　李林甫等：《唐六典》卷3《尚书户部》，第80页。
5　宋敏求编《唐大诏令集》卷2《中宗即位赦》，商务印书馆，1959，第7页。
6　李林甫等：《唐六典》卷3《尚书户部》，第76页。

于内外诸官司，或服役于某些公共设施。[1] 故色役与杂徭虽然都有"杂"的特征，但色役固定服务于某一官府机构，而杂徭则是不固定的役使。另外，杂徭仅服务于地方州县，[2] 而色役除存在于地方州县外，还被役于内外官司，也供官员私人驱使。正因为存在这些区别，所以可以肯定色役不同于杂徭，彼此之间也不存在包含关系。

色役称谓在唐代有关赋役律令的条文中的确缺载。不过，有些色役名目在《通典》的职官部分被收录，称为"内、外职掌"。[3] 在明钞本《天圣令》所附唐令中，则被称为诸色人，其中《杂令》中有 4 条，涉及诸色人定义、选人、分番等内容；《赋役令》中有 2 条，涉及蠲免。像唐中宗即位赦文中明确称为色役的掌闲、幕士、门役、音声人、丁匠等名目，在《通典》和《天圣令》中都分别有收录。但需要注意的是，无论是《通典》中的内外职掌，还是《天圣令》所附唐令中的诸色人，它们都不是单纯的色役，而是包括职官和职吏名目。这说明至唐开元时期，色役在法律上还未取得独立地位，尚处于游离状态。若从这一角度而言，唐代色役的确尚未形成独立的役种。

然而，法律存在滞后性，即对正在发生还没有定型的事物难以适时进行规范。就色役而言，以《通典》观之，色役尚处于职官系列。《天圣令》所附唐令将众多色役人主要放在《杂令》中。若从日本学者仁井田陞所复原的唐令来看，唐代令的分类尚有官品令和职员令，而色役人并不在其中，这反映出色役已从职官体系中脱离出来。色役在唐代尚处于逐步形成过程中，所以并未在正式法律上获得独立称谓，也没有被当作独立的役类人群看待。不过《唐六典》"赋役之制"将开元二十三年减诸司色役敕附在杂徭之后，这点值得注意。《唐六典》作为行政法典，是排比令、式而成的，减诸司色役敕以小字形式出现，属于史注。据有

---

1 杨际平：《唐前期的杂徭与色役》，《历史研究》1994 年第 3 期；戴建国：《唐〈开元二十五年令·杂令〉复原研究》，《文史》2006 年第 3 辑。

2 唐耕耦：《唐代前期的杂徭》，《文史哲》1981 年第 4 期。

3 杜佑：《通典》卷 40《职官二十二》，第 1106 页。

关学者研究,《唐六典》的注属于自注性质,从编纂之初便是与正文不可分割的有机部分。如果在规章制度的正文之下,可以对其做进一步的补充解释或说明。[1] 由此可见,减诸司色役敕出现在来自令、式的赋役之制后绝非偶然,它反映出色役在开元时期已经成为一类役的形式,编纂者因而用自注形式加以强调。渡边信一郎也认为:"这篇敕文其实是对不同于赋役的徭役,特别是被称为色役的其他系统的徭役的注解。"[2] 由此推知,色役在开元时期已经从职官系统中脱离出来,虽然尚未成为法定役种,但已经被时人看作区别于正役、杂徭的一种役种形式。

另外,色役作为内外诸官司的固定使役形式,并非仅仅出现在唐代。比如,唐代以前的秦汉与魏晋南北朝时期就存在吏役,唐代以后的宋代有职役,它们都与色役类似,而魏晋南北朝时期的吏役、隋唐五代的色役和宋代的职役,正是一个纵向演进链。[3] 故色役出现在《唐六典》赋役之制后面,也反映出色役正在走出吏的包裹状态,恢复役的本来面目。

役的蠲免与役的替代之间的关系也需要探讨。蠲免又称为复除,《周礼·地官司徒》"乡大夫"条称:"国中自七尺以及六十,野自六尺以及六十有五,皆征之。其舍者,国中贵者、贤者、能者、服公事者、老者、疾者皆舍。"[4] 所谓"服公事者",是指已在官府承担公务之人,既包括官员,也有"府史胥徒之属"或"庶人在官者"。他们被蠲免是因为这些人本身就是在为官府做事,类似后人所言的"人难并役"。[5] 不过,"人难并役"也是两种役在服役义务上被等同看待,而非役的性质

1　徐适端:《略论〈唐六典〉的注》,《河南理工大学学报》2012年第4期。

2　渡边信一郎:《中国古代的财政与国家》,第474页。

3　关于宋代职役,漆侠从差役角度认为其"近承隋唐,远继魏晋"。参见《关于宋代差役法的几个问题》,《宋史论集》,中州书画社,1983,第2页。至于魏晋南北朝时期的吏役与隋唐时期色役的关联,可参见唐长孺《魏晋南北朝时期的吏役》,《江汉论坛》1988年第8期,以及陈仲安、王素《汉唐职官制度研究》(增订本),第364~381页。

4　孙诒让:《周礼正义·地官司徒第二·上》,王文锦、陈玉霞点校,中华书局,2013,第840页。

5　王钦若等编《册府元龟》卷494《邦计部·山泽二》,中华书局,1960,第5904页。

相同。比如唐代府兵卫士被免除课役，这里的役包括正役和杂徭的力役。然兵役和力役属于两种不同性质的役。马端临曾比较二者之不同："古之所谓役者，或以起军旅，则执干戈、冒锋镝而后谓之役；或以营土木，则亲畚锸、疲筋力然后谓之役。"[1] 另外，将役的蠲免看作不同役之间的替代在逻辑上也存在问题。比如唐代陵户属于色役，按唐前期规定，陵户被免课役。若按上面的逻辑，陵户就可以视为正役、杂徭的替代形式，即陵户本质上属于力役，然而宋代陵户蠲免差役，倘若沿用同一逻辑，陵户在性质上就会被认定为差役。然差役和力役明显属于不同性质的役，由此可见，将色役作为正役、杂徭使用形式的逻辑难以成立。

综上，唐前期色役被固定地使役于内外诸官司，或服役于某些公共设施。其虽然尚未成为法定役种，但已经被社会看作区别于正役、杂徭的一种役种形式。因此唐前期色役属于独立的役种。

二　唐前期色役的可识别特征

事物的特征是指区别于其他事物的特别显著的征象和标志，或是可供识别的特殊的征象和标志。关于唐前期色役，王永兴在《唐天宝敦煌差科簿研究——兼论唐代的色役制和其它问题》[2] 中总结了色役特别显著的共性征象，后来学术界将"分番供役、不役纳资"作为判定色役的标准。[3] 但仔细研读王先生的研究能够发现，他的上述判断是基于对 26 种

1　马端临：《文献通考》卷 13《职役考二》，上海师范大学古籍研究所、华东师范大学古籍研究所点校，中华书局，2011，第 380~381 页。

2　王永兴：《唐天宝敦煌差科簿研究——兼论唐代的色役制和其它问题》，《陈门问学丛稿》，江西人民出版社，1993，第 112 页。

3　唐长孺在《唐代色役管见》一文中称："根据国内外学者研究，都认为分番供役，不役纳资是色役的主要特征。"参见氏著《山居存稿》，第 170 页。陈明光采纳了这一观点，参见《试论唐后期的两税法改革与"随户杂徭"》，《中国社会经济史研究》1994 年第 3 期。以后学者多承此说。

色役名目共性的总结，而不是着眼于与其他役相区别。若将唐前期的色役与力役、兵役做对比分析，不难发现，所有役都有分番供役特点，如府兵就是典型的分番供役，甚至不完全属于役的流外官也有分番的流外番官。而正役的 20 日役期虽然较短，但其来源也是分番供役。比如《隋书》载："（高祖）仍依周制，役丁为十二番，匠则六番。"[1] 足见其分番供役的渊源。有关学者在研究中也曾探讨正役的分番问题。[2] 至于"不役纳资"，在唐前期诸役中也很普遍。尽管正役、杂徭不役纳庸，但唐前期钱帛兼行，庸绢也是货币，形式上相同。

虽然色役的身份性特征较为典型，但唐代正役中也有身份之别，比如中男、老男、寡妻妾、残疾等，因此，"分番供役、不役纳资"和身份性作为色役的特点尽管属于较为显著的表征，但尚不完全具备与其他役相区别的识别功能。故笔者在前辈学者色役特征揭示的基础上，进一步补充唐前期色役的识别特征。

（一）免役

唐前期色役的免役特征反映出色役独立于正役、杂徭的役种地位，免役性凸显出色役服役时的非此即彼，这是判断色役的重要依据。唐前期的色役经常带有相关免役的记载。比如唐代烽子，日本《令集解》中称："唐令烽条云'取中男配烽子者，免杂徭'。"[3] 再比如都水监渔师，敦煌写本《唐开元水部式》载："都水监渔师二百五十人，其中长上十人，随驾京都。短番一百廿人，出虢州，明资一百廿人，出房州。各为分四番上下，每番送卅人，并取白丁及杂色人五等已下户充，并简善采捕者为之，免其课役及杂徭。"[4] 这里更是明确免除课役及杂徭。门

---

1 《隋书》卷 24《食货志》，中华书局，1973，第 680 页。

2 顾成瑞：《唐前期驿丁应役方式的转变——兼论力役征派的色役化》，《史学月刊》2022 年第 10 期。

3 黑板勝美編『令集解』卷 14「赋役令」吉川弘文館、1985、436 頁。

4 王永兴：《敦煌写本唐开元水部式校释》，《陈门问学丛稿》，第 288 页。

夫之役也颇能说明问题。《通典》称："诸州县不配防人处，城及仓库门各二人；须守护者，取年十八以上中男及残疾，据见在数，均为番第，勿得偏并。每番一句……（若番上不到应须征课者，每番闲月不得过一百七十，忙月不得过二百文。）满五句者，残疾免课调，中男免杂徭。其州城郭之下户数不登者，通取于他县。总谓之门夫。"[1] 唐代残疾者免丁役，这在法律上有明确规定。[2] 残疾者也可以作为门夫，说明它有别于一般的正役或杂徭。换句话说，门夫之役本就不属于正役和杂徭。由此再审视中男作为门夫免杂徭的制度条文，更能理解门夫是力役性正役和杂徭之外的色役。需提及的是，唐长孺在论述唐前期门夫、烽子是否属于色役时，就是依据色役存在免役的这一特征，如"据纳资和免杂徭两点，充门夫不是杂徭而是色役"。又程喜霖认为烽子属于杂徭，但唐长孺根据烽子两年而代，有固定番期，且中男配烽子可免杂徭，便认为它"更像是色役"。[3]

（二）职掌

色役的职掌特征指其拥有专门职事，常表现为固定的职名。当然，唐代行政系统中职掌并非皆是色役，还包括职吏甚至职官，但色役都有一定的职掌。色役服役内容的专职性来自中国古代官僚系统的设官分职。在《通典》中，唐代行政中的职掌被列于文武官之后，史载：

> 内职掌：斋郎、府史、亭长、掌固、主膳、幕士、习驭、驾士、门仆、陵户、乐工、供膳、兽医、学生、执御、门事、学生、后士、鱼师、监门校尉、直屯、备身、主仗、典食、监门直长、亲事、帐内等。外职掌：州县仓督、录事、佐史、府史、典狱、门事、执刀、白直、市令、市丞、助教、津吏、里正及岳庙斋郎

1　杜佑：《通典》卷35《职官十七》，第967页。
2　长孙无忌等：《唐律疏议》卷3"犯徒应役家无兼丁"条，第72页。
3　唐长孺：《唐代色役管见》，《山居存稿》，第174~175页。

并折冲府旅帅、队正、队副等。[1]

唐前期的内外文武官主要是流内九品职事官。流内品官有正、从之分，流外官无从品，故职掌应是与流内九品职事官相对的称谓。又如，唐玄宗时期的诏令中经常出现"文武百官及有司职掌"[2]、"文武百官及有职掌"[3]等字样。上述职掌有些属于官吏，而有些属于色役，这说明行政管理机构中的色役具有职掌特征。

　　唐长孺曾经认为，色役一类居于吏与役之间，在律令上又是杂任或职掌；另一类是单纯的徭役，其中一部分由杂徭或正役转化而来，一部分是专业性的特殊人户。[4]日本学者宫崎市定也认为，唐代民众在承担租、庸、调、杂徭四种义务之外，还从事"职掌"义务，称之为"番役"。[5]其他学者研究也多有对诸色职掌人的分析。比如，明钞本《天圣令》在《杂令》和《赋役令》中，有诸色职掌人，据黄正建统计，有130种。[6]当然，职掌并非都属于色役，这从杜佑《通典》中看得非常清楚。[7]除行政机构中的色役职掌人外，诸多专业人户也具有职掌特征。如诸工、乐、杂户及太常音声人，"此等不同百姓，职掌唯在太常、少府等诸司"，[8]尤其是杂户，"谓前代以来，配隶诸司职掌，课役不同百姓"。[9]由此观之，与正役、杂徭相比，色役的职掌特征较为明显。然王永兴在研究唐天宝敦煌差科簿时，将无职事的散官和勋官都纳入色役范

1　杜佑：《通典》卷40《职官二十二》，第1106页。

2　王钦若等编《册府元龟》卷85《帝王部·赦宥四》，第1008页。

3　宋敏求编《唐大诏令集》卷68《天宝十载南郊赦》，第382页。

4　唐长孺：《唐代色役管见》，《山居存稿》，第171页。

5　宫崎市定「唐代赋役制度新考」『東洋史研究』第14卷第4号、1956年。中译本收入刘俊文主编《日本学者研究中国史论著选译》第4卷，第378~404页。

6　黄正建：《〈天圣令·杂令〉所涉唐前期诸色人杂考》，黄正建主编《〈天圣令〉与唐宋制度研究》，中国社会科学出版社，2011，第495~513页。

7　杜佑：《通典》卷40《职官二十二》，第1106页。

8　长孙无忌等：《唐律疏议》卷3"工乐杂户及妇人犯流决杖"条，第74页。

9　长孙无忌等：《唐律疏议》卷3"免所居官"条，第57页。

畴。唐代律令称："有执掌者为职事官，无执掌者为散官。"[1] 就散官而言，职事官带散品是唐代官制的特点，但无职事的散官肯定无职掌，这便与色役的职掌特征相悖。事实上，散官无职掌是相对职事官的对比性认识。无职事的散官虽然本身无固定职掌，然而有番上义务，要到尚书都省送符送物等出使、配诸司身应驱使、配诸卫、直诸司或任杂职掌等。[2] 在具体的上番期间是有固定职事和职掌的，这一点勋官与散官类似。

（三）役身

　　唐前期官府征派正役、杂徭偏重于役力，而色役则更强调役身。故正役和杂徭兴起力役之前都会料功，估算需要多少人力，色役则是在一年内的固定时间段到官府部门或职所服役。它与官吏类似，都具有"羁身官府"的意味，也正因为如此，色役往往属于特殊机构之役。

　　役力需要计算百姓的服役量，即人功。比如《唐律疏议·擅兴》称："修城郭，筑堤防，兴起人功，有所营造，依《营缮令》：'计人功多少，申尚书省听报，始合役功。'"[3] 同卷中还规定："料请财物及人功多少违实者，笞五十……或已费人功，各并计所费功、庸，准赃重者，坐赃论减一等。"[4] 可见，征发力役，首先要计算人功。对此，《唐律疏议》"名例律"中称："计功庸者，从朝至暮。"[5] 这说明人功指一白天的劳动，《唐律疏议》解释为："从朝至暮，即是一日，不须准百刻计之。"同时，"役庸多者，虽不满日，皆并时率之"，也就是说，如果多人参加劳动，又不满 12 个小时，则按时计算。计算人功，需要考虑人的劳动能力，同书卷 11 "役使所监临"条也指出："其借使人功，计庸一日绢三尺。人有强弱、力役不同，若年十六以上、六十九以下，犯罪徒役，其

1　长孙无忌等：《唐律疏议》卷 1 "八议"条，第 18 页。

2　李锦绣：《唐前期散官番上制度考论》，《历史研究》2023 年第 1 期。

3　长孙无忌等：《唐律疏议》卷 16 "兴造不言上待报"条，第 312 页。

4　长孙无忌等：《唐律疏议》卷 16 "兴造不言上待报"条，第 313 页。

5　长孙无忌等：《唐律疏议》卷 6 "称日年及众谋"条，第 140 页。

身庸依丁例；其十五以下、七十以上及废疾，既不任徒役，庸力合减正丁，宜准当乡庸作之价。若准价不充绢三尺，即依减价计赃科罪；其价不减者，还依丁例。"[1]可见，人功关联人的强弱，指向力役，或者说役力。

计算人功在正役和杂徭的实际征派中颇为关键。比如《唐六典》称："凡丁岁役二旬，（有闰之年加二日。）无事则收其庸，每日三尺；（布加五分之一。）有事而加役者，旬有五日免其调，三旬则租、调俱免。（通正役并不得过五十日。）"[2]正役的法定时间是20日，超出这一时间期限，就需要给予补偿。所以，在征派正役和杂徭之时，理想的状态是所征丁夫尽可能满足役的要求。前述《唐律疏议》称："料请财物及人功多少违实者，笞五十；若事已损费，各并计所违赃庸重者，坐赃论减一等。（本料不实，料者坐；请者不实，请者坐。）"[3]之所以严格惩治料功不实者，除了其会损害官府财力和人力以外，还有扰乱正常赋役秩序的考量，故在敦煌吐鲁番文书中能看到烦琐的料功程序，比如《唐开元二十二年（734）西州高昌县申西州都督牒为差人夫修堤堰事》中载：

1　高昌县　　　　为申修堤堰人□□□□□

2　新兴谷内堤堰一十六所，修塞料单功六百人。

3　城南草泽堤堰及箭干渠，料用单功八百五十人。[4]

文书中有"单功"、人数，后面还有"日功修塞"，可见，正役和杂徭征派要计算人数和天数，其依据就是用功数。同样，在《武周圣历元

1　长孙无忌等：《唐律疏议》卷11"役使所监临"条，第224~225页。

2　李林甫等：《唐六典》卷3《尚书户部》，第76页。

3　长孙无忌等：《唐律疏议》卷16"兴造不言上待报"，第313页。

4　国家文物局古文献研究室、新疆维吾尔自治区博物馆、武汉大学历史系编《吐鲁番出土文书》第9册，文物出版社，1990，第107页。

年（698）前官史玄政牒为四角官萄已役未役人夫及车牛事》中，对官园葡萄的抽枝、覆盖、踏浆、整枝、埋柱等劳作料功为"总料得夫玖拾陆人，人各役单功，各合伍日"，但实际执行结果是"七十七人役讫，一十九人未役"。[1] 这些说明，正役和杂徭以役使人力为主，起决定作用的是所用人力或人功的数量。

与正役、杂徭相比，唐前期色役更注重役身。在这里，役身与职任、职事联系密切。由于色役属于行政机构用役，唐代行政机构"量事置官，量官置人"[2] 的原则亦适用于色役，因此，色役也是因事设役，量役派人。由于色役把事、役、人关联在一起，故色役总是将人身与一定的职事或职任绑在一起，就像唐代白居易诗所云"始知吏役身，不病不得闲"，[3] 宋代马端临亦言"一承职役，羁身官府"，[4] 羁身意味着不能分身。虽然文中职役和吏役实际指官吏，但能反映出行政机构人员终日忙碌在职任上的情况，这为认识同在行政系统的色役提供了参照。唐前期的很多色役呈现了这一特征。如"谓执衣、白直之类，止合供身驱使"；[5] 河阳桥和大阳桥水手，"一补以后，非身死遭忧不得辄替"；[6]《唐永徽五年（654）九月西州诸府主帅牒为请替番上事》文书中有"□□身当今月一日番上，配城西门"。[7]

色役的役身特征，表现为一定时期内置身于某职任之上，与正役、杂徭的服役相比，更具稳定性，这从分番上能窥其端倪。正役、杂徭的征役关键是需要完成一定量的体力劳动，故其分番仅需把服役人员分成几组，然后分别就役。由于丁的服役时间取决于劳动量及计算出的用工

1　国家文物局古文献研究室、新疆维吾尔自治区博物馆、武汉大学历史系编《吐鲁番出土文书》第7册，文物出版社，1986，第448页。

2　王溥：《唐会要》卷62《御史台下·谏诤》，中华书局，1955，第1078页。

3　谢思炜校注《白居易诗集校注》卷5《病假中南亭闲望》，中华书局，2006，第463页。

4　马端临：《文献通考》卷13《职役考二》，第383页。

5　长孙无忌等：《唐律疏议》卷11"役使所监临"条，第225页。

6　王永兴：《敦煌写本唐开元水部式校释》，《陈门问学丛稿》，第287页。

7　荣新江、李肖、孟宪实主编《新获吐鲁番出土文献》，中华书局，2008，第115页。

人数，故每一番的时间和用工人数都有所不同。且《唐律疏议》规定："凡丁分番上役者，家有兼丁，要月；家贫单身，闲月之类。"[1] 说明唐前期对服役时间亦有所限制。李锦绣发现："吐鲁番出土文书记载百姓杂徭多为'五日''六日''十日'者，可能西州百姓杂徭限日为十日，不到万不得已时，政府不留役百姓过限。"[2] 可知，正役和杂徭在役力的情况下为不固定使役，分番也比较简单。但色役的职事和职任属于日常的功能运作，必须保证所有时间里都有服役者值守或履职。因此，色役分番往往以年为时间单位，作为总番期，将服役者分成几组，通常以月为具体番期分别服役。[3] 比如都水监渔师短番 120 人，"各为分四番上下，每番送卅人"，[4] 即把 120 人分为 4 番即分为 4 组轮流供役，每组 30 人。另《唐西州上烽文书》中有"合上烽，分五幡，余有六人"，"三幡，人别三幡，计当四十五日上烽"，"三百十九日不役"等字样。[5] 45+319=364（日），基本上是一年的时间，说明总番期为 1 年。前面的分 5 番，余 6 人，显然是把需上烽的烽子分为 5 组；后面的 3 番则是上 3 个月番，每月的具体役期则是 15 日。从色役分番来看，每一天都需要服役者在职任上值守，"不病不得闲"，服役者"依追身到"[6] 相比付出多少人工更为关键。通过比较可知，役身与色役的职任性有关。中国古代强调设官分职，因职定位，色役也具有这一特点，即一段时期所有职掌内劳务都必须由专人完成。这正是色役区别于正役、杂徭，专门役身的体现。

　　总之，在上述三个可识别的特征中，免役特征使色役与正役、杂徭非此即彼，职掌特征使色役有固定的职事和职名，而役身特征则使色役羁身于官府的特定部门，这些都是色役区别于正役、杂徭的显著标志。

1　长孙无忌等：《唐律疏议》卷 16 "丁夫差遣不平"条，第 317 页。

2　李锦绣：《唐代财政史稿》上卷，第 1076 页。

3　吴树国：《唐前期色役的番期与役期》，《历史研究》2018 年第 5 期。

4　王永兴：《敦煌写本唐开元水部式校释》，《陈门问学丛稿》，第 288 页。

5　柳洪亮：《新出吐鲁番文书及其研究》，新疆人民出版社，1997，第 86 页。

6　唐长孺主编《吐鲁番出土文书》（图录本）（叁），文物出版社，1996，第 236 页。

三　唐前期色役的层次分类

　　色役中的"色"，是类之意，顾名思义，色役为诸类役。事实上，色役也的确表现为众多名目，但色役名目并非杂乱无章，而是有一定的层次类别可再区分。国内最早研究色役的鞠清远将色役区分为"与官吏，或各机关"，[1] 实际上已经将色役区分为服务于特定官吏的色役和特定机关的色役，即官人类色役和公廨类色役。其区分色役的依据源于对色役职的认识，即后来李锦绣依据色役的纳资与纳课来分类，与鞠清远相似。[2]

　　随着对敦煌唐代差科簿的研究，关于色役的认识有了新的推进。王永兴讨论了敦煌唐代差科簿中 26 种色役名目，并尝试对色役进行归类。他虽然也认为色役"有的虽然是一种职务，但实际上也是徭役"，[3] 但并未按照色役职务分类，而是按服役者身份将色役分为三类：第一类为官吏，又分为贵族和非贵族，包括三卫、亲事帐内、散官、勋官等；第二类服役者的身份是良民，包括防阁、庶仆、白直、事力、仗身、幕士、执衣、门夫、杂匠等；第三类服役者的身份是贱民，有番户、杂户、乐工、兽医、骗马、调马、群头、栽接等。[4] 在后来编著的《隋唐五代经济史料汇编校注》中，他又将色役制的徭役项目分为两类：一类是为地主阶级设置的，另一类是为劳动穷苦百姓设置的，后者役使的人数很多，是色役制的主体。[5] 王永兴的色役分类与其强调色役的身份性特征有关。

　　唐长孺有关色役的研究也涉及色役的层次分类。他认为："我们认

1　鞠清远：《唐代财政史》，第 102 页。
2　李锦绣：《唐代财政史稿》上卷，第 542 页。
3　王永兴：《敦煌唐代差科簿考释》，《历史研究》1957 年第 12 期。
4　王永兴：《唐天宝敦煌差科簿研究——兼论唐代的色役制和其它问题》，《陈门问学丛稿》，第 114~118 页。
5　王永兴编著《隋唐五代经济史料汇编校注》，第 639 页。

为色役大致包括两大类。一类居于吏与役之间，有如业已确知的掌闲、幕士、门仆，以及可以推知的配给贵族官僚的亲事、帐内、防阁、白直等。这一类在律令上又是杂任或职掌，其渊源是汉代的少吏或小人吏，南北朝的僮干、吏力、杂任役。另一类是单纯的徭役，其中一部分本是杂徭或正役；一部分是专业性的特殊人户，如乐人、音声人、丁匠。他们不是吏，不能纳入杂任或职掌。"[1] 唐长孺实际将色役分为三类：第一类为已确知的掌闲、幕士、门仆，属于公廨类色役；第二类是配给贵族官僚的亲事、帐内、防阁、白直等，他们属于官人色役；第三类包括两部分，即一部分本是杂徭或正役，另一部分是专业性的特殊人户。其实来自杂徭或正役的色役也属于不服正役和杂徭的特殊户，如门夫、烽子和屯丁，故第三部分都是特殊役户，仅是专业和非专业之分，因此，唐长孺的色役分类包括公廨类色役、官人仆从类色役和特殊役户。其分类的依据是杂任或职掌，但指出第三部分不能纳入杂任和职掌，比如乐人、音声人、丁匠。不过，特殊人户也属于职掌，如《通典》中的内职掌不仅包括乐工，还有陵户。尽管乐工疑为"乐正"之讹。[2] 前面已谈到诸工、乐、杂户及太常音声人，"此等不同百姓，职掌唯在太常、少府等诸司"。[3] 故唐长孺的分类依据是色役职掌之别，且将鞠清远的分类进一步向前推进，更为细化。

综上可见，尽管色役类目繁杂，但仍可按照层次做更广阔的层级分类。然前述分类体现为两种取向，一种是按职的特点，另一种是按身份，这符合中国官僚组织既是功能组织又是身份组织的特征。[4] 在王永兴的色役分类中，散官、勋官以及贱民身份的番户、杂户等本身都没有正役和杂徭负担，他们只服色役，这反映出身份性分类的重要性以及色役有别于正役和杂徭的独立特征。不过，色役毕竟仅属于官僚行政组织

---

1 唐长孺：《唐代色役管见》，《山居存稿》，第 171 页。

2 唐长孺：《唐代色役管见》，《山居存稿》，第 169 页。

3 长孙无忌等：《唐律疏议》卷 3 "工乐杂户及妇人犯流决杖"条，第 74 页。

4 阎步克：《中国古代官阶制度引论》，北京大学出版社，2010，第 348 页。

的神经末梢，与身份组织所关联的品阶勋爵等利益分配在色役领域影响甚微，而其行政功能即职的因素更为关键。上述"官"身份与贱民身份的色役，它们之所以被称为色役，身份性已退居次要地位，更关键的是职任特征（详见后文）。因此，虽然两种分类取向本身无可厚非，但按职进行分类更有助于认识色役在"分职定位"的行政机构系统中的地位。鞠清远将色役区分为"与官吏，或各机关"，唐长孺将色役分为公廨类色役、官人仆从类色役和特殊役户，尽管按职能分类在逐步推进，但仍有完善的空间。如果采用按职能分类方式，王永兴讨论的唐天宝差科簿中的 26 种色役名目可具体再次划分。其中的文武散官四品以下九品以上、勋官、三卫、幕士以及门夫都可划入公廨类；而防阁、庶仆、白直、仗身、执衣、事力（士力）、亲事、帐内以及充傔可归入官人仆从类；至于捉钱、杂匠、乐人、乐工、兽医、骗马、调马、群头、裁接、番户、杂户以及陵户则属于特殊役户。不过，在王永兴《敦煌唐代差科簿考释》中，还能看到里正、村正、渠头、斗门等，里正在唐前期属于杂任，尚不是役，而其他色目应属于色役，但它们无法归入上述类别，参照宋代乡村职役，可将其名为乡里类色役。[1]因此，若按照职能分类，唐前期色役可分为公廨类色役、官人仆从类色役、乡里类色役和特殊役户四种。

在上述分类中，公廨类色役完全契合"提供特种徭役于特定的机关"的定义；而官人仆从亦属于特定官府部门人员，这使官人仆从类色役也符合这一特征；乡里类职役虽未完全羁身公廨，但其属于州、县职能的向下延展，在实现"皇权下县"的过程中扮演着重要角色。因此，这三类色役都符合行政性职掌的特征。只有特殊役户，因其事务性更为突出，不免让人质疑特殊役户是否单纯的力役而不具备职的性质。实际上，唐前期特殊役户大体上属于诸司，或在地方上与诸司职能关联密切的机构。这里的诸司并非尚书省下辖的二十四司，而是九寺、诸监、诸

卫及东宫官属等。据严耕望研究，这些机构都属于事务性机构。[1]正因为如此，属于诸司的特殊役户，其服役场所并非在诸司行政机构的办公场所，而是有更具体的服役机构。比如太常寺的陵户服务于诸陵，但诸陵分别设陵署，故陵户还有服务于具体行政机构的性质。但与陵户相似的庙户，和陵户一道具体负责庙和墓的看守、洒扫，而庙和墓仅是服役的地点。同样，都水监渔师或可在京师办公机构，但水手则有具体服役场所，比如河阳桥水手、大阳桥水手等。[2]虽然特殊役户多服役于更具体的场所，但这些机构与中央诸司都有关联，是完成其事务性职能的需要，故其属于诸司事务性职能的延伸。

　　总之，色役虽由诸类役目构成，但并非杂乱无章，实际具有一定的层次纹理。将唐前期色役做公廨类、官人仆从类、乡里类和特殊役户划分，有助于对色役特征进行更细微的把握，亦有助于提高对色役的整体性认识。

四　唐前期色役的职役性质

　　关于唐前期色役的性质，学术界还是多在徭役或劳役的语境下对其加以认识，实际是将其笼统归为力役范畴，这不利于对色役性质的把握。不过，也有学者将其从力役中剥离出来，对其重新定性，比如王永兴认为色役"有的虽然是一种职务，但实际上也是徭役"，[3]这已经趋向于对色役的职与役的双重性认识。[4]

　　关于职与役，必然涉及职役的概念。职役概念在中国古代史籍的不同语境下含义各异，但其真正作为役制的理论认识，则来源于马端临的

1　严耕望：《论唐代尚书省之职权与地位》，《"中央研究院"历史语言研究所集刊》第 24 本，1953 年，第 32~33 页。

2　王永兴：《敦煌写本唐开元水部式校释》，《陈门问学丛稿》，第 286~287 页。

3　王永兴：《敦煌唐代差科簿考释》，《历史研究》1957 年第 12 期。

4　吴树国等提出应在职役视域下展开色役研究，参见吴树国、李强《走向职役：唐代色役研究的视域转换与理论拓展》，《陕西师范大学学报》2022 年第 3 期。

《文献通考》。在马端临的职役概念中，"职"是基本特征，决定其性质变化的是"役"，正因为"职"的性质发生了"役"化，所以才称之为"职役"。故职役属于"役"，是与力役、兵役类似的劳役，"困苦卑贱同于徭役"[1]是其内涵。可见，作为役制认识的职役概念也是强调职与役的不可或缺，特别是役的本质。[2] 依据职役概念对色役进行认知与辨析，需要注意色役是否拥有职与役的属性。前述色役的识别特征着眼于色役与兵役、力役的比较而言。正因为如此，色役的免役、职掌和役身主要凸显了行政系统"职"的特征。不过，这些特征对于同在官府行政机构的官、吏也会部分适洽。故讨论色役的前提是对其役的属性认识，也就是说，只有将色役定位为役，这种讨论才有意义。因此，职与役的结合是唐前期色役内在的性质。[3]

　　前面分析了色役的职掌特征，已契合了职役的"职"，所以关键在于色役是否拥有"役"的属性。前述王永兴讨论了唐天宝差科簿中的 26 种色役名目，其中防阁、庶仆、白直、仗身、执衣、事力等属于官人禄力。《隋书》称："官人禄力，乘前已来，恒出随近之州。但判官本为牧人，役力理出所部。"[4] 同书又载："自州、郡、县，各因其大小置白直，以供其役。"[5] 可见，隋代将其称为役力，已明确了"役"的性质。至唐代，官人禄力役的性质仍然保持，比如《唐律疏议》称："其应供己驱使者，谓执衣、白直之类，止合供身驱使，据法不合收庸。"[6]"供身驱使"，说明执衣、白直仍然属于"以供其役"。另外，虞世南在贞观十二年（638）致仕，"禄赐防阁视京官职事者"，[7]李峤开元前后上《谢加

1　马端临：《文献通考》卷 13《职役考二》，第 382 页。

2　吴树国：《马端临"职役"概念及其意义》，《历史研究》2023 年第 2 期。

3　笔者讨论过唐前期色役的性质，概括为杂色役、职役和部门役，参见拙文《唐前期色役性质考辨》，《陕西师范大学学报》2013 年第 6 期（已收入本书，见附录一）。目前笔者认为，杂色役和部门役都可以归入职役层面。

4　《隋书》卷 24《食货志》，第 685 页。

5　《隋书》卷 27《百官志中》，第 763 页。

6　长孙无忌等：《唐律疏议》卷 11"役使所监临"条，第 225 页。

7　《新唐书》卷 102《虞世南传》，中华书局，1975，第 3973 页。

赐防阁品子课及全禄表》，[1] "防阁"被作为禄赐对象，也反映出其使役性。除上述官人仆从类色役外，还有幕士、掌闲。在明钞本《天圣令》中，它们被称为庶士。[2] 据李强研究，唐前期庶士属于流外官以外的低级供事者，以服役的形式供职于中央诸司，有职役性质。他还提及在《唐律疏议》的史、卒称谓中，庶士属于卒，与吏有别。[3] 可见，幕士、掌闲应属于职役。至于特殊役户，正如唐长孺所言，本来就是由单纯的徭役而来，属于役的性质当无疑义。不过，王永兴所列色役名目中，文、武散官四品以下九品以上、勋官和三卫等，本身属于官身份，是否属于色役，还有异议。杨联陞就认为："这些小散官的番上是有条件的。是否应计为色役，很难说。"[4] 顾成瑞在对这类群体优免课役的研究中，对将其纳入色役框架也觉得不便。[5] 可见，这类人是否属于役，需要进一步探讨。

在上述人员中，文武散官四品以下、九品以上已具有官的身份，但尚未出仕成为职事官，故需要番上。值得注意的是，黄清连将无职事的散官番上作为一种义务看待，[6] 顾成瑞也批驳了放弃入仕就可以不番上的观点，认为番上义务不可放弃。[7] 既然散官番上属于入仕前义务，那无疑具有强制性。同时，散官虽然具有官的身份，但六品以下散官并不被视作职事官，如在服色上"流外官及庶人，服色用黄"，[8] 故他们虽然可以免除力役，但必须在官府内承"王徭"的番上义务。唐代散官番上主

---

1 董诰等编《全唐文》卷 246《谢加赐防阁品子课及全禄表》，中华书局，1983，第 2491 页。
2 天一阁博物馆、中国社会科学院历史研究所天圣令整理课题组校证《天一阁藏明钞本天圣令校证（附唐令复原研究）》，中华书局，2006，第 433 页。
3 李强：《唐代"庶士"再探》，《文史》2023 年第 1 辑。
4 杨联陞：《〈敦煌吐鲁番文献研究论集〉读后》，《北京大学学报》1983 年第 4 期。
5 顾成瑞：《唐代官人优免制度与赋役体系的变迁研究》，博士学位论文，中国人民大学，2017，第 119 页。
6 黄清连：《唐代散官试论》，《"中央研究院"历史语言研究所集刊》第 58 本第 1 分，1987 年，第 166~172 页。
7 顾成瑞：《唐代官人优免制度与赋役体系的变迁研究》，第 83 页。
8 王溥：《唐会要》卷 31《舆服上·杂录》，第 573 页。

要是六品以下散官，其内容包括尚书都省送符送物等出使、配诸司身应驱使、配诸卫、直诸司和任杂职掌等多种。其中充直官和任杂职掌等，往往像职事官一样，有俸禄或类似待遇。李锦绣研究指出，这"使散官逐渐向职事官体系渗透，散官与职事官体系联系更为密切，双方形成了互有交叉的关系"。[1] 笔者认为，由于散官身份上处于官民之间，故其"职"的性质具有游移性。散官若充任具有职事特色的流外官或杂任的职任，他可能转化为职事官身份。不过，散官在尚书都省送符送物等出使、配诸司身应驱使和配诸卫，则转为仅供驱使和拘提奔走的职役人身份，这种身份在官僚系统中尚在令史、书令史、府史等吏之下。所以后来能看到番上散官"朝议郎已下，黄衣执笏，于吏部分番上下承使及亲驱使，甚为猥贱。每当上之时，至有为主事令史守扃钥执鞭帽者"，[2] 这部分散官初始就从事供驱使的役职。[3] 与六品以下散官相似的还有勋官，分番于兵部时，"省司又分支诸曹，身应役使，有类僮仆"。[4] 至于品子充当三卫、亲事、帐内，其"王徭"负担亦是"不可推脱和规避的"。[5] 三卫和亲事、帐内充宿卫和供驱使之役。孙正军认为，唐人对于三卫的官员身份并不十分确定，他们在某些时候更愿意将三卫看作"民"，而非品官，番上给廪食及纳资免番制下的三卫更像是一种差役。[6] 因此，严格意义上讲，作为候选职官身份的上述诸色人在入仕职事官之前都不属于官，而是属于特殊身份的民。虽然"官"身份使他们免除或部分免除国家力役负担，但无论是出于历练或是简选，他们都必须承担番上义务，而番上期间的杂职掌则属于职役性质。

此外，贱民身份的工、乐、番户和杂户等服役性质亦需辨析。其

1　李锦绣：《唐前期散官番上制度考论》，《历史研究》2023 年第 1 期。

2　《旧唐书》卷 42《职官志一》，中华书局，1975，第 1807 页。

3　顾成瑞提出随着高宗以后，特别是开元时期勋官、散官人数的增多，番上义务开始走向赋役化。参见《唐代官人优免制度与赋役体系的变迁研究》，第 87~98 页。

4　《旧唐书》卷 42《职官志一》，第 1808 页。

5　顾成瑞：《唐代官人优免制度与赋役体系的变迁研究》，第 107 页。

6　孙正军：《官还是民：唐代三卫补吏称"释褐"小考》，《复旦学报》2013 年第 4 期。

中的番户也称为官户。其特点是"配隶之色，不属州县"，[1] 其赋役与白丁身份不同，主要配隶诸司驱使。不过，杂户"亦附州县户贯"。[2] 这里需要注意官户（番户）、杂户的称谓，他们与官奴婢不同，已被称为"户"。他们分番服役，《唐六典》载："凡配官曹，长输其作；番户、杂户，则分为番。（番户一年三番，杂户二年五番，番皆一月。十六已上当番请纳资者，亦听之。其官奴婢长役无番也。）"[3] 可见，官户、杂户与官奴婢最大的区别是分番供役，而官奴婢长役无番。又"凡官户受田减百姓口分之半"。[4] 张泽咸提出，"是否可以说，私奴婢的日食由主人供给，官奴婢长役无番，官给口粮，官户只在上番时给公粮，为了使他们在不上番时能生存下去，因而才给授部分口分田的呢？"[5] 笔者认为，这种可能性是有的。既然称为官户，有授田，应该有独立生产的可能。至于杂户，依令"老免、进丁、受田，依百姓例"。[6] 另外，依《户令》："杂户、官户皆当色为婚。"[7] 这些都指向杂户、官户与普通民户家庭的类似性。故番户、杂户，包括工、乐户虽属贱民身份，但因其具有类民户的特征，亦属于"役"的性质。这些贱民身份户由诸司管理，"赋役不同白丁"，主要是没有租调负担，役也有别于白丁身份的正役和杂徭之役。其服役对象主要配给诸司，担任各种职掌，比如《新唐书》谈到官户、杂户时称"乐工、兽医、骗马、调马、群头、栽接之人皆取焉"，[8] 甚至有些官户属于有技艺者，"从其能而配诸司"。[9] 可见，这些贱民身份户属于特定服役人群，以类民户形式服役于诸司，担任各种职掌。若从行政功能角度分析，他们亦是承担职役的人群。

1　长孙无忌等：《唐律疏议》卷 3 "工乐杂户及妇人犯流决杖"条，第 74 页。

2　长孙无忌等：《唐律疏议》卷 12 "养杂户等为子孙"条，第 238 页。

3　李林甫等：《唐六典》卷 6《尚书刑部》，第 193 页。

4　李林甫等：《唐六典》卷 3《尚书户部》，第 74 页。

5　张泽咸：《唐代阶级结构研究》，第 479 页。

6　长孙无忌等：《唐律疏议》卷 3 "免所居官"条，第 57 页。

7　长孙无忌等：《唐律疏议》卷 12 "养杂户等为子孙"条，第 238 页。

8　《新唐书》卷 46《百官志一》，第 1200 页。

9　李林甫等：《唐六典》卷 6《尚书刑部》，第 193 页。

最后，色役中还存在一类有军名的色役。《唐律疏议·捕亡律》"丁夫杂匠亡"条言："'若有军名而亡'，谓卫士、掌闲、驾士、幕士之类，名属军府者，总是'有军名'。其幕士属卫尉，驾士属太仆之类，不隶军府者，即不同军名之例。"[1] 据此可知，色役中有一部分名属军府，即"有军名"，因此称之为有军名色役。[2] 在有军名色役中，掌闲、驾士、幕士，包括三卫，性质比较特殊，本身既属于职掌，亦属于军名。而其他此类色役多由卫士担任，如仗身之役，《通典》称："镇戍之官，以镇戍上、中、下为差。上镇将给仗身四人，中下镇将、上镇副各三人，中下镇副各二人，仓曹、兵曹、戍主副各一人。其仗身十五日一时，收资六百四十。"[3] 比如大谷兵役关系文书中有"五人填折冲九月十六日仗身""四人填右果毅九月一六日仗□""五人填员外折冲康延八月一日仗身"的说法。[4] 不过，仗身并非皆由卫士担任，《天圣令》中牧尉给仗身："（牧）尉，取八品以下散官充，考第年劳并同职事，仍给仗身一人。"[5]"麟德二年（665），给文官五品以上仗身，以掌闲、幕士为之。"[6] 这些仗身很难说都属于卫士，故仗身存在军事性和非军事性双重身份。因此，唐前期色役服役人员的来源颇为复杂，除了白丁、散官、勋官、品子、贱民身份外，还有军人。那么，有卫士等军人承担的色役，其性质是兵役还是职役？

唐前期府兵制分为内府和外府，内府为中郎将府，兵士称为三卫；外府为折冲府，兵士称为卫士。从有军名色役来源来看，称三卫或卫士肯定属于兵役，而掌闲、驾士、幕士等应属于内府兵士与职掌结合后更

1　长孙无忌等：《唐律疏议》卷 28 "丁夫杂匠亡"条，第 535 页。

2　关于有军名色役，朱定芬较早注意到这一问题，参见《唐前期"有军名"色役研究》，硕士学位论文，福建师范大学，2022；李强在研究唐代庶士时也注意到有军名的庶士，参见《唐代"庶士"再探》，《文史》2023 年第 1 辑。

3　杜佑：《通典》卷 35《职官十七》，第 965~966 页。

4　小田義久『大谷文書集成』第二卷、法藏館、1989、釈文 7~8 頁。

5　天一阁博物馆、中国社会科学院历史研究所天圣令整理课题组校证《天一阁藏明钞本天圣令校证（附唐令复原研究）》，第 399 页。

6　《新唐书》卷 55《食货志五》，第 1397 页。

细微的称谓，亦应是兵役之一。不过上述有军名色役中的兵役都具有职的性质，如三卫担任宫中宿卫、皇帝或太子出行的仪仗、扈从军队，驾士掌驾驭车辂及车辂所用马牛杂畜之调习，掌闲专饲闲厩御马，幕士负责所属机构内帐幕、帷幕铺陈兼及其他杂使等。至于仗身，属于分配给官员个人的使役人员。故这些役又具有职役性质。倘若究其更接近哪一类役，笔者认为，兵役是个较疏阔的概念，兵役的重点应在防范和应对"四方有事"，重在宿卫、镇戍和征行，而上述有军名色役属于军事行政机构的使役，属于与行政机构人员交叉的领域，故它更近于职役。

总之，尽管唐前期色役本身役目繁杂，在律令上亦缺乏清晰定义，但色役独立的役种地位仍然可以明确。这是因为唐前期"色役"在使用中多有特殊语境，特别是与一些固定机构连在一起，进而形成某种固定役的表达。虽然色役称谓在唐代有关赋役律令条文中缺载，其役目也掩映在职掌、诸色人之中，但开元二十三年减诸司色役敕标志着色役在开元时期已经从职官系统中脱离出来，被时人作为区别于正役、杂徭的一种役种形式。唐前期服色役者免课役并不意味着色役与正役、杂徭性质一致，而只是役的义务间替代。隋唐五代色役与魏晋南北朝时期吏役和宋代职役构成了一个纵向演进链。若从这一视域观察，色役与正役、杂徭等力役彼此间各有独特的发展路径。

尽管唐前期分番供役、不役纳资和身份性为色役较为显著的表征，但尚不完全具备与其他役相区别的识别功能，而免役、职掌与役身等特征有助于对色役的具体识别。免役特征使色役与正役、杂徭非此即彼，职掌特征使色役有固定的职事和职名，而役身特征则使色役羁身于官府的特定部门，它们构成了色役区别于正役、杂徭的显著标志。唐前期色役层次再分类的依据集中于身份与职能。若根据职能综合分类，唐前期色役可分为公廨类色役、官人仆从类色役、乡里类色役和特殊役户四种。在职能上，它们都契合"提供特种徭役于特定的机关"的定义。职役是唐前期色役内在的性质，具有"官"身份的散官、选官、三卫、品子，以及贱民身份的官户、杂户、工乐户都属于专门服色役的人群，亦具有职役性质。但有军名色役的存在也透露出职役与兵役间的交叉关系，进一步反映出唐前期色役的复杂性。

唐前期色役独立役种地位的辨析，色役特征、分类及性质的再认识，都有助于对色役加以定位，使其研究走出怀疑与无序的状态，从而推动该问题的进展。同时，唐前期色役是魏晋以来职役发展的累积，也是中晚唐、五代至赵宋以降职役演变的发端。故厘清唐前期色役的基本问题，不仅有助于对唐代役制的研究，亦对中国古代职役的整体探索不无裨益。

第二章　唐前期色役的番期与役期

　　唐前期色役颇为复杂，有些关键性问题尚需厘清，番期即其中之一。程喜霖对色役番期研究较多。他从吐鲁番出土文书入手研究唐代烽子番期，认为唐代"烽子的役期是二年，在二年役期内须每月上番，番期十五日"。[1]这些研究为进一步探讨唐代色役番期问题奠定了基础，但对烽子番期的考证毕竟属于个案，相较于唐前期诸多色役而言，仅是冰山一角；且程先生虽然认为烽子番期为 15 日，但对如何轮番并未深究。如在研究唐代烽堠制度中，他认为烽子在两年役期内须每月上番。[2]倘若如此，按每月番期 15 日计算，烽子一年中就会有 180 天都在服役，显然与事

1　程喜霖：《从吐鲁番出土文书中所见的唐代烽堠制度之一》，唐长孺主编《敦煌吐鲁番文书初探》，武汉大学出版社，1983，第 295~296 页。
2　程喜霖：《汉唐烽堠制度研究》，第 217 页。

实不符。故他在后来的研究中修正称"每次上几番并无常制，似仍依地区远近的实际情况而定'番第'"，[1]这一说法虽较前述合理，但留下烽子轮番细节的追问空间。除程喜霖外，尽管也有众多学者在研究中涉及唐代色役，但受主旨所限，都未对番期问题做细化考察，致使对色役番期的解释不一。如将有关唐代色役的各种时间记载，包括一旬、15 日、月番、45 日、一年甚至两年、四年等都直接看作番期或役期；或者按色役轮番来计算番期，如分两番的色役，番期为 6 个月，三番番期为 4 个月，四番番期为 3 个月，五番为 73 天。[2]这些认识存在的问题显而易见。唐前期为严格的律令制时代，色役番期如此无序显然与其时代特征相悖；同时，中国古代是农本社会，服色役者主体是农民，连续几个月服役势必会影响农业生产，故实际服役时间不应如此长。由此可见，唐代色役番期问题亟待厘清，这不仅关涉对色役的深层认识，也有助于对唐代国家征役制度的整体考察。

一　番期与役期：色役运行中的时间区别

色役番期是指色役轮番时段，而役期则是具体服役时间，二者容易被混淆。在唐前期西州，吐鲁番出土文书中有大量烽子到烽铺上烽的记载。关于烽子，唐代《烽式》称：

> 凡掌烽火，置帅一人、副一人，每烽置烽子六人，并取谨信有家口者充。副、帅往来检校。烽子五人，分更刻望视，一人掌送符牒，并二年一代。代且［日］须教新人通解，始得代去。如

1　程喜霖：《唐代烽子上烽铺番期新证——新出烽铺文书研究之三》，《新疆师范大学学报》2006年第 2 期，第 7 页。

2　王永兴：《唐天宝敦煌差科簿研究——兼论唐代色役制和其他问题》，《敦煌吐鲁番文献研究论集》，第 128~140 页；李春润：《略论唐代的资课》，《中华文史论丛》1983 年第 2 辑，第 60页；张泽咸：《唐五代赋役史草》，第 345 页；李锦绣：《唐代财政史稿》上卷，第 545、550、552 页。

边境用兵时，更加卫兵五人兼收［守］烽城，无卫兵则选乡丁武
健者给仗充。[1]

《烽式》中明确规定，在没有卫兵的情况下烽子可以由乡丁充任。吐鲁
番出土的雇人上烽契中，被征当番的烽子除卫士外，大部分是均田制下
的丁男。[2] 由此可见，烽子不仅是唐代府兵卫士番上职守，也是百姓服
役内容之一。关于唐代烽子服役性质，程喜霖认为属于杂徭；[3]但唐长孺
依照烽子两年而代、有固定番期且中男配烽子可免杂徭等特点，认为它
"更像是色役"。[4] 本书采纳后者意见，将烽子看作色役。

　　程喜霖认为烽子的番期是15日，其依据有三。其一，吐鲁番出土
雇人上烽契中，每次雇人上烽都是15日，因此认为15日为烽子番期。
其二，日本养老《军防令》中烽铺配烽子4人，2人为一番，据此推
断每番15日。其三，《唐西州上烽文书》中每人3番，总计45日上烽，
那么烽子番期也应该是15日。[5]

　　上述烽子番期15日的观点值得商榷。因为无论是雇人上烽契、日
本养老《军防令》，还是《唐西州上烽文书》，都没有明确称15日为番
期。如吐鲁番出土雇人上烽契多称"壹次拾伍日"；日本养老《军防令》
中有"凡烽，各配烽子四人，若无丁处，通取次丁，以近及远，均分配
番（谓以二人为一番也），以次上下"。[6]此处"二人为一番"也未直接
称番期。特别是《唐西州上烽文书》载：

1　曾公亮等：《武经总要·前集》卷5《烽火》，《中国兵书集成》第3册，解放军出版社、辽沈
　　书社，1988，第205页。
2　程喜霖：《汉唐烽堠制度研究》，第214页。
3　程喜霖：《吐鲁番文书所见唐代杂徭（上篇）——唐代西州杂徭研究之二》，《庆祝宁可先生
　　八十华诞论文集》，第237页。
4　唐长孺：《唐代色役管见》，《山居存稿》，第175页。
5　程喜霖：《唐代烽子上烽铺番期新证——新出烽铺文书研究之三》，《新疆师范大学学报》2006
　　年第2期。
6　黑板胜美编『令义解』卷5「军防令」、吉川弘文馆、1983、202页。

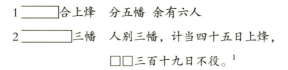

1 ＿＿＿合上烽　分五幡　余有六人

2 ＿＿＿三幡　人别三幡，计当四十五日上烽，

　　　□□三百十九日不役。[1]

文书中"幡"通"番"。如果认为此处"人别三幡"就是 3 个番期，那么前面"分五幡"又如何解释？显然"幡"应为番次，而非番期。同时，如果将 15 日作为一个番期，那么轮番就成为问题。关于唐代色役轮番，《唐开元水部式》载："都水监渔师二百五十人，其中长上十人，随驾京都。短番一百廿人，出虢州，明资一百廿人，出房州。各为分四番上下，每番送卅人，并取白丁及杂色人五等已下户充，并简善采捕者为之，免其课役及杂徭。"[2] 都水监渔师分番供役，而且免课役和杂徭，说明它属于色役范畴。渔师中短番和明资各 120 人，又各自分为四番。从每番送 30 人来看，把 120 人分为 4 番则是分为 4 组轮流供役，每组30 人。如果按照渔师轮番方式，15 日作为番期就无法解释前述《唐西州上烽文书》的记载。因为"分五幡"是把上烽烽子分为 5 组，既然319 日不役就说明是以一年为周期，5 组人在一年中均分番期，则 1 组需要服役 2.4 个月，即 1 组人总轮番时间为 70 天左右。因为需要轮流上番，故还要分成更小番期。倘若再分成 15 日一次的番期，则每组每人至少需要轮换 4 个番期才能把 70 天役服完。然而《唐西州上烽文书》中出现了"三幡"和"四十五日上烽"字样，也就是说，上烽文书中只服了 3 个番期和 45 天役，其中明显存在矛盾之处。

　　揆诸史实，问题就出在将 15 日作为一个番期上。倘若把色役的番期与役期区别开来，就能解释其中的矛盾。"分五幡"则每组需要服役2.4 个月，但在实际轮番过程中上烽人可能会临时出现各种缺番现象，

1 柳洪亮：《新出吐鲁番文书及其研究》，第 86 页。程喜霖对该文书进行了考证，确定是唐高宗时期的文书。参见《吐鲁番新出唐代烽铺文书考释》，《吐鲁番学研究：第二届吐鲁番学国际学术研讨会论文集》，上海辞书出版社，2006，第 60~68 页。

2 王永兴：《敦煌写本唐开元水部式校释》，《陈门问学丛稿》，第 288 页。

这一点在吐鲁番文书中经常能看到。[1]同时，轮番时间段在具体运行中应该取整月数，故尽管"分五幡"后总番期为 2.4 个月，但具体番期还是分成了 3 个单月番期，也就是文书中的"三幡"。不过，在 1 个月的番期内并不是一直都在服役，而是又再次分成 15 日左右，每个人实际服役期为 15 天，3 个月番的总服役期恰恰为 45 天。由此观之，色役的番期与实际役期并不相同。唐前期西州烽子"壹次拾伍日"是每个月的实际役期，而不是番期，番期是按月派役的月番。对此，《流沙遗珍》保留的西州阴回运、徐进达请替番文书也可提供补证：

> 　　□年七月□日，卫士阴回运、徐进□等许：□海峻，上上户；王屯子，上下户。□回运等于乌堢放马，近下经一十五日。前件二人住在山北，见当乌堢番上，以得一月。当下回运等望替乌堢番上。请海峻等入山将为恰当。许以件陈。请裁，谨件。[2]

从文书内容看，阴回运、徐进达在乌堢放马已经 15 日，之所以递交辞状，是因为□海峻和王屯子应该接替他们上番但没有来，故上状要求他们上番。这里的"以得一月"，透露出"一十五日"役与"一月"的关联。无论是阴回运、徐进达，还是□海峻和王屯子，他们的实际役期就是 15 日，他们 4 人是作为一个完整月番安排的。

唐代西州烽子月番期与月番内实际役期的差别并非地方色役运行个案，门夫作为色役也存在番期与实际役期的差别。《通典》称：

> 　　诸州县不配防人处，城及仓库门各二人；须守护者，取年

1　如《唐蒲昌府承帐、随番、不役、停番等名簿》《唐蒲昌府番上、不番上等名簿》《唐蒲昌府支配诸所人等名簿》《唐蒲昌府番上烽、镇人名簿》等，参见陈国灿、刘永增编《日本宁乐美术馆藏吐鲁番文书》，文物出版社，1997，第 94、100、102、105 页。

2　《唐西州某年七月卫士阴回运、徐进达等辞为请海峻等入山替番事》，程喜霖、陈习刚：《吐鲁番唐代军事文书研究·文书篇（上卷）》，新疆人民出版社，2013，第 9 页。

十八以上中男及残疾，据见在数，均为番第，勿得偏并。每番一旬……（若番上不到应须征课者，每番闲月不得过一百七十，忙月不得过二百文。）满五旬者，残疾免课调，中男免杂徭。其州城郭之下户数不登者，通取于他县。总谓之门夫。[1]

既然门夫也存在番期和免杂徭的规定，故它也属于色役。[2]《通典》中对诸州县门夫轮番仅谈到"均为番第"和"每番一旬"，学术界由此基本认为门夫番期为一旬（10天）。但根据前文西州烽子番期和役期的区别来看，门夫"每番一旬"应该是在月番期内的实际役期。因为《通典》中仅谈及"均为番第"，故州县门夫总番期尚不清楚。明钞本《天圣令》所载唐令中有中央诸司门仆"并分为四番"，[3] 但中央诸司门仆与地方州县门夫是否制度一致尚难下结论。不过，诸州县门夫"番上不到"时需按"忙月""闲月"纳课，这一细节被一些学者注意，认为"当是番上之月代役方才纳课"。[4] 笔者同意这一看法。为什么每番一旬，而纳课时却按"忙月""闲月"呢？合理的解释只能是具体番期为一月，一旬是实际役期。

　　色役番期与役期之别在唐后期主膳之役中亦有体现。《唐会要》记载：

　　　　开成三年（838）八月，殿中省奏，尚食局旧额，主膳八百四十人，充三番，每月役使二百八十人。今请条流，量闲剧，分为四番，每月敕二百一十人当上，即每日有主膳七十人粮，请回给正额，未请粮色巧儿，添主膳驱使，更不别申请度支粮。伏

1　杜佑：《通典》卷35《职官十七》，第967页。

2　唐长孺：《唐代色役管见》，《山居存稿》，第173页。

3　天一阁博物馆、中国社会科学院历史研究所天圣令整理课题组校证《天一阁藏明钞本天圣令校证（附唐令复原研究）》，第432页。

4　赵璐璐：《唐代"杂职"考》，《文史》2010年第3辑，第121页。

乞圣慈许臣当司自图圆融，冀得均济，又免占破府县人户色役。
敕旨，依奏。[1]

主膳轮番供役属于色役无疑。开成是唐文宗年号，说明此事处于唐后
期。据唐长孺研究，唐后期色役特别是两税法以后都是现役。[2]虽然这
意味着唐前期色役不役纳资的特征消失，但其具体轮番方式还是会承
袭。主膳原为三番，后来分成四番，每组 210 人，这里关键是"每日有
主膳七十人粮"。主膳属于中央诸司色役人，按规定支给廪米。既然每
月上番 210 人，为何每天却只给 70 人粮？明钞本《天圣令》在谈到官
奴婢分番时称"下番日则不给粮"，[3]说明每天实际当番服役者只有 70 人。
可见，虽然在月番内被分派有 210 人服主膳之役，但这些人又被具体分
为三组，每组 70 人，轮流服役。按此计算，一个承担主膳的色役人在
一个月番期内的实际服役时间是 10 天。若三番轮换，一年役期是 40 天，
四番轮换则役期为 30 天。

　　与主膳类似的还有水手。《唐开元水部式》中记载，各地设置浮桥
的地方，"所须人夫，采运榆条造石笼及缅索等杂使者，皆先役当津水
手及所配兵，若不足，兼以镇兵及桥侧州县人夫充……役各不得过十
日"。这里充役者有当津水手、镇兵和州县人夫，服役天数都不能超过
10 日。州县人夫属于杂徭，而当津水手则属于色役。这在同一文书中
有具体佐证："其大阳桥水手出当州，并于八等以下户取白丁灼然解水
者，分为四番，并免课役，不在征防、杂抽使役及简点之限。"[4]水手充
当色役，在月番内服役期限也是 10 天。

　　通过上述对烽子、州县门夫、主膳和水手等色役轮番方式的分析不

1　王溥：《唐会要》卷 65《殿中省》，第 1128 页。

2　唐长孺：《唐代色役管见》，《山居存稿》，第 180 页。

3　天一阁博物馆、中国社会科学院历史研究所天圣整理课题组校证《天一阁藏明钞本天圣令
　　校证（附唐令复原研究）》，第 433 页。

4　王永兴：《敦煌写本唐开元水部式校释》，《陈门问学丛稿》，第 290、286~287 页。

难发现，色役番期和役期在实际制度运行中并不一致，它们包含多重复杂形式。番期有总番期和具体番期之分，役期也有月番内役期和总役期之别。

二 十日或十五日役期：着眼于农事的月番役期规定

唐前期色役中门夫、主膳和水手在月番内实际的役期都是 10 日，应该并非偶然现象，而是着眼于农事需要的设定。唐代色役承担者不乏身份特殊之人，如勋官、散官、品子及官户和番户等，但大部分是普通百姓。《唐律疏议》中规定："凡丁分番上役者，家有兼丁，要月；家贫单身，闲月之类。"[1] 说明在唐前期，着眼于农事的要月（忙月）和闲月是分番派役必须考虑的因素。要月和闲月法定服役天数，唐代史籍缺乏记载，但日本《令集解》中称："要月者役五日，闲月者役十日。"[2] 日本法律借鉴了唐代律法，但内容有所调整，如唐代《赋役令》"诸丁匠岁役功二十日"，[3] 日本令则规定，"凡正丁，岁役十日"，[4] 通常将唐令规定数字减去一半。若按这一规律，唐代要月应该役 10 日，闲月则应役 20 日。该推定在唐代史籍中难以找到具体佐证，但在北宋尚有痕迹。如《续资治通鉴长编》载："至时乃与议增上番日数，亦恐须分闲要月分。闲月即令上番二十日或一月，农要之月即令只上番十日。"[5] 此处保甲上番中，农要之月只上番 10 日，这与前述推定吻合，虽然北宋熙丰年间距唐前期已有三四百年的时间，但制度应该有一定的连续性。由于"农家少闲月"，故来自农事的色役上番标准应该最终按要月 10 日规定。

---

1 长孙无忌等：《唐律疏议》卷 16 "丁夫差遣不平"条，第 317 页。

2 黑板胜美编『令集解』卷 12「田令」、378 页。

3 天一阁博物馆、中国社会科学院历史研究所天圣令整理课题组校证《天一阁藏明钞本天圣令校证（附唐令复原研究）》，第 477 页。

4 黑板胜美编『令集解』卷 13「赋役令」、389 页。

5 李焘：《续资治通鉴长编》卷 235，神宗熙宁五年秋七月壬午，中华书局，2004，第 5697~5698 页。

色役的 10 日役期与杂徭也有一定关联。唐前期法律文献以及吐鲁番出土文书中都有众多杂徭"十日役"为限的记载。如《唐六典》中营墓夫服役："凡内外职事官葬者，一品给营墓夫一百人，以二十人为差，至五品二十人。（人别役十日。）"[1] 又《唐律疏议》中有"诸非法兴造及杂徭役，十庸以上，坐赃论"的规定。[2] 此外，从吐鲁番出土文书中也能看出杂徭 10 日役的限定。阿斯塔那 189 号墓出土文书《唐刘定师等率皮名籍》第 2 行记有："康小定，已上九，计十日，日率皮一张。"[3] 李锦绣也发现："吐鲁番出土文书记载百姓杂徭多为'五日''六日''十日'者，可能西州百姓杂徭限日为十日，不到万不得已时，政府不留役百姓过限。"[4] 从上述记载来看，杂徭在兴役中存在最高"十日役"的规定。色役与杂徭关联密切，有些色役种类就是由杂徭转化而来。[5] 杂徭在向色役转化的过程中，也会参照原有不得过 10 日的原则。但色役属于经常性职役，役期需要有一个恒定的标准，以此来确定某类色役所需役使人数，因而将每月番内役期固定为 10 天。

在唐前期色役中，月番内也存在服役 15 天的现象，这在敦煌吐鲁番出土文书中多有记载。前文已提及雇人上烽契中烽子都是 15 日役期，另吐鲁番出土《唐阴安师等上番人名籍》，可识别役人有 40 名，其中"□父师""□□埻"等 6 人旁侧特别标注为"白直"，"李园富"等 3 人被标注为"马夫"。"白直""马夫"都是色役名目。值得注意的是，该文书中把色役人分为两部分，各有"右件人正月一日上番"和"□□□正月十五日番"字样。[6] 这说明上述色役人在正月番内也是 15 日役期。

1　李林甫等:《唐六典》卷 3《尚书户部》，第 78 页。

2　长孙无忌等:《唐律疏议》卷 16 "非法兴造"条，第 313 页。

3　国家文物局古文献研究室、新疆维吾尔自治区博物馆、武汉大学历史系编《吐鲁番出土文书》第 8 册，文物出版社，1987，第 255 页。

4　李锦绣:《唐代财政史稿》上卷，第 1076 页。

5　唐长孺:《唐代色役管见》，《山居存稿》，第 171 页。

6　国家文物局古文献研究室、新疆维吾尔自治区博物馆、武汉大学历史系编《吐鲁番出土文书》第 6 册，文物出版社，1985，第 496~497 页。

此外，大谷文书1308、1496号中也有15日役期信息，这两件文书为同一差科簿文书。在1308号文书中，"男明憙年□"右侧有朱笔"五月一日"字样；1496号文书在每个人名中间也分别有"五月一日上""六月一日上""四月十五日上"字样。文书称"行间朱笔"。[1]这两件文书特殊标注"一日"和"十五日"，也反映出差科时存在月番内15日役期的分派。

敦煌吐鲁番地区色役月番内15日役期，应与府兵制下军事分番派役传统相关。北周府兵有"十五日上，则门栏陛戟，警昼巡夜；十五日下，则教旗习战，无他赋役"的规定，[2]说明府兵制在确立之初就有15日番休的制度滥觞。唐前期府兵在月番内是否有实际役期，现存史料缺乏明确记载，但服务地方军事长官的仗身役期为15日。《通典》称："镇戍之官，以镇戍上、中、下为差。上镇将给仗身四人，中下镇将、上镇副各三人，中下镇副各二人，仓曹、兵曹、戍主副各一人。其仗身十五日一时，收资六百四十。"[3]又《唐律疏议》载："其有从军征讨而亡，未满十五日军还者，未还以前依征亡之法；征还之后从军还亡罪而断，将未还之日，并满军还之日累科。"[4]这里"十五日"为量刑的最高参考日限，也说明唐前期府兵服役日期与15日紧密关联。但以上史料中的记载都是间接佐证，敦煌吐鲁番出土文书则提供了大量府兵卫士月番内15日役期的直接记载。如大谷兵役关系文书中有"五人填折冲九月十六日仗身""四人填右果毅九月一六日仗□""五人填员外折冲康延八月一日仗身"。[5]前述史书中仗身15日役期是否在月番内并不明确，此处仗身分别在每月一日和十六日上番，证明了仗身是在月番内服役15天。除仗身外，到西州官府守门、守仓的府兵，每月役期也都是15日。如《唐

1　小田義久『大谷文書集成』第一卷、法藏館、1984、释文46、70页。

2　《北史》卷60《王谦传》，中华书局，1974，第2155页。

3　杜佑：《通典》卷35《职官十七》，第965~966页。

4　长孙无忌等：《唐律疏议》卷28"从军征讨亡"条，第532页。

5　小田義久『大谷文書集成』第二卷、释文7~8页。

永徽五年九月西州诸府主帅牒为请替番上事》文书中有"□□身当今月一日番上，配城西门"，"当今月一日番上"，"秋收时忙，咨请"，下面是"永徽五年九月一日岸头府旅帅张□"，说明张姓岸头府旅帅应在九月一日上番守门。另，《唐永徽六年（655）某月西州诸府主帅牒为请替番上事》文书中也有"身当今月十六日番至，配在□平仓职掌，种麦时忙，咨请雇左右辛武俊替上"。[1] 此处有"十六日番"，联系之前"一日番上"可以推知，折冲府的旅帅、队正、队副等分番守门、守仓也是月番内 15 日役期。[2]

虽然色役月番内 15 日役期有军事因素，但军事性色役也并不都是 15 日役，如中央内府三卫，其"任三卫者，配玄武门上，一日上，两日下"。[3] 三卫为月番，但配玄武门的三卫上 1 天，休 2 天，说明在月番内役期为 10 天，而且这 10 天间续完成。由此观之，唐前期色役 15 日役期在军事传统之余还有更深层的原因。值得注意的是，敦煌吐鲁番出土文书所记述地点均为边疆地区，色役具有地方性特征。从服役人群来看，基本是均田制下的丁男。即使由卫士担任的役种，也充斥着大量防丁。据学者研究，防丁其实是与军事活动有关的一种力役，不仅在镇戍服役，也在军镇服役。[4] 防丁来自均田农民，这与府兵卫士相同，只是不像府兵"成丁而入，六十出役"，[5] 它仅为一年役期。既然卫士和防人也都为均田农民，就必须保证生产时间；而上述卫士和防人因在本地服役，故可以在完成月番内役期时限后继续生产。吐鲁番出土文书中有众多雇人上烽契，上烽时间都是 15 天，就说明这些防人、卫士并不是在月番内一直留在烽堠上，而是按役期规定时间服役后就下番归农。前引《新获吐鲁番出土文献》两则文书中，折冲府的旅帅、队正、队副等多

1　荣新江、李肖、孟宪实主编《新获吐鲁番出土文献》，第 115~117、118 页。

2　孟宪实在《唐代府兵"番上"新解》（《历史研究》2007 年第 2 期）一文中指出过该问题，但他将 15 日作为番期。

3　李林甫等：《唐六典》卷 5《尚书兵部》，第 154 页。

4　张国刚：《唐代防丁制度考述》，《唐代政治制度研究论集》，文津出版社，1994，第 90 页。

5　杜佑：《通典》卷 29《职官十一》，第 810 页。

次提及"秋收时忙""种麦时忙"，[1]找人替番，也从另一个侧面反映出月番15日役期与农业生产的关联。

三　月番与倍番：基层官府分派色役的管理方式

前文谈及10日或15日役期都是月番内役期。月番在唐前期色役中非常普遍，如《唐六典》中谈到三卫："五百里内五番，一千里内七番，一千里外八番，各一月上；三千里外九番，各倍其月。"[2]勋官也都是"各一月上"，[3]说明三卫、勋官都存在月番。类似还有乐人及音声人，"关外诸州者分为六番，关内五番，京兆府四番，并一月上；一千五百里外，两番并上"。[4]番户和杂户亦为"番皆一月"。[5]需提及的是，月番中还伴随"各倍其月"和"两番并上"，这属于倍番，即将2个月番合起来上。当然，也有3个月合上，属于再倍番。如唐开耀二年（682）宁戎驿长康才艺牒称："才艺从去年正月一日，至其年七月以前，每番各欠五人，于州陈诉。为上件人等并是阙官白直，符下配充驿丁填数，准计人别三番合上。"[6]这里"人别三番合上"就属于再倍番。

有些色役虽未直接标明为月番或倍番，但实际上官府也是按此方式派役，文、武散官就比较典型。关于文散官，《唐六典》云："其应当番四十五日……经两番已上，听简入选；不第者依番，多不过六也。"[7]武散官则"五百里内四番，一千里内五番，二千里内六番，二千五百里内

1　荣新江、李肖、孟宪实主编《新获吐鲁番出土文献》，第116、118页。
2　李林甫等：《唐六典》卷5《尚书兵部》，第155页。
3　李林甫等：《唐六典》卷5《尚书兵部》，第154页。
4　李林甫等：《唐六典》卷14《太常寺》，第406页。
5　李林甫等：《唐六典》卷6《尚书刑部》，第193页。
6　《吐鲁番出土文书》第6册，第570页。
7　李林甫等：《唐六典》卷2《尚书吏部》，第31页。

七番，三千里内八番，各一季上"。[1] 上述文散官没有分番记载，且"应当番四十五日"与武散官"各一季上"相差一倍。然而，《新唐书》却称武散官"输资如文散官"。[2] 既然同为散官，不役纳资又一样，按理上番役期也应相同。事实上的确如此，文、武官服役时间实际相同，只是对上番的表述不同而已。武散官一般500里内分4番，则一年内的役期为3个月，但这3个月不是分为3个单月番来上，而是采取"各一季上"的再倍番形式。虽然是3个月番合上，但不是服3个月90天，因为月番是官府派役的时间段，实际服役中还存在具体役期。从文散官"应当番四十五日"来看，是15日役期。故武散官是将3个月番内的3个15日役期合上，这样和文散官一样都是服45天役。可见，文、武散官分番都存在月番与倍番相间的派役过程。

月番与倍番是唐前期官府层面的派役形式。之所以选择以"月"为基础番期，首先有文化传统的因素。在中国古代，"月"作为一个天然时间单位，很早就被用于安排劳动生产和国家事务管理中，如《礼记》中有《月令》、民间农事安排则有《四民月令》。月令就是按月行令，顺天应人，遵循自然节律安排农事和政事。在派役方面，中国古代也早有以月为单位轮流派役的传统，如汉代的"月为更卒"，[3] 就是轮流服役。故唐前期官府基于"月番"管理色役并非偶然。其次，从具体实践角度看，唐前期中央和地方政府安排色役人轮番服役，本身是一个复杂工程，受到行政条件和效率制约。从吐鲁番文书能够发现，色役征派安排多在服役年之前就已完成。如文书中有征派诸烽烽子的记载，虽然属于蒲昌军府征派，但并不限于卫士，也有白丁、行客甚至中男。如《唐开元二年（714）五月十九日蒲昌府索才牒为来月当上番、改补、请替申州处分事》中，就提到达匪烽长探白丁车方平、挎谷烽长探柳中县白丁曹感达，故它不仅是府兵之役，也是百姓的烽

1　李林甫等：《唐六典》卷5《尚书兵部》，第153页。

2　《新唐书》卷46《百官志一》，第1197页。

3　杜佑：《通典》卷4《食货四》，第78页。

子之役。文书称"检案内上件人等，并合来月当上"，[1]说明车方平、曹感达是按月当番，来月当上则为六月番。那么这个安排月番的"案"是何时形成的呢？开元二年闰二月九日，蒲昌府折冲都尉王温玉的判词称"牒所由依前知，还依年前所配上"，[2]依照年前所配进行番上，说明上番人员及顺序在上一年就已安排妥当，"检案内"也透露出在前一年已经形成上番文案。由此可见，色役基本派役时间段为月，但总体派役以年为周期。在年和月之间，可能半年还有调整。如前述唐开耀二年宁戎驿长康才艺牒称"从去年正月一日，至其年七月以前，每番各欠五人，于州陈诉"。[3]这种驿丁调整应与唐代地方官府在一定时间内的行政统计有关。如在《新获吐鲁番出土文献》中，西州史某申牒就是对长安三年（703）七月一日至十二月三十日以前，军粮破除、见在情况进行统计。[4]色役以一年为单位形成文案以及以半年为单位的重新调整，并非色役派役的复杂之处，最难当数色役人临时出现各种变故，如遭父母亡服丧、身死、没落、改替等。在这种情况下，基层就必须对已有上番人员进行调整，并申报上一级官府批准。时间段的选择需要考虑效率和行政承受能力。安排时间如果过长，比如几个月，会很难应对临时变化；但如果时间段比较短，政府一时又难以完成申牒、审批等行政流程。故从现存吐鲁番文书来看，基本派役单位还是以月为主，如日本宁乐美术馆藏《唐开元二年（714）五月十九日蒲昌府索才牒为来月当上番、改补、请替申州处分事》《唐蒲昌府来月应当番名簿》等，[5]大谷文书中亦有"六人来月一日，方亭成上"和"二人充来月一日，当上右果毅□"等，[6]都反映出按月番组织派役的方式。

1　陈国灿、刘永增编《日本宁乐美术馆藏吐鲁番文书》，第66页。

2　陈国灿、刘永增编《日本宁乐美术馆藏吐鲁番文书》，第39页。

3　《吐鲁番出土文书》第6册，第570页。

4　荣新江、李肖、孟宪实主编《新获吐鲁番出土文献》，第31页。

5　陈国灿、刘永增编《日本宁乐美术馆藏吐鲁番文书》，第65、106页。

6　小田義久『大谷文書集成』第二卷、釈文7頁。

月番属于官府派役时间单位，而个体百姓在月番内服色役时间实际为 10 日或 15 日。看似烦琐，实则官府在派役时就已经在月番内将色役人安排在不同役期中，像前述《唐阴安师等上番人名籍》，已分别将役人安排到"正月一日上番"和"正月十五日番"。[1] 又开耀二年宁戎驿驿长康才艺牒违番不到驿丁，罗列"第一番"、"第二番"和"第三番"违番不到驿丁，并在人名右侧标注乡名，像"昌"为宁昌乡，"大"为宁大乡，这说明宁戎驿作为色役服役单位也掌握每番具体上番之人的情况。[2] 由此亦能发现，官府在派役时已经将服役者安排到固定地点。如开元二年五月十九日，蒲昌府典索才申牒于西州，牒文中应上番人员前注有达匪、塞亭、胡麻泉、悬泉、上萨捍和挎谷等，并称"检案内上件人等，并合来月当上。其人等身死、倚口、没落、改补等色，其替事须申州处分，谨以牒举，口牒"。[3] 上述地名都属于烽铺。从案内上件人并合来月当上看，这些人的上番地点在案内已经固定。另外，从百姓到役时间还能发现，虽然官府按月派役，但百姓服色役时间是根据役期而定的。唐高宗时期白住德等到役名籍中有："白住德、李愿守、周君贞。已上到，二月廿八日。汜才。同日，木匠王住欢到，汜才。"[4] 另有武周时期到役人名籍："十四日到人易文绪（十五日不）……阚祐洛、严君胜（十五日不）。"[5] 上述文书中，白住德等人二月二十八日到番，如果服役，应该是三月一日上番；易文绪等人十四日到番，尽管文中"十五日不"是否上番难以考究，但突出十五日，说明正常也应该从十六日开始服役。由此可见，唐前期色役按月派役，而月番中再次分为不同时间段，以便于民众按时就役。

1 《吐鲁番出土文书》第 6 册，第 496~497 页。

2 《吐鲁番出土文书》第 6 册，第 568、570 页。

3 陈国灿、刘永增编《日本宁乐美术馆藏吐鲁番文书》，第 66 页。

4 《吐鲁番出土文书》第 7 册，第 401 页。

5 《吐鲁番出土文书》第 7 册，第 464 页。

四 更代期与累资期：色役身份变动的最低法定期限

前已述及，程喜霖认为"唐代烽子的役期是二年"，依据是唐代《烽式》中的"并二年一代"。实际上，"并二年一代"不是具体番期和役期，而是此类色役的更代周期。色役虽然属于特殊身份者之役，但有些色役身份具有流动性，即在服完一定期限色役后，可以自由决定是否延续这一服役方式。如执衣"分为三番，每周而代（不愿代者听之）"，[1]"每周而代"应为每年一代。因为《新唐书》提及"白直、执衣以下分三番，周岁而代"。[2]"不愿代者听之"透露出如果服役者不愿意继续承担此类色役，政府允许更改役种。又《天圣令·杂令》中有"门仆、称长、价人四周一代，防阁、庶仆、邑士则二周一代。年满之日不愿代者，听"。[3]《唐开元水部式》中也谈及胜州转运水手，"并二年与替……其白丁充者，应免课役及资助，并准海运水手例。不愿代者听之"。[4]正因为这些色役允许改变现有役种，另择他役，因此存在最低在役年限，期满允许更代。前述执衣每年一代，门仆、称长、价人四年一代，防阁、庶仆、邑士则两年一代，这都是它们的更代期，而且以"年"为单位。唐代《烽式》中烽子"并二年一代"也是更代期，因为《烽式》中称："代且［日］须教新人通解，始得代去。"[5]如果有过上烽经历，应该熟稔烽上工作，不需要被教，故所谓新人应是刚刚担任烽子之役。

当然有些色役人身份相对固定，就不存在更代期。如乐工、兽医等，由贱民身份的番户和杂户承担，除非身份改变，否则没有选择役种

---

1 杜佑：《通典》卷35《职官十七》，第965页。

2 《新唐书》卷55《食货五》，第1398页。

3 天一阁博物馆、中国社会科学院历史研究所天圣令整理课题组校证《天一阁藏明钞本天圣令校证（附唐令复原研究）》，第432页。

4 王永兴：《敦煌写本唐开元水部式校释》，《陈门问学丛稿》，第286页。

5 曾公亮等：《武经总要·前集》卷5《烽火》，《中国兵书集成》第3册，第205页。

的自由，因而也不存在固定的更代期。有些色役虽然不是由贱民承担，但因其身份地位较低，故非特殊情况也不能改变色役种类。如太常寺的乐人和音声人，轮番的散乐"除考［孝］假轮半次外，不得妄有破除"；[1]音声人即使得五品以上勋，"非征讨功不除簿"。[2]还有工匠，像少府监和将作监的巧手，"供内者，不得纳资，有阙则先补工巧业作之子弟。一入工匠后，不得别入诸色"。[3]在水手中，河阳桥和大阳桥水手也不许更代，《唐开元水部式》载："并于八等以下户取白丁灼然解水者，分为四番，并免课役，不在征防、杂抽使役及简点之限。一补以后，非身死遭忧不得辄替。"[4]

　　还有一部分身份地位较高的色役人，像无职任的勋官、散官以及三卫、品子等，他们在服色役之前已有官资。《唐六典》称："凡酬功者，见任、前资、常选为上资，文武散官、卫官、勋官五品已上为次资，五品子孙、上柱国、柱国子、勋官六品已下、诸色有番考人为下资，白丁、卫士、杂色人为无资。"[5]故他们分番供役是为了累积职资，进而获得简选资格。一般文武散官和三卫有机会获得职事品，"一登职事已后，虽官有代满，即不复番上"；[6]而勋官和部分品子则可能进入散官序列。无论怎样，都意味着色役身份的改变。不过，并非所有获得简选资格的色役人都能如愿改变身份，多数人往往简而不第，只能重新分番供役，再累职资。因此，有官资的这类色役人也存在色役身份变动的最低在役期限，但不能像白丁身份色役者那样称为更代期，因为能否更代还是未知数，故只能称作累资期，它是有官资类色役人身份变动的最低在役期限。

　　就现有官资色役人而言，文武散官累资期最短。关于文散官，《唐

1　王溥：《唐会要》卷33《散乐》，第612页。

2　《新唐书》卷46《百官志一》，第1190页。

3　李林甫等：《唐六典》卷7《尚书工部》，第222页。

4　王永兴：《敦煌写本唐开元水部式校释》，《陈门问学丛稿》，第286~287页。

5　李林甫等：《唐六典》卷5《尚书兵部》，第161页。

6　《旧唐书》卷42《职官志一》，第1807页。

六典》云："经两番已上，听简入选；不第者依番，多不过六也。"[1] 可见文散官累资期为两年，之后才能获得简选资格。若未获职官，得重新上番，但不能超过六年，否则即失去入选资格。武散官则"番满者，六品已下并听预简选，量其才能，或留本司，或送吏部；五品已上者则奏闻"。[2] 看来武散官累资期只需一年。关于勋官累资期，史载："五品已上四年，七品已上五年，多至八年，年满简送吏部，不第者如初。无文，听以武选。"[3]《新唐书》补充称："上柱国以下番上四年，骁骑尉以下番上五年，简于兵部，授散官；不第者，五品以上复番上四年，六品以下五年，简如初；再不中者，十二年则番上六年，八年则番上四年。"[4] 也就是说，勋官从正二品上柱国到从五品，其累资期都是四年；从正六品骁骑尉到最低的从七品，其累资期为五年。达到上述年限有资格被授予散官，色役身份发生变化。若未获散官，还需要继续累积职资。又三卫如果想获得简选资格，也需要累资期。《唐六典》规定，左、右卫和左、右率府的三卫都是五年；左、右率府勋卫需要六年，左、右率府和诸卫中翊卫则需达到八年。[5] 亲事、帐内身份比三卫又低一等。亲事、帐内"皆限十周年则听其简试，文、理高者送吏部，其余留本司，全下者退还本色"。[6] 可见，亲事、帐内若想获得简选，累资期最低十年。上述色役人累资期长短与色役人官资身份密切相关。官资身份越高，累资期越短；官资身份越低，累资期就越长。故从形式上看，官资身份色役累资期和白丁身份色役更代期都是一个服役的最低期限，都会改变或可能改变色役种类或色役者身份。尽管它从性质上与本书讨论的色役番期和役期相去甚远，但仍不失为与色役相关的其他时间断限。

1　李林甫等：《唐六典》卷2《尚书吏部》，第31页。
2　李林甫等：《唐六典》卷5《尚书兵部》，第153页。
3　李林甫等：《唐六典》卷5《尚书兵部》，第154页。
4　《新唐书》卷46《百官志一》，第1190页。
5　李林甫等：《唐六典》卷5《尚书兵部》，第155页。
6　李林甫等：《唐六典》卷5《尚书兵部》，第156页。

五　农本与精易：色役番期与役期设立的制度理念

唐前期色役分番和番期并非杂乱无序，而是一个有机合理的制度体系。同时，无论是从制度文本层面还是纷繁复杂的基层实际运行，也都能感受到制度背后的理念支撑。勿夺农时和均平赋役一直是中国古代传统的赋役思想。在唐前期征役立法过程中，这一思想得到全面贯彻。

唐前期服色役的主体是均田制农民，从事农业生产是他们的生存之道。在色役分番供役制度下，每年三番的色役，其总番期就达到四个月。倘若四个月一直服役，那必然会影响农业生产。因为农业是季节性最强的一种经济活动，一旦误了农时，将会造成无法弥补的损失。像储光羲诗中所言："老农要看此，贵不违天时。"[1]高适也说："蚕农有时节，田野无闲人。"[2]表达的都是农时不可误的道理。因此，在正统儒家理念中，圣王之制的标准之一就是不违农时，尽量保证农民生产。作为从隋末农民大起义中诞生的唐王朝，对保证农民生产时间尤为重视。唐太宗在《贞观政要》中谈道："凡稼穑艰难，皆出人力，不夺其时，常有此饭。"[3]又称："人以衣食为本。凡营衣食，以不失时为本。"[4]武则天更是认为养百姓的重要条件就是"不夺人时，以足人用"。[5]唐玄宗开元初曾对京畿地区的县令说："农功不可夺，蚕事须勿扰。"[6]天宝五载（746）又颁布诏书称："农事将兴，丁壮就功，不可妨夺。"[7]为防止各级官吏在执行过程中出现偏差，还特意对非法征发农民服徭役做了规定："诸非法

1　彭定求等编《全唐诗》卷 137《储光羲·田家即事》，中华书局，1960，第 1384 页。

2　彭定求等编《全唐诗》卷 212《高适·自淇涉黄河途中作十三首》，第 2212 页。

3　吴兢撰，谢保成集校《贞观政要集校》卷 4《教诫太子诸王第十一》，中华书局，2003，第213 页。

4　吴兢撰，谢保成集校《贞观政要集校》卷 8《务农第三十》，第 423 页。

5　武则天：《臣轨》卷下《利人章》，《续修四库全书》，上海古籍出版社，2002，第 753 册，第135 页。

6　宋敏求编《唐大诏令集》卷 104《诫励京畿县令敕》，第 532 页。

7　王钦若等编《册府元龟》卷 70《帝王部·务农》，第 790 页。

兴造及杂徭役，十庸以上，坐赃论。"[1] 由此推之，在唐前期对农业生产
时间如此重视的情况下，不可能连续几个月迫使农民服役。从色役番期
和役期的制度设计能够发现，色役作为一种固定和常年必备的人力供给
形式，无法像力役那样集中二十天供役，也无法回避农业生产季节。为
此，官府采取了按月轮番服役方式，每月具体服役役期又进一步细分为
"十日"或"十五日"，从而保证了农业生产时间。

　　"均平赋役"[2]是唐代又一赋役理念。虽然它更多指向对赋役制度具
体实施的把握，但在唐前期征役立法中也能发现各役种之间力求保持负
担平均的努力。唐前期役种包括正役、杂徭和色役。虽然正役和杂徭同
为一般性力役，但正役属于中央直接征派的徭役，其服役范围超出了州
县管辖的地域，且多是大型的力役，如修宫殿和陵墓、军事运输等。杂
徭则是在州县境内服役，基本是较轻的劳动。因此，丁男服正役一天可
以当作服杂徭两天。也就是说，丁男法定服正役天数为 20 天，若服杂
徭则为 40 天，杂徭与正役是替代关系，由此可以看出唐前期在征役立
法中已经考虑了二者之间的平衡。关于超期服役，在立法中也有相关
规定。丁男服正役义务天数为 20 天，达到 35 天免调，50 天免租和调，
即"通正役并不过五十日"。[3]而丁男服杂徭 40 天免役，70 天免租，100
天免课役。杂徭与正役之所以能够整齐划一，是因为它们都属于力役范
畴。但色役供职于官府的特定部门，在役的性质和劳动形式上都存在差
异，因而无法与正役和杂徭建立紧密的数字化比例关系。不过，两类役
种的服役对象基本上是普通百姓，所以在唐前期征役立法上，也大体保
持平均状态。色役的服役时间基本参照正役在 50 天上下波动。如以月
番内十日上番计算，则两番上下的白直役期为 60 天，三番上下的执衣
为 40 天，四番上下的主膳、渔师为 30 天。烽子虽然月番内服役 15 天，
但三番也就 45 天。可见，色役服役时间与正役、杂徭基本接近。

1　长孙无忌等:《唐律疏议》卷 16 "非法兴造"条，第 313 页。
2　宋敏求编《唐大诏令集》卷 73《明堂灾告庙制》，第 410 页。
3　杜佑:《通典》卷 6《食货六》，第 110 页。

关于唐前期制度法规，欧阳修在《新唐书·百官志》中称赞"其为法则精而密，其施于事则简而易行"，[1] 虽然针对官制，但却是唐前期律令制的总体写照。唐前期的征役立法也符合这一时期为法精密和简而易行的总体特征。

对唐代律令制之精密，不独古人有此认识，现代学者严耕望在论述唐代制度规模之宏远时也多次谈及其精密之处。[2] 从前述色役的番期问题能够看出，尽管唐前期有关色役番期记载表面上丛杂无序，但实际上立法设计非常严密，而且有许多相关的配套管理措施来应对法制运行中出现的问题。如在官府派役过程中经常看到"检案内"字样，此处的案应该是派色役的各种名簿。唐开元二年闰二月九日蒲昌府折冲都尉王温玉有依年前所配番上判词，[3] 说明在开元元年（713）已经对开元二年各月的番役做了安排。当然，这需要统计哪些人应该上番，哪些人应该免役，哪些人应上而不能上，然后根据可支配上番人具体安排服役时间和地点。日本宁乐美术馆藏吐鲁番文书中的各种簿籍反映了这种情况，如《唐蒲昌府承帐、随番、不役、停番等名簿》《唐蒲昌府番上、不番上等名簿》《唐蒲昌府支配诸所人等名簿》《唐蒲昌府番上烽、镇人名簿》，[4] 蒲昌府的这些名簿应该是上一年制定的。但在实际执行中人员有变化，如有死亡、差替、服丧、逃亡等，故负责基层派役的蒲昌府要向上一级西州都督府申牒，并形成执行中的辅助名簿，如《唐蒲昌府军行不回、没落等名簿》《唐蒲昌府终服、没蕃及现支配诸所等名簿》，根据上述名簿最终形成《唐蒲昌府来月应当番名簿》。[5] 虽然蒲昌府属于军队折冲府，适用于色役征派程序的仅有烽子和仗身，但官府对色役的统筹安排、制作名簿并按月派役应是一致的。不仅色役如此，这种情况在

1　《新唐书》卷46《百官志一》，第1181页。

2　严耕望：《唐代文化约论》，《秦汉史及中古史前期研究论集》，大陆杂志社，1967，第199页。

3　陈国灿、刘永增编《日本宁乐美术馆藏吐鲁番文书》，第39页。

4　陈国灿、刘永增编《日本宁乐美术馆藏吐鲁番文书》，第94、100、102、105页。

5　陈国灿、刘永增编《日本宁乐美术馆藏吐鲁番文书》，第99、97、106页。

正役和杂徭中也能看到。新发现的明钞本《天圣令》对正役的上报、赴役的组织以及营役时间都有详细的规定。如对唐代正役的上报，规定："诸应役丁者，每年豫料来年所役色目多少，二月上旬申本司校量，四月上旬录送度支，覆审支配总奏。"[1] 关于营役时间，明令："诸丁有所营造，皆起八月一日从役，四月一日以后停。其营屯田、铜冶及铁作、砖瓦、运木之处，不在此例。若量事要须，不可停废者，临时奏裁。"[2] 杂徭属于中央管理下的地方性用役，对于杂徭，唐前期也有严格的上报、料功和计功的制度规定，禁止非法和非时征派杂徭。遇到特殊情况必须派役时，地方官员还需要诉诸"别敕"批准的临时别差科。[3]

　　唐前期制度法规虽然精密，但又被称为"简易之法"，欧阳修在《新唐书·食货志》中认为："古之善治其国而爱养斯民者，必立经常简易之法。"[4] 唐初制度符合这一原则。此处的"简易"，明人丘濬解释为："简易，则易以施为而无纷扰之乱。以此立法，则民熟于耳目而吏不能以为奸。"[5] 丘濬的解释颇具深意，唐前期法制精密之余，又显得简单。正因为简，才易行，才能使民熟于耳目而吏不能以为奸。那么，何以为简呢？笔者认为，简是指标准的简单。租庸调制，每丁每年向国家输粟2石；输绢2丈、绵3两，或布2丈4尺、麻3斤；服役20日，称正役，不役者每日纳绢3尺。杂徭以两日抵正役一日的标准紧跟正役。色役虽然分番不同，但月番和十日、十五日役的标准也谈不上复杂。正因为标准简单和容易明了，百姓才能熟于耳目而吏不能以为奸，进而制度容易推行。

1　天一阁博物馆、中国社会科学院历史研究所天圣令整理课题组校证《天一阁藏明钞本天圣令校证（附唐令复原研究）》，第393页。

2　天一阁博物馆、中国社会科学院历史研究所天圣令整理课题组校证《天一阁藏明钞本天圣令校证（附唐令复原研究）》，第393页。

3　吴树国：《试论唐前期"支度国用"中的杂徭》，《求是学刊》2007年第3期。

4　《新唐书》卷51《食货志一》，第1341页。

5　丘濬：《大学衍义补》卷24《制国用·经制之义下》，《景印文渊阁四库全书》，台湾商务印书馆，1986，第712册，第331页。

　　关于中国古代传统国家与社会之间的政令运行，黄仁宇提出了间架性建设的概念，认为存在理想和实际运行的矛盾。在谈到明代财政管理时更将其归结为"中央集权优先于技术能力"，[1]认为中央集权的财政制度超出了达到这种程度的技术水平。从色役立法设计和实施来看，唐前期征役立法当不存在间架性建设和中央集权优先于技术能力的问题。关键是标准简而易行，这与唐前期实行以人丁为主的财政管理和社会管理有关。人丁管理要求的技术相对简单，因而能够实现中央制度意图，并能自上而下得以推行。黄仁宇得出间架性建设的结论来源于中国古代社会后期，人丁式管理让位于财产性管理，技术要求提高，国家财政管理也由中央的统收统支变成定额管理，这种管理本身就是宏观指导性的，从而造成中央宏观政策与地方制度实际运行的偏差。因此，唐前期国家的政令运行，仅就征役立法来说，是高度中央集权，政令通达，其具体执行中的制度极其严密，且能够适时调整。这与唐后期以降中央与地方的分权式管理大相径庭。

　　综上所述，区分色役的番期和役期是辨明唐前期色役的关键点。而对官府派役的月番基准和百姓月番内十日或十五日役的揭示，使我们得以厘清吐鲁番文书中只言断语的色役时间表述以及正史史料中纷繁复杂的色役时间面向，并能进一步理解唐前期役制设立中多重深远的理论内涵。

1　黄仁宇:《十六世纪明代中国之财政与税收》，阿风等译，生活·读书·新知三联书店，2001，
　　第 416 页。

第三章　唐前期色役的纳资与纳课

　　资课是唐代经济史研究的重要课题。关于资课，陶希圣、鞠清远较早定义为："在（唐代）提供徭役的人们当中，有一部分提供特种徭役于特定的机关，这种徭役称之为色役。而提供这种徭役的人们也称之为色役户……色役户不提供色役时，也可纳现物或钱币代役，称之为资课。"[1] 目前，涉及色役的纳资与纳课，学术界已经取得了一定的成果。[2] 但现有研究都是从财政税收角度加以申论，并阐释其商品经济的昭示意义。实际上，中国古代的诸多经济问题很难摆脱政治

1　陶希圣、鞠清远：《唐代经济史》，第 163 页。

2　鞠清远：《唐代财政史》，第 102~117 页；松永雅生「両税法以前における唐代の資課」『東方學』第 14 号、1957 年；李春润：《略论唐代的资课》，《中华文史论丛》1983 年第 2 辑，第 56 页；李春润：《唐开元以前的纳资纳课初探》，《中国史研究》1983 年第 3 期；李锦绣：《唐代财政史稿》上卷，第 531~571 页。

的弥漫式影响，以及在嵌入社会过程中遇到诸如身份、等级等社会结构因素的掣肘。因此本章拟在以往基于财税角度对资课研究的基础上，拓宽研究的视野，结合政治与社会的多元分析，重新探究色役纳资与纳课的内在差异以及资课合流的制度嬗变轨迹，并检讨其在中国古代社会经济结构消解与重塑中的历史作用。由于安史之乱后社会动荡，版籍错乱，资课征收走向式微，并融入两税，故本章将资课问题的研究时段放在唐前期。

一 不役纳资与舍身收课：唐前期色役纳资与纳课的区别

松永雅生较早提出唐前期的纳资与纳课属于不同税目。资是不负担正役、杂徭而需从事特殊力役者不役而纳的税；课的负担者为丁、中男，是其需从事正役、杂徭之外的色役劳动所提供的代役金。[1] 李春润则认为，服番役前原属有官资的人，他们本是通过服特定的番役或纳钱代役增资累考，故不去服役以钱代行称之为纳资；另一种则是服番役前无官资的课口等级，他们纳钱代替服番役叫纳课。[2] 李锦绣同意松永雅生、李春润将开元前资课分成两个税目的看法，但对将二者的区别诉诸不同身份的观点提出商榷，认为开元前纳资者不惟有官资身份之人，还包括无官资的官户、杂户、音声人、散乐、工匠、渔师等诸多职掌。她主张纳资实际上是各种色役人的纳钱代役，资是代役钱，课是代役钱充官俸，二者用途不同。[3] 尽管李锦绣从商品经济角度解释资课的纳钱属性不无道理，纳课与官人禄力之间也的确关系密切，但用来作为纳资与纳课的区分标准仍有问题。因为并不是所有课钱都被用来充官俸。如在

1　松永雅生「両税法以前における唐代の資課」『東方學』第 14 号、1957 年。

2　详见李春润《略论唐代的资课》，《中华文史论丛》1983 年第 2 辑，第 56 页；李春润《唐开元以前的纳资纳课初探》，《中国史研究》1983 年第 3 期。作者系统地阐述了该观点。

3　李锦绣：《唐代财政史稿》上卷，第 542 页。

吐鲁番出土文书中有武周时期公廨白直课钱[1]、杂职出课[2]以及中宗神龙元
年（705）的馆子纳课，[3] 公廨白直和杂职都用于公廨役使，馆子相当于
驿丁，它们皆非服务官吏个人，其课钱亦不会用来充官俸。故对色役纳
资与纳课的区别需重新检讨。

（一）不役纳资：资钱为代役金

　　唐前期色役出现纳资往往有以下几种情况。首先是驱役不尽。唐
前期隶属少府监和将作监的工匠散布诸州，"其驱役不尽及别有和雇者，
征资市轻货，纳于少府、将作监"。[4] 文中有"驱役不尽"的纳资，这是
因为唐前期工匠都有法定的服役时间。普通工匠在《赋役令》中有"诸
丁匠岁役功二十日"[5]的规定，但少府监和将作监的工匠属于色役，需分
番供役，与普通工匠不同。尽管具体役期缺乏记载，但固定役期肯定存
在。如果他们服役时间尚未达到规定役期，就属于"驱役不尽"，剩余
役期必须纳资代役。此外，少府监和将作监的工匠有固定员数，若一年
内某些人没有被安排上番，也属于"驱役不尽"，亦需纳资代役。

　　其次是不去番上。少府监和将作监工匠因"驱役不尽"纳资的前提
也是不去番上，又如官户被免为良民，"附贯州县者，按比如平民，不
番上，岁督丁资，为钱一千五百"。[6] 当然色役人不去番上并非都缘于
"驱役不尽"，如乐人及音声人，"皆著簿籍，核其名数而分番上下……
（若有故及不任供奉，则输资钱以充伎衣、乐器之用。）"[7] "有故"说明出
现特殊情况允许纳资代役。亦有因路途遥远而纳资的，像三卫，"凡诸

1　唐长孺主编《吐鲁番出土文书》（图录本）（叁），第 397 页。

2　刘俊文：《敦煌吐鲁番唐代法制文书考释》，中华书局，1989，第 280 页。

3　唐长孺主编《吐鲁番出土文书》（图录本）（肆），文物出版社，1996，第 15 页。

4　李林甫等：《唐六典》卷 7《尚书工部》，第 222 页。

5　天一阁博物馆、中国社会科学院历史研究所天圣令整理课题组校证《天一阁藏明钞本天圣令
　　校证（附唐令复原研究）》，第 393 页。

6　《新唐书》卷 46《百官志一》，第 1200 页。

7　李林甫等：《唐六典》卷 14《太常寺》，第 406 页。

卫及率府三卫贯京兆、河南、蒲、同、华、岐、陕、怀、汝、郑等州，皆令番上，余州皆纳资而已。（应纳资者，每年九月一日于本贯及寄住处输纳，本贯挟名录申兵部）"。[1]

再者，官府需要筹资雇佣某些特殊技术人员，也会形成色役人纳资。前述少府监和将作监工匠亦存在"别有和雇"，这是因为有些工匠因技术原因需要和雇留役，结果导致另一部分工匠不需番上，纳资钱助役，而纳资者则成为"明资"。如"长上匠，州率资钱以酬雇……（短蕃匠一万二千七百四十四人，明资匠二百六十人）"。[2] 又"长上渔师十人，短番渔师一百二十人，明资渔师一百二十人"。[3] 上述史料中的长上匠和长上渔师，属于长期服役的工匠和渔师；短蕃匠和短番渔师则是分期分番服役的工匠和渔师。对于明资，唐长孺解释为："政府就推广纳资代役制度，以便获得货币及实物来雇用可以在较长期间服役的伎术较高的工匠。"[4]

从上述情况来看，不役纳资应具备两个特征。其一是基于现役的实际运行。如唐太宗贞观时期，安西都护府下交河县符中对三卫有"依法征纳"和"违番应配西□□"[5] 等字样，足见不去实际上番与纳资的关系，而前述驱役不尽、不去番上或筹资和雇等情况下的纳资皆属于现役调整性质。同时，纳资与具体上番紧密关联。上番是政府安排百姓轮番上役，一般采取月番和倍番的方式，政府派役的文案一般在年前就已形成，具体安排百姓的上番时间和上番地点。[6] 纳资是在官府具体安排上番过程中，鉴于实际情况，允许部分人员纳资代役。其二，纳资属于代役钱，其所纳资钱必须对役产生回偿，或用来雇役，或用来维持役的运转。如前述诸卫及率府三卫籍贯在两京附近州，皆令番上，"余

1　李林甫等：《唐六典》卷5《尚书兵部》，第155页。

2　《新唐书》卷48《百官志三》，第1273页。

3　《旧唐书》卷44《职官志三》，第1897页。

4　唐长孺：《魏、晋至唐官府作场及官市工程的工匠》，《魏晋南北朝史论丛续编》，第66页。

5　唐长孺主编《吐鲁番出土文书》（图录本）（叁），第303页。

6　吴树国：《唐前期色役的番期与役期》，《历史研究》2018年第5期。

州皆纳资而已"，[1] 看似两京之外三卫纳资与番上无关，实际上这些州的三卫有番上义务，具体为："量远迩以定其番第。（五百里内五番，一千里内七番，一千里外八番，各一月上；三千里外九番，各倍其月。）"[2] 故纳资是用来补偿具体承担三卫使役之人。又如前述乐人及音声人，"输资钱以充伎衣、乐器之用"。[3] 还有名资匠纳资钱用来酬雇长上匠等也是如此。因此，不役纳资是承役过程中出现的问题以及解决方式。从这一角度观之，色役纳资中的"资"也可以重新检讨。李春润将其释为"官资、资任之资"，[4] 李锦绣认为"本字应是'赀'，其义为货，货即钱币，纳资就是纳钱"。[5] 若从保证色役运行角度分析，不役纳资中的资更契合"助也"，[6] 即资助之意。如《唐开元水部式》中谈到海运水手"准屯丁例，每夫一年各帖一丁。其丁取免杂徭人家道稍殷有者，人出二千五百文资助"。[7] 唐长孺认为"这个帖丁，纳钱而免除杂徭，实质上成为水手、屯丁等诸色纳资人"。[8] 纳资人通过纳资钱二千五百文资助海运水手和屯丁在役期外继续服役，则体现出资钱用来助役的本质。

（二）舍身收课：课钱为免役税

与纳资相比，课钱已经是一种免役税，这也与"课"的本义相一致。[9] 唐代户籍中有"课"与"不课"之分，唐长孺曾在研究西州诸乡户口帐时专门解释"课"，虽然认为"大致法令提到课役时，与役对举

1　李林甫等：《唐六典》卷 5《尚书兵部》，第 155 页。

2　李林甫等：《唐六典》卷 5《尚书兵部》，第 155 页。

3　李林甫等：《唐六典》卷 14《太常寺》，第 406 页。

4　李春润：《唐开元以前的纳资纳课初探》，《中国史研究》1983 年第 3 期。

5　李锦绣：《唐代财政史稿》上卷，第 538 页。

6　丁度等编《宋刻集韵》，中华书局，2005，第 13 页。

7　王永兴：《敦煌写本唐开元水部式校释》，《陈门问学丛稿》，第 286 页。

8　唐长孺：《唐代色役管见》，《山居存稿》，第 179 页。

9　李锦绣认为资课中的纳课与公廨田课相关，参见《唐代财政史稿》上卷，第 541 页。笔者认为，对公廨田，"课其营种，以供公私之费"。其中课的本义也是税。

的课，仅指租调，但在广泛意义上使用'课'字，却往往兼包课役"，[1]
但课的最本质含义还是税。税是征收实物和钱，而役则是征向活劳
动，需要亲身承役。如吐鲁番文书中有唐麟德二年坊正追役称"依追身
到"，[2]"身到"表明是亲身服役。由役转向税，完全不用亲身服役，所以
有"舍其身而收其课"[3]之语。但纳资者没去番上，当然也非亲身赴役，
那它与纳课的区别是什么呢？关键是课钱已经趋向于税。税的特征是强
制性、无偿性和固定性。其中无偿性在色役纳课特征中表现得最为明
显，因为课钱与具体役之间已经疏离，甚至现役有名无实。所以，舍身
收课在"身""役""课"之间，"身"与"课"经常直接对应，"役"多
不存在或不需要承担。故课钱不像纳资代役那样去补偿助役，反而成为
公廨或官吏个人的收入。

　　具体到唐前期的纳课群体，主要有三部分，即配给中央官员的防
阁、庶仆、胥士、邑力、士力、亲事和帐内，配给地方州县官的白直、
执衣，还有配给地方折冲府和镇戍机构的仗身。[4]但它们舍身纳课的具
体程度差异较大。相对而言，中央官员的色役纳课比较彻底，税化亦
最为明显，与其相关的役则有名无实。如唐太宗贞观十二年，"罢公廨，
置胥士七千人，取诸州上户为之。准防阁例而收其课，三岁一更，计员
少多而分给焉"。[5]此处设置的胥士课，冻国栋将其概括为"以胥士课代
替公廨本充京官俸料，是贞观十二年京官俸料制变革的主要内容"，[6]非
常精辟。此处充当胥士的上户虽有役名，实为税户。陈振还认为它是五
代进俸官月料户的创始。[7]故胥士已经不是提供人身劳力的役户，而是

1　唐长孺：《唐西州诸乡户口帐试释》，《敦煌吐鲁番文书初探》，第 197 页。
2　唐长孺主编《吐鲁番出土文书》（图录本）（叁），第 236 页。
3　杜佑：《通典》卷 35《职官十七》，第 965 页。
4　关于仗身，既配给地方镇戍之官，也配给中央五品以上京官。但纳课是注在地方镇戍官下面，
　　故中央五品以上京官应该是现役，补充防阁、庶仆纳课后侍卫的空缺。
5　杜佑：《通典》卷 35《职官十七》，第 963 页。
6　黄惠贤、陈锋主编《中国俸禄制度史》，第 182 页。
7　陈振主编《中国通史》第 7 卷《中古时代·五代辽宋夏金时期》，上海人民出版社，1999，第
　　614~615 页。

交纳课钱的税户。胥士是仿防阁例，说明防阁早已纳课。与防阁相近的庶仆则纳课较晚，直到武则天光宅元年（684）改革，"以京官八品九品俸料授薄，诸八品每年给庶仆三人，九品二人"。[1] 庶仆直接与俸料微薄相对，足见庶仆已施行纳课。此外还有品子课。《唐会要》云："又令文武职事三品以上，给亲事帐内。以六品七品子为亲事，以八品九品子为帐内。岁纳钱千五百，谓之品子课钱。"[2] 此处纳课品子也无须服役，可知亦是充当俸禄户。上述中央纳课群体都没有分番规定，这也意味着不存在亲身上番供役。

地方州县的白直与执衣走向纳课却经历了一个过程。《通典》对白直和执衣的纳课概括为："初以民丁中男充，为之役使者不得逾境；后皆舍其身而收其课，课入所配之官，遂为恒制。"[3] 这透露出白直和执衣原来都是现役，后来才走向舍身收课。"课入所配之官"透露出其课钱不是作为代役金去雇佣他人承担此役，而是直接变成官员俸禄。《唐律疏议》也反映出这种情况："其应供已驱使者，谓执衣、白直之类，止合供身驱使，据法不合收庸，而收庸直，亦坐赃论。"[4] 说明至迟在永徽时期，白直、执衣属于现役，庸直反映出它们尚未纳课。不过，尽管法律对其进行约束，但不排除地方官按照中央防阁、庶仆体例收课。至武周末年，白直和执衣的纳课开始明显增多。如鄯善县唐墓新发现垂拱元年（685）吕懃子纳执衣钱抄，吐鲁番出土文书中有武周州公廨白直课钱文书，[5] 因有武周新字，断其时间在载初元年到神龙元年之间，大谷文书中还有武周久视元年（700）西州执衣曹伏生纳课钱抄，[6] 上述文献反映出白直和执衣纳课在武周末年开始走向普遍。敦煌写本《开元户部格残卷》中有武则天万岁通天元年（696）敕，称："官人执衣、白直，若

1　杜佑：《通典》卷 35《职官十七》，第 965 页。

2　王溥：《唐会要》卷 93《诸司诸色本钱上》，第 1675 页。

3　杜佑：《通典》卷 35《职官十七》，第 965 页。

4　长孙无忌等：《唐律疏议》卷 11 "役使所监临"条，第 225 页。

5　唐长孺主编《吐鲁番出土文书》（图录本）（叁），第 397 页。

6　小田義久『大谷文書集成』第三卷、法藏館、1990、釈文 229 頁。

不纳课，须役正身……其州县杂职缘公廨役使情愿出课者，亦准白直例。"[1] 若仅仅从"若不纳课，须役正身"来看，可理解为此时依然处于现役与纳课的过渡期，但后面谈及公廨役使的州县杂职也可以像白直一样纳课，这反映出王朝国家已经开始鼓励地方州县官员的执衣、白直纳课，足见白直、执衣已经开始走向税化。

地方纳课群体除州县白直、执衣外，还有折冲府的仗身。仗身虽配给官吏，但与白直不同，它取于防人、卫士、掌闲和幕士，也就是说，没有固定充仗身之人。仗身纳课比较早，在高宗龙朔三年（663）就有西州卫士范欢进等送右果毅仗身钱抄，[2] 当时只称仗身钱，但在调露二年（680）吐鲁番阙职官员仗身文书中已经有"阙职课仗身铜钱""上件钱征课"[3] 字样，说明仗身纳课制已经成形。不过，仗身也始终存在现役，如大谷3030兵役关系文书中有"十二人配注仗身、守府、番左及送上"；[4] 日本宁乐美术馆藏蒲昌府文书中亦有"果毅阴寿仗身郭智子，曹靖仗身曹感达。□检案内上件人等，并合来月当上"。[5] 该文书时间在开元二年，这说明郭智子、曹感达作为仗身应当亲身服役。既然仗身现役与纳钱同时存在，那它因何不称纳资，而属于仗身课呢？[6] 解答该问题需要从两方面入手。一方面，仗身身份具有不固定性。仗身来源于防人、卫士、掌闲和幕士，这些人充当仗身只是十五日的临时身份，服役后又回归原有身份。因此，若就十五日役期而言，则属于完全"舍身收课"。同样，白直、执衣也有一段时间纳课与现役并存，它们属于纳课也与色役更代期相关，《新唐书》称："白直、执衣以下分三番，周岁而

1　刘俊文：《敦煌吐鲁番唐代法制文书考释》，第280页。

2　唐长孺主编《吐鲁番出土文书》（图录本）（贰），文物出版社，1994，第225页。

3　黄文弼：《吐鲁番考古记》，中国科学院，1954，第34页。

4　小田義久『大谷文書集成』第二卷、釈文7~8頁。黄惠贤认为该文书在睿宗载初元年以前，参见黄惠贤《唐代前期仗身制的考察》，《敦煌吐鲁番文书初探二编》，第251页。

5　陈国灿、刘永增编《日本宁乐美术馆藏吐鲁番文书》，第66页。

6　《通典》中的确也有仗身"十五日一时，收资六百四十"字样，但据李锦绣研究，这应是开元之后资课合流后的称谓。见李锦绣《唐代财政史稿》上卷，第540页。

代。"[1] 白直和执衣的更代期都是一年，若在一年色役身份之内完全采取纳钱形式，也应归入舍身纳课之列。如《唐开元水部式》中谈到供桥杂匠"如当年无役，准式征课"，[2] 也在强调一年内无役，就不属于纳资范畴，而是征课之列。另一方面，无论是仗身、白直和执衣，它们的课钱都并非用来雇佣其他人服役，而是成为官员俸禄，因而不存在补偿役的问题。与其相似，水部式中供桥杂匠的无役征课也不是雇佣其他杂匠，而是成为政府收入。上述课钱都与补偿现役无关，因而属于事实上的课税。

（三）色役纳资与纳课的法律标准

唐前期各役种都具有形成国家财政收入的税收性质，色役也不例外。应服色役但番上不到的必须纳资或纳课。

资课与力役的代役形式——庸之间最主要的区别是资课纳钱，庸纳绢。色役并非一开始就采取资课的代役形式，而是和力役一样不役纳庸，因此，色役的代役形式有一个从庸绢到资课钱的过程。《唐律疏议》载："其应供己驱使者，谓执衣、白直之类，止合供身驱使，据法不合收庸，而收庸直，亦坐赃论，罪止杖一百，故云'亦如之'。注云'供己求输庸直'，谓有公案者，不坐。别格听收庸直者，不拘此例。"[3]《唐律》成书于贞观、永徽时期，此时严禁对执衣、白直类色役征收庸直，但有明文规定收庸的不追究法律责任。可见，这时色役的代役形式是征收庸绢。不过，随着唐代货币本位由绢向铜钱回归，色役的代役形式也跟着发生变化。纳钱代色役的资课形式在唐开元时期已经非常普遍了。

由于资课与庸有着传承关系，因此，纳资课并非无章可循，在各类色役以及资课钱中，实际上存在固定标准。《通典》卷35《职官十七》

---

1 《新唐书》卷55《食货志五》，第1398页。

2 王永兴：《敦煌写本唐开元水部式校释》，《陈门问学丛稿》，第289页。

3 长孙无忌等：《唐律疏议》卷11 "役使所监临"条，第225页。

"禄制门"中载："镇戍之官，以镇戍上、中、下为差……其仗身十五日一时，收资六百四十〔文〕。"[1]仗身的实际服役时间是 15 天，收资 640 文，则每日在 42 文左右。而大谷 8077 武周久视元年西州曹伏生纳课钱抄亦云：

　　1　执衣曹伏生，纳久视元年闰七月
　　2　课钱肆拾贰文，其年八月廿八日
　　3　典泛成抄了[2]

曹伏生职在执衣色役，纳闰月课钱 42 文。这 42 文应为闰月多出 2 日课钱，但执衣为中男，其 2 日为正丁 1 日，故一天课钱 42 文。这样，一个存在于中央的国家规定之中，另一个则是地方实际征收实例，都联系着同一个数字——42 文。这不能不引起注意。如果按前面对色役番期实际服役时间的考察，白直之役的纳课钱也与 42 文有关。因为白直是两番上下，所以，每年服 6 个月役。按每月实际服役 10 天计算，白直每年服役为 60 天，而白直的年纳资课"每年不过二千五百〔文〕"，[3]那么，白直的日纳代役课钱也为 42 文左右。由此可以推测，每天 42 文应该是色役纳资课的标准。

　　那么，这一标准从何而来呢？由于色役的原代役形式是庸，因此，它应该来自庸的每日绢三尺的标准。庸绢转化成钱额，涉及绢钱的比价。当然，市场上绢与钱的比价会随时随地变化，依据市场定价是难以形成固定标准的，故其必然是来自官方的定价。其中，定赃估的绢钱比价是官方定价的代表。关于赃估价，《唐会要》卷 40 称：

　　　　开元十六年（728）五月三日，御史中丞李林甫奏，天下定赃

1　杜佑：《通典》卷 35《职官十七》，第 965~966 页。
2　小田義久『大谷文書集成』第三卷、釈文 229 页。
3　李林甫等：《唐六典》卷 3《尚书户部》，第 78 页。

估，互有高下。如山南绢贱，河南绢贵，贱处计赃，不至三百，
即入死刑；贵处至七百已上，方至死刑，即轻重不侔，刑典安寄。
请天下定赃估，绢每匹计五百五十价为限。敕依。其应征赃入公
私，依常式。至上元二年（761）正月二十八日敕，先准格例，每
例五百五十价，估当绢一匹。自今已后，应定赃数，宜约当时绢
估，并准实钱，庶叶从宽，俾在不易。[1]

从上述引文来看，当时各地绢价悬殊，将绢每匹定为 550 文，可能是对
物价总体考虑做出的，也可能借鉴了官方以前的定价。同时，唐开元
十六年的赃估价，一直到唐肃宗上元二年才改为实估绢价，使用了三十
多年。这说明在唐玄宗柄权前后，匹绢 550 文是唐政府官方定价中占有
统治地位的估价。而这期间正是色役由现役走向代役的关键时期。因
此，色役的代役形式由庸转向资课时，很可能采用匹绢 550 文的官方比
价。如果按照该比价和不役纳庸每日绢三尺的规定，一尺绢为 13.75 文，
三尺为 41.25 文，也接近前面 42 文的记载。可见，根据这一比价认为
资课的标准来自庸的日绢三尺是有一定说服力的。

　　庸是正役和杂徭的代役形式。但根据上文的研究，杂徭两日合正
役一日庸，这一区别在资课计钱中也有体现。如执衣的纳课，《唐六
典》卷 3《尚书户部》载："（其防阁、庶仆、白直、士力纳课者，每年
不过二千五百，执衣不过一千文。）凡州、县有公廨白直及杂职，（其数
见州、县中。）两番上下；执衣，三番上下。"[2] 从纳课数来看，执衣与白
直类色役相差很大。尽管白直两番上下，执衣三番，按照实际服役每
月 10 天计算，白直服 60 天色役，执衣 40 天。再根据日纳钱 42 文计，
白直年纳课 2500 文左右，而执衣应在 1600~1700 文。那么，为什么会
出现"执衣不过一千文"的记载呢？原因在于服执衣色役的人为中男。

1　王溥：《唐会要》卷 40《定赃估》，第 726~727 页。

2　李林甫等：《唐六典》卷 3《尚书户部》，第 78 页。

《唐六典》于同卷中云："执衣并以中男充。"[1]由于中男仅服杂徭之役，杂徭两日合正役一日，所以尽管执衣一年服役 40 天，合正役不过 20 天，课钱则在 850 文左右，当然不过 1000 文了。明晰了这一区别，对前引大谷文书中武周久视元年西州曹伏生纳课钱抄也可以进行解释了。文中曹伏生纳久视元年闰七月的课钱，按照"丁正役二十日，有闰之年加二日"之制，曹伏生所纳的是闰年多出的两日课钱。由于他服的是执衣色役，应按中男杂徭计算，所以，尽管是两日课钱，但仅是一日的 42 文。同样，中男服门夫色役，按规定："若番上不到应须征课者，每番闲月不得过一百七十，忙月不得过二百文。"[2]中男每月番期 10 天，折为正役 5 天计算，则每月课钱在 200 文左右。由于忙月和闲月计功不同，[3]因此，闲月纳课相对少一些。尽管如此，还是能够看出正役和杂徭的区分在资课钱上被明显体现出来，这也从一个侧面证明了资课钱的出现与正役和杂徭的代役形式即庸的连带关系。

不过，来自色役所纳的资课钱中，也有一些与每日 42 文的标准不符。

《新唐书·百官志》载：

> 自四品，皆番上于吏部；不上者，岁输资钱，三[五]品以上六百，六品以下一千，水、旱、虫、霜减半资。[4]

《新唐书·食货志》载：

> 文武职事三品以上给亲事、帐内。以六品、七品子为亲事，

1　李林甫等：《唐六典》卷 3《尚书户部》，第 78 页。

2　杜佑：《通典》卷 35《职官十七》，第 967 页。

3　《新唐书》卷 46《百官志一》"工部郎中员外郎"条："凡工匠，以州县为团，五人为火，五火置长一人。四月至七月为长功，二月、三月、八月、九月为中功，十月至正月为短功。雇者，日为绢三尺，内中尚巧匠，无作则纳资。"（第 1201 页）

4　《新唐书》卷 46《百官志一》，第 1187 页。

以八品、九品子为帐内，岁纳钱千五百，谓之"品子课钱"。[1]

伯4978号文书云：

> 16　一准开元七年十月廿六日敕：上柱国及柱国子
> 17　年廿一已上，每年征资一千五百文，准本色宿
> 18　卫人，至八年满听简，其及第者，随文武□[2]

《唐六典·尚书兵部》载：

> 三卫违番者，征资一千五百文，仍勒陪番；有故者，免征资。[3]

《新唐书·百官志》载：

> 都官郎中、员外郎，各一人，掌俘隶簿录，给衣粮医药，而
> 理其诉免。凡反逆相坐，没其家配官曹，长役为官奴婢。一免者，
> 一岁三番役。再免为杂户，亦曰官户，二岁五番役，每番皆一月。
> 三免为良人……附贯州县者，按比如平民，不番上，岁督丁资，
> 为钱一千五百；丁婢、中男，五输其一；侍丁、残疾半输。[4]

以上纳资钱都与每日42文有出入，对此现象，王永兴认为纳资与官品
有关，品高者资钱少，品低者资钱多；[5]而松永雅生则认为："资是不负担

1　《新唐书》卷55《食货志五》，第1397页。
2　刘俊文：《敦煌吐鲁番唐代法制文书考释》，第302页。
3　李林甫等：《唐六典》卷5《尚书兵部》，第155页。
4　《新唐书》卷46《百官志一》，第1200页。
5　王永兴在《敦煌唐代差科簿考释》（《历史研究》1957年第12期）和《唐天宝敦煌差科簿研
　　究——兼论唐代色役制和其他问题》（《敦煌吐鲁番文献研究论集》）中都谈到该问题。

正役杂徭而从事特殊的力役者不役而纳的税。"[1]笔者认为，上述现象与二者都有关联。其中，散官、勋官、品子、三卫和官户、杂户都是不课役户，前者是一种恩惠、照顾，后者籍贯不在州县。因此，这些身份的色役人纳资与来自丁男庸绢的纳资标准不同。

从前面的引文来看，这些色役人中按官品纳资课的标准大致可以分为三类。第一类是五品以上的散官和勋官，每年 600 文。第二类是六品以下的散官和勋官，每年 1000 文。以上两类都是针对有官品的人，与普通百姓相比，纳资课钱相对较少。第三类是品官之子，这些人按不同荫品服不同的色役，如亲事由六品、七品子担任，帐内由八品、九品子充当。不过，纳资课钱都是 1500 文。这一点在上柱国子、柱国子以及三卫身上也有所体现。上柱国比正二品，柱国比从二品，他们所荫的品子如伯 4978 号文书记载其纳资课数也是 1500 文；反之，三卫纳资 1500 文，也是由品官之子充当的缘故。如《唐六典·尚书兵部》称：

> 凡左、右卫亲卫、勋卫、翊卫，及左、右率府亲、勋、翊卫，及诸卫之翊卫，通谓之三卫。择其资荫高者为亲卫（取三品已上子、二品已上孙为之）。其次者为勋卫及率府之亲卫（四品子、三品孙、二品已上之曾孙为之）。又次者为翊卫及率府之勋卫（四品孙、职事五品子孙、三品曾孙、若勋官三品有封者及国公之子为之）。又次者为诸卫及率府之翊卫（五品已上并柱国若有封爵兼带职事官子孙为之）。又次者为王府执仗、执乘（散官五品已上子孙为之）。[2]

可见，充当三卫者皆是品官子孙。从荫品等级来看，从二品到五品不

1　松永雅生「唐代差役考」『東洋史学』第 15 号、1956 年。

2　李林甫等：《唐六典》卷 5《尚书兵部》，第 154~155 页。

等；从所荫对象来看，有子、孙以及曾孙等，但纳资额通为 1500 文，说明品子作为一类色役人有统一的纳资课标准。

除了具有官品和荫品的色役人以外，还有一些具有奴婢身份或已脱离该身份的官户、杂户以及乐工等，这类色役人也有不同的纳资课标准。尽管他们已经附贯州县，但仍属于特殊职业者，到诸司服役。如诸工、乐、杂户及太常音声人，《唐律疏议》中有：

> 工、乐者，工属少府，乐属太常，并不贯州县。杂户者，散属诸司上下，前已释讫。"太常音声人"，谓在太常作乐者，元与工、乐不殊，俱是配隶之色，不属州县，唯属太常，义宁以来，得于州县附贯，依旧太常上下，别名"太常音声人"。[1]

这些人仍属特殊身份，"此等不同百姓，职掌唯在太常、少府等诸司"，[2] 不能"避本业"。所谓"避本业"，即"谓工、乐、杂户、太常音声人，各有本业，若回避改入他色之类，是名避本业"。[3]

这些人的纳资额标准各不相同。杂户和官户是"岁督丁资，为钱一千五百"，[4] 而乐户"有故及不任供奉，则输资钱，以充伎衣、乐器之用。散乐，闰月人出资钱百六十，长上者复繇役，音声人纳资者岁钱二千"。[5] 可见，乐户年纳资额为 2000 文。散乐出自民间，原本为良人，但其从事此色役也参照了乐户的年纳资额标准。年资 2000 文，每月则为 160 多文。由此可以看出，没有官品、荫品的特殊身份色役人的纳资课额要相对高一些，大致有 1500 文和 2000 文两个标准。

1　长孙无忌等：《唐律疏议》卷 3 "工乐杂户及妇人犯流决杖"条，第 74 页。
2　长孙无忌等：《唐律疏议》卷 3 "工乐杂户及妇人犯流决杖"条，第 74 页。
3　长孙无忌等：《唐律疏议》卷 4 "会赦应改正征收"条，第 97 页。
4　《新唐书》卷 46《百官志一》，1200 页。
5　《新唐书》卷 48《百官志三》，第 1243 页。

二 官僚利益诉求与皇权秩序维护：唐前期色役资课合流的内在理路

唐前期色役的纳资与纳课，实质是代役金与免役税的区别，但其发展方向则是舍身纳课的免役税，这也是本节所关注的资课合流。唐代色役能够趋向免役税形式，有许多推动因素。其中，官吏的利益诉求和皇权对统治秩序的维护等政治性因素最为关键。

（一）色役资课合流形成的时间及发展取向

胡三省在《资治通鉴》注中称："租资课必开元以来之法。"[1] 尽管他所讨论的资课已是合流后的资课名目，但大致道出了资课合流的形成时段，且为学界所遵从。如李锦绣就主张资课合流发生在开元后，并认为开天时期资课已经成为国家的一项重要税收。[2] 不过，开元时期长达二十九年，将这一时期笼统地确定为资课合流的时间显然过于宽泛。

需注意的是，唐长孺曾考察唐代工匠纳资，其中引用开元二十三年敕："天下百姓正丁课轻，徭役所入，惟纳租庸。人以安之，国用常足。此缘户口殷众，色役繁多。每岁分番，计劳入任，因纳资课，取便公私。兼租脚税户，权宜轻率，约钱定数，不得不然。"[3] 他分析认为，本条纳资课包括所有色役，而且大约此时确定为制度不久，所以要申明"约钱定数"的理由。[4] 唐先生并未区分纳资与纳课，但对该史料的解读为探讨资课合流的时间给予了重要提示，即开元二十三年，应是新的色役纳课制度刚刚确立不久。鉴于开元以前纳资与纳课是两种性质不同的制度，故新的纳资课只能是资课合流后的新制度。

1　司马光：《资治通鉴》卷214，玄宗开元二十五年，中华书局，1956，第6831页。

2　李锦绣：《唐代财政史稿》上卷，第546~577页。

3　王钦若等编《册府元龟》卷487《邦计部·赋税一》，第5829页。

4　唐长孺：《魏、晋至唐官府作场及官府工程的工匠》，《魏晋南北朝史论丛续编》，第63页。

那么，新的资课制是如何被确立的呢？从开元二十三年上溯，较早出现资课合称是开元六年（718）敕："诸州每年应输庸调、资课、租及诸色钱物等，令尚书省本司豫印纸送部。每年通为一处，每州作一簿。"[1] 文中纳入中央的资课已经和庸调一起被列入赋税文簿，统一缴纳，这透露出作为代役金的纳资开始被纳入税收之列。但此时认定资课已经合流还为时尚早，因为它仅仅是将色役在现役调节中的征资行为纳入税收征缴系统，尚未触及对现役的更革。继之的资课合称则出现在开元二十二年七月十八日敕中："自今已后，京兆府关内诸州，应征庸调及资课，并限十月三日毕。"[2] 这里规定资课与庸调的交纳时间。此前各类资课多有自己的征纳时期，如三卫纳资，"每年九月一日于本贯及寄住处输纳，本贯挟名录申兵部"。[3] 这次资课规定共同的征收时间，标志着资课被进一步纳入国家统一的财政征收体系中。但上述操作还只限于财政征收方式上对资课合流的推动，因为资课合流的关键是资课整体的税化取向，尤其是纳资的税化。这一点在开元二十三年敕中有所体现："此缘户口殷众，色役繁多。每岁分番，计劳入任，因纳资课，取便公私。"[4] "分番"和"计劳"都是现役特征，用资课取代每年色役的现役征派，这是此次改革最根本的主旨。具体形式如何呢？前述渔师，"长上渔师十人，短番渔师一百二十人，明资渔师一百二十人"。[5] 尽管有明资渔师，但短番渔师还是很多，仍然需要分番和亲身服役，但这次改革，应该是尽量压缩这些短番色役人的数量，由明资者和长上者取代，这从后来唐中央的色役结构中能发现端倪。如唐代宗广德元年（763）卫尉寺奏："当寺管幕士，总八百六十九人，其七百八十九人停，八十人依旧，定四十人长上幕士，本司招补，不差百姓。并请依旧定四十人，减外请留。其幕士申请停差，每人每月别官给钱三千五百文，付本司通

1　王溥：《唐会要》卷 58《户部尚书》，第 1010 页。

2　王溥：《唐会要》卷 83《租税上》，第 1533 页。

3　李林甫等：《唐六典》卷 5《尚书兵部》，第 155 页。

4　王钦若等编《册府元龟》卷 487《邦计部·赋税一》，第 5829 页。

5　《旧唐书》卷 44《职官志三》，第 1897 页。

勘处置。"[1] 此处实际需要上番服役的幕士为 40 人，而停减的 789 人都属于纳资者。同样广德二年（764）南郊赦云："其京城诸司使，应配彍骑官、散官、诸色丁匠、幕士、供膳、音声人、执祭、斋郎、问事、掌闲、渔师，并诸司门仆、京兆府驿丁、屯丁诸色纳资人，每月总捌万肆千伍拾捌人数内，宜每月共支二千九百四十四人，仍令河东、关内诸州府（据户口分配），不得偏出京兆府。余八万一千一百一十四人并停。所须卫役，便宜撙节定数，官给资钱，不得干扰百姓。"[2] 上述纳资人在广德二年前每月有 84058 人，现在将上番服役者每月减为 2944 人。因存在官给资钱，说明 2944 人属于长上服役者，而另外 81114 人也都属于纳资者。

由此可见，开元二十三年新的改革是压缩现役，增加纳资人数。尽管纳资者与现役之间仍然存在补偿关系，但因为纳资已进入财政统一收支体系，形成纳资者向国家纳钱，而长上服役者从国家处领取资钱的模式，因而纳资的现役调节特征淡化，国家赋税的特征渐浓，纳资与免役税性质的纳课融合，实现了资课合流。当然，统治者设范立制与实际运行间必然存在距离，现役在开天以后的唐王朝也始终存在，但这并不能否定资课合流的改革取向。故色役资课合流的关键时间点是开元二十三年，其取向是纳资与纳课被统一纳入国家财政体系，纳资逐步从现役补偿中脱嵌，变身赋税，进而与纳课合流。

（二）官僚利益诉求与纳课、纳资范围的扩展

唐前期资课合流是色役的赋税化，但在等级和权力无处不在的社会环境中，这一过程的背后充斥着特权的助推身影。就色役纳课而言，其最初都是一种特权。从制度设计初衷来看，供官员役使的色役，也是按需配置，不会存在纳课问题。如《唐律疏议》中将执衣、白直列入"其

1　王溥：《唐会要》卷 65《卫尉寺》，第 1139~1140 页。
2　宋敏求编《唐大诏令集》卷 69《广德二年南郊赦》，第 385 页。

应供己驱使者"，[1]只能供身驱使，不能纳钱或纳物替代，这应是纳课类色役的制度本意。但律文中也称如白直、执衣主动要求输庸，或"别格听收庸直"，[2]则被允许，这实际为官员色役纳课准备了条件。既然服色役者若主动输庸，官员就可以避免受处罚，那么官员就能以此为借口，私自纳课，奉己私养。与之对应，"别格听收庸直"，则是国家明令纳课补偿官员。前述防阁较早纳课，其配置："凡京司文武职事官皆有防阁，一品九十六人，二品七十二人，三品三十八人，四品三十二人，五品二十四人。"[3]可见防阁配置到五品官，六品以下则配置庶仆。在唐代官员分类中，五品以上官由皇帝亲自任命，"官班已崇"，[4]故防阁纳课应是给京都五品以上中高级官员的特权待遇。除防阁外，亲事和帐内亦是如此，贞元十二年（796），"又令文武职事三品以上，给亲事帐内。以六品七品子为亲事，以八品九品子为帐内。岁纳钱千五百，谓之品子课钱"。[5]亲事、帐内给文武三品以上官员，且直接为品子课钱。可见，唐太宗贞观后文武三品以上高级官员有更多的纳课特权。而且防阁和品子课还被作为恩赐赐予一些致仕大臣，如虞世南在贞观十二年致仕，"禄赐防阁视京官职事者"，[6]李峤开元前后上《谢加赐防阁品子课及全禄表》，[7]都反映出防阁、品子课作为高官的特殊待遇。而与之形成鲜明对比的是，唐高宗永徽时期还在禁止地方官员所配置的执衣、白直纳庸。故不难发现纳课具有政治等级差别，作为一种特权，此时只有高等级的官员才有纳课待遇。

　　前述白直、执衣最早纳课时还称为收庸，庸的征税物品为绢帛，但防阁以及亲事、帐内则直接收铜钱。纳课初期庸绢与课钱的区别也属于

1　长孙无忌等：《唐律疏议》卷 11 "役使所监临"条，第 225 页。
2　长孙无忌等：《唐律疏议》卷 11 "役使所监临"条，第 225 页。
3　李林甫等：《唐六典》卷 3 《尚书户部》，第 78 页。
4　杜佑：《通典》卷 17 《选举五》，第 425 页。
5　王溥：《唐会要》卷 93 《诸司诸色本钱上》，第 1675 页。
6　《新唐书》卷 102 《虞世南传》，第 3973 页。
7　董诰等编《全唐文》卷 246 《谢加赐防阁品子课及全禄表》，第 2491 页。

等级特权之一。唐代前期绢帛与铜钱都属于流通货币，故称为钱帛兼行。尽管绢帛在唐代经济流通中不乏主体作用，但"从货币形态的发展说来，它是比铜钱远为落后的"。[1] 正因为铜钱有作为货币的优势，故它成为社会追逐的对象。唐朝在武德四年（621）铸造开元通宝钱以后，铸币制度步入正轨。国家所铸铜钱使用中，发放官俸是途径之一。唐初京官俸禄包括俸、料、课和杂钱。俸钱由国家支给，料钱由各司置公廨本获利分配，课是官人役力。唐初京官，特别是高级官员俸料已普遍给予铜钱，包括纳课也是铜钱。[2] 而与之相比，地方官员则无俸，[3] 这意味着地方官员享受不到国家的俸钱；同时，地方白直和执衣也不允许纳课，即使特殊情况也仅是纳庸绢。因此，不仅纳课是特权表现，纳课物的铜钱形式也体现着等级和特权。

唐初高等级官员的纳课特权实际上是官府对他们利益诉求的满足。但对其他官员来说，这无疑有了制度先河和利益驱动的目标。如防阁纳课限于京都五品以上官员，起码在贞观十二年，六品以下官员的庶仆是被排除在纳课之外的，然而至迟在乾封元年（666）庶仆已经和防阁一样纳课，如该年诏称："京文武官应给防阁、庶仆、俸料，始依职事品。其课及赐，各依本品。"[4] 将庶仆与防阁、俸料放在一起，说明已经类同。至于白直、执衣，到武周末和开元初也都已经如防阁、庶仆一样纳课。与之相近的还有士力，成书于开元时期的《唐六典》记载："凡诸亲王府属并给士力，其品数如白直。（其防阁、庶仆、白直、士力纳课者，每年不过二千五百，执衣不过一千文。）"[5] 足见士力也与其他色役一样纳

1　李埏：《略论唐代的"钱帛兼行"》，《历史研究》1964年第1期。

2　京官料钱肯定是铜钱，但官俸是钱还是绢未有明确记载，笔者认为官俸应是铜钱。这是因为贞观十五年曾重置公廨本，不仅要满足官员月料，还要提供官俸，这就意味着官俸也是铜钱。同时，唐初京官比较少，铜钱铸造稳定，能够容易支付。另外，此时给中央高级官吏的防阁、亲事、帐内都是纳钱，不可能仅仅官俸还是绢帛。

3　据李锦绣研究，唐前期外官无俸，只有月料、课和杂钱。详见李锦绣《唐代财政史稿》上卷，第841页。

4　王溥：《唐会要》卷91《内外官料钱上》，第1652页。

5　李林甫等：《唐六典》卷3《尚书户部》，第78页。

课。后来的纳课名目主要针对外官和地位较低的官，可见他们的利益诉求被逐步满足。但其过程，笔者认为他们起初可能都是法外私自征课。至于最终能被承认，原因不外乎有两端。一则来自官员呼吁，国家最终不得不体恤。如贞观八年（634），高季辅呼吁"外官卑品，犹未得禄"；[1]唐高宗仪凤三年（678）八月二日诏书云："如文武内外官应给俸料课钱，及公廨料度封户租调等，远近不均，贵贱有异。"[2]还有光宅元年九月，"以京官八品九品俸料薄，诸八品每年给庶仆三人，九品二人"。[3]另一个就是朝廷虽明令禁止，但亦留有变通余地。如白直、执衣被禁止纳课，但"注云'供己求输庸直'，谓有公案者，不坐。别格听收庸直者，不拘此例"。[4]无论是国家的体恤姿态还是设置制度缓冲空间，都趋向承认或默认这些官员的利益诉求，这是纳课范围不断扩大，最终普遍化的根源。

纳资虽与纳课有别，但也同样有官员利益诉求的因素。唐前期纳资收入除部分上缴国库外，主要供给中央尚书省各司以及寺、监等部门。如乐人及音声人，"输资钱以充伎衣、乐器之用"。[5]少府监和将作监的工匠，"其驱役不尽及别有和雇者，征资市轻货，纳于少府、将作监"。[6]关于这些纳入本官府的资钱，李锦绣认为："纳于各官府的资钱在开天时为资课大宗。除勋散官、五品以上子孙外，大批隶于诸司的色役均将其资课纳于所属官府，作为所属官府公廨费用的来源。"[7]当然，李先生所言已经属于资课合流阶段，但纳于本官府充公廨应在独立纳资之时就是这样。从制度设计而言，唐前期色役纳资部分或用于雇役，或用于支付公廨费，都会在勾官勾检的监督之下；同时百姓由白丁到色役，都会涉

1　《旧唐书》卷78《高季辅传》，第2702页。

2　王溥：《唐会要》卷91《内外官料钱上》，第1652页。

3　王溥：《唐会要》卷91《内外官料钱上》，第1652页。

4　长孙无忌等：《唐律疏议》卷11"役使所监临"条，第225页。

5　李林甫等：《唐六典》卷14《太常寺》，第406页。

6　李林甫等：《唐六典》卷7《尚书工部》，第222页。

7　李锦绣：《唐代财政史稿》上卷，第549页。

及差科簿的变更以及租税簿中税物蠲免。故在严密的律令制度下，应该不存在纳于本府的资钱在公廨用度之余，变成官员私自支出。但实际色役纳资却能够上下其手，如神龙元年《中宗即位赦》称："其诸司官员，并杂色役掌〔闲〕、幕士、门役之徒，兼音声之人及丁匠等，非灼然要籍，并量事减省，所司速为条制。"[1] "非灼然要籍"透露出在中央诸司中非必须使用的色役者或纳资非常多。明令减省条制，说明当时这种现象非常严重。至于地方州县，征资的随意性可能更大。如门夫，《通典·禄秩门》有："其后举其名而征其资，以给郡县之官。其门之多少，课之高下，任土作制，无有常数。"[2] "无有常数"反映出地方征资的各自为政。由此可见，正是纳资也与官僚阶层的利益息息相关，促使纳资人群不断增加，并影响了国家的财政和兵士的征发，最终迫使唐王朝必须整顿色役。

（三）皇权秩序维护与资课的全面税化

以国家角度观之，唐初给予高级官员纳课特权，是一种特殊的优待，因为这些官员是统治核心。如贞观二年（628）太宗对侍臣曰："朕尝谓贪人不解爱财也，至如内外官五品以上，禄秩优厚，一年所得，其数自多。若受人财贿，不过数万，一朝彰露，禄秩削夺，此岂是解爱财物？规小得而大失者也。"[3] 这里虽然谈的是内外五品以上官，但透露出五品以上官在国家统治中的地位。而纳资则是允许中央各司、寺监以及地方州县在征派服务行政供役人员时拥有变通之权，即特殊情况下驱役不尽和不能上番者，可以通过纳资，雇佣人服役，或者将纳资钱用于公廨，更好地完成本部门的行政任务。故总体上看，国家最初允许纳资和纳课也都是为了维护王朝的统治秩序。然而，纳资与纳课都存在利益让渡的一面，纳课成为王朝官员个人禄秩实际的货币收入，一些纳资变为部门单独的利益。按陈明

1　宋敏求编《唐大诏令集》卷 2《中宗即位赦》，第 7 页。
2　杜佑：《通典》卷 35《职官十七》，第 967 页。
3　吴兢撰，谢保成集校《贞观政要集校》卷 6《论贪鄙第二十六》，第 363 页。

光的研究，这都属于预算外收入。[1] 前文谈到，这种利益驱动的结果是纳资和纳课人员的膨胀，官员和部门的收入份额与国家财政收入之间比例越来越大。同时，唐前期纳资、纳课的色役人属于特殊服役人群，其最突出的特征是免课役和征行。课役主要是租、调和力役，征行则是充当府兵和防丁。色役纳资、纳课人群的扩大除了与官员和部门利益诉求有关外，也有百姓通过色役规避国家其他赋役的动因，其结果势必影响国家的财政收入，特别是兵员。由此可知，色役纳资与纳课已经开始影响王朝国家的统治秩序，这最终促使皇权出于维护秩序的需要，整顿色役资课。

最初整顿色役的方式是对规避色役之人进行清理。关于清查的具体效果，《旧唐书》有详细记载："开元中，有御史宇文融献策，括籍外剩田、色役伪滥，及逃户许归首，免五年征赋。每丁量税一千五百钱，置摄御史，分路检括隐审。得户八十余万，田亦称是，得钱数百万贯。"[2] 这里增加的户口、田地以及铜钱多与客户、籍外田地相关。对服色役者来说，即使不够条件被违法纳入色役，也必然已纳资课，故对整治色役伪滥的结果不可高估。但《通典》称："（开元）九年（721）正月，监察御史宇文融陈便宜，奏请检察伪滥兼逃户及籍外剩田。于是令融充使推句［勾］，获伪勋及诸色役甚众。"[3] "获伪勋及诸色役甚众"一语，反映出此次清理伪色役还是起到了一定的作用。

不过，玄宗朝并未坚持清查色役这一理路，反而转向推行色役的赋税化。其关键是色役资课通过国家统一征收，再分派给官员个人和相关机构，实质上把资课由预算外收入变成了预算内收入。收支分离，是国家从财政调整角度对色役伪滥治理的新举措。而就在开元二十三年，"遂减诸司色役一十二万二百九十四"，[4] 这从某种程度上也为国家整顿色役提供了佐证，因为能够减省说明色役纳资已成为国家财政收入。虽然

1　陈明光：《唐代财政史新编》，中国财政经济出版社，1991，第 82 页。
2　《旧唐书》卷 48《食货志上》，第 2086 页。
3　杜佑：《通典》卷 7《食货七》，第 150~151 页。
4　李林甫等：《唐六典》卷 3《尚书户部》，第 76 页。

色役资课上交国家财政有制度先例，如亲事、帐内的品子课钱一开始就是"并本贯纳其资课，皆从金部给付"，[1] 李锦绣也认为勋官、四品以下散官、上柱国、柱国子及五品以上散官的品子、品孙纳资课于国家。[2] 但因何从开元九年整顿色役，到开元二十三年色役纳资的税化，仅有十几年时间就发生了政策转向呢？实际上，这一时期国家整顿色役的经济环境已发生变化，更具体的动因是开元十四年（726）、十五年发生严重自然灾害后国家财政对收入的要求。史载："（开元十四年）是秋，十五州言旱及霜，五十州言水，河南、河北尤甚，苏、同、常、福四州漂坏庐舍，遣御史中丞宇文融检覆赈给之。"[3] 可见这场天灾波及范围很大，特别是国家税赋重心河南、河北尤为严重。天灾之后，国家财政陷入困境，官俸开支也势必受到影响。如开元十八年（730），唐廷恢复了京官职田和公廨钱。李锦绣就认为，这是国家经费不足，用田产和高利贷补充国库的官吏供给，勉强缓解了国家财政紧张的燃眉之急。[4] 在经费不足的情况下，京官职田和公廨钱这些被废除的制度都得以恢复，那么，唐王朝中央官府不可能对同是官吏收入的资课无动于衷。联系开元二十二年敕中资课的税化，以及开元二十三年敕中明确谈到"因纳资课，取便公私"，[5] 可以推知，在特殊的财政压力下，唐王朝为稳定财政秩序并解决色役伪滥、官员利用资课牟利等问题，延续勋官、散官等资钱国家征收的制度形式，推行了资课的全面税化。

三　资课合流的牵引作用与唐宋社会经济结构的变革趋势

在唐玄宗开元末期，伴随着色役资课合流和赋税化，力役纳庸也走

1　李林甫等：《唐六典》卷 5《尚书兵部》，第 156 页。

2　李锦绣：《唐代财政史稿》上卷，第 546 页。

3　《旧唐书》卷 8《玄宗纪上》，第 190 页。

4　李锦绣：《唐代财政史稿》下卷，北京大学出版社，2001，第 13 页。

5　王钦若等编《册府元龟》卷 487《邦计部·赋税一》，第 5829 页。

向普遍，而兵役最终亦变成募兵制，这形成了开天之际国家对百姓人身役使的全面松动。其中，色役、力役、兵役三者之间存在承继关系，而开天之际役制变化对唐代社会经济结构亦产生了结构性影响。

（一）资课合流的牵引作用

与色役类似，唐前期的兵役与力役也都有免役纳课的制度因子。其中，属于色役的三卫和仗身都兼具军事属性。三卫是唐代府兵制中内府的特殊军事人员，因为他们属于五品以上官员的子孙，上番累资增考，不役纳资，故将其看作色役；而仗身则由卫士、防人甚至掌闲、幕士担任，作为中央武官以及地方都督府、折冲府官员的俸禄课存在。所以仗身不仅属于色役，其本身也是作为兵役存在的。三卫与仗身的纳资课对唐前期兵役也有一定的制度导向作用，如唐玄宗时"龙武官尽功臣，受锡赉，号为'唐元功臣'。长安良家子避征徭，纳资以求隶于其中，遂每军至数千人"。[1]北门军不是府兵，多由募兵组成，但可以免除力役和征行，故出现纳资求荫庇，这种情况和三卫、仗身纳资免役类似。至于唐前期力役，尽管只能在驱役不尽时才能纳庸，但也不乏完全纳庸免役之例。如食实封，唐中宗景龙三年（709）韦嗣立上书称："臣窃见食封之家，其数甚众。昨略问户部，云用六十余万丁，一丁两匹，即是一百二十万已上。"[2]文中"一丁两匹"反映出食封户庸调合征，庸已经成为免役税。由此也能发现，唐前期色役、兵役与力役免役纳课都有官僚贵族等级权利的身影，这是国家在制度实施中为保障高等级官僚贵族的利益而设置的制度特例。它造成没有享受到制度利益的中小官僚疯狂攫取同样的利益，从而使这些制度先例最终发展成官僚阶层普遍的特权，其结果则使制度越来越走向其否定的方向，最终国家不得不进行改革，进而形成新的制度变迁。

---

1 《旧唐书》卷106《王毛仲传》，第3253页。

2 《旧唐书》卷88《韦嗣立传》，第2871页。

事实上，唐王朝在开元后期推行色役赋税化、力役普遍纳庸以及兵役改为全部采取募兵制，在时间上的确存在连续性。要之，中央对色役采取普遍纳资课方式在开元二十二年或二十三年。兵役稍显特殊，因为府兵逃亡，兵源不足。在开元十一年（723），招募长从宿卫，后改为彍骑。[1] 彍骑属于募兵，虽然唐前期兵募、健儿，包括北门军都属于募兵，但彍骑替代的是南衙宿卫中央的内府兵，这意味着府兵制在中央已经被募兵制所代替。地方军镇的普遍募兵化则是在开元二十五年（737），玄宗下敕称："自今已后，诸军镇量闲剧、利害，置兵防健儿，于诸色征行人内及客户中召募，取丁壮情愿充健儿长住边军者，每年加常例给赐，兼给永年优复；其家口情愿同去者，听至军州，各给田地、屋宅。人赖其利，中外获安。是后，州郡之间永无征发之役矣。"[2] 此处州郡再"无征发之役"，说明府兵已经没有上番和征行之役。故兵役全部采取募兵制是在开元二十五年。

相比于色役和兵役，力役普遍纳庸时间稍晚。王永兴根据杜佑天宝计帐认为，"最迟到天宝中，在全国范围内，二十日役制不复存在"。[3] 戴建国补充称："据今本《天圣令》所附唐《开元二十五年令》第16条，倘若在此令之外没有格敕对令文冲改的话，那么役丁以庸代役制的真正普遍确立，乃是开元二十五年以后的事。"[4] 上述学者都把力役普遍纳庸至迟定在开元二十五年后。不过，李锦绣认为庸调合一在景龙至开元间，普遍化在开元时期，其根据是中宗景龙三年韦嗣立的上书，提到绢"一丁两匹"，而开元九年吐鲁番文书中出现庸调布以及折变普遍化。[5] 李先生的上述根据都是个案，特别是开元九年与庸调布一起被发现的还有庸布和调布，[6] 因此很难说此时庸调已经合一。笔者认为，庸调

1　《新唐书》卷50《兵志》，第1326~1327页。

2　李林甫等：《唐六典》卷5《尚书兵部》，第157页。

3　王永兴编著《隋唐五代经济史料汇编校注》，第407页

4　戴建国：《天一阁藏〈天圣令·赋役令〉初探（下）》，《文史》2001年第1辑，第173页。

5　李锦绣：《唐代财政史稿》上卷，第422~423页。

6　王炳华：《吐鲁番出土唐代庸调布研究》，《文物》1981年第1期。

合一应该与开元二十四年（736）李林甫所奏长行旨符有关。具体内容为："租庸、丁防、和籴、杂支、春彩、税草诸色旨符，承前每年一造，据州府及诸司计，纸当五十余万张。仍差百司抄写，事甚劳烦。条目既多，计检难遍。缘无定额，支税不常。亦因此涉情，兼长奸伪。臣今与采访使、朝集使商量，有不稳便于人，非当土所出者，随事沿革，务使允便。即望人知定准，政必有常。编成五卷，以为常［长］行旨符。省司每年但据应支物数，进书颁行。每州不过一两纸，仍附驿送。"[1] 这项奏请最终以敕旨形式得到批准。奏书中明确提及租庸，当然仅此还不能就说租庸已经合一。最关键的是，长行旨符针对的是原来"缘无定额，支税不常"。在租调以人丁为准的情况下，属于"支税无常"范畴只能是力役的不役纳庸，因为租调按人丁征收，由中入丁和由丁入老虽有变化，但并不是特别大。如果长行旨符要实现支出固定，就必须使庸固定。李锦绣认为，长行旨符施行后，包括租庸在内的几个重要收支部分都已固定。"国用支度计划就只剩下对今年税收在明年支用分配的规定。杜佑于《通典》中所详列的天宝八载（749）支天宝七载（748）收入情况，正是《长行旨》颁行后，国用支度计划内容的体现。"[2] 根据上述研究可以推知，租庸固定的方式只能是庸调合一，而杜佑天宝七载所列收入中"庸调输绢约七百四十余万匹（每丁计两匹）"[3] 正是该方式的实际运用。由此可见，力役普遍纳庸也是在开元二十四年、二十五年以后。

根据上文分析，色役、兵役和力役三者之中，最早赋税化的是色役，接着是兵役改为募兵和力役普遍纳庸。那么三者之间是否具有连带关系呢？色役在三者中赋税化出现最早，资课合流后趋向全部纳税和长期服役的雇役制，它对兵役的普遍募兵制和力役的普遍纳庸制度确立具有牵引作用。色役收取代役金在唐以前朝代也有存在，但将其变为税收进而雇役则具有历史性意义。其制度取向是"每岁分番，计劳入任，因

1　王溥：《唐会要》卷59《度支员外郎》，第1020页。

2　李锦绣：《唐代财政史稿》上卷，第69页。

3　杜佑：《通典》卷6《食货六》，第110页。

纳资课，取便公私"。[1]就是资课代替分番计劳的现役，实际是停止现役，使国家管理和个人服役更为方便。而这一主旨在开元二十五年彻底推行募兵制时也得到了体现，"今欲小康戎旅，大致升平，减停征徭，与人休息"。[2]需要注意的是减停征徭和与人休息，它与色役纳资课取向一致。至于力役最终全部纳庸也应是这种政策使然。长行旨符的设计目的就是"望人知定准，政必有常"，[3]这与色役纳资课"取便公私"如出一辙。更重要的是，它们采用的都是免役纳课、用役雇佣之法。前已谈到，实际这种方法在色役、兵役和力役中作为政治特权早已有之，也都在朝着这个方向发展。关键是谁最先将这一做法全面推行，进而引发多米诺骨牌效应。由此观之，色役无疑最先确立免役纳课、用役雇佣之法，并对兵役、力役起到牵引作用。

（二）唐宋社会经济结构变革趋势的奠定

关于唐宋经济变革，虽然学界都注意到开天之际的变化，但关注点都在均田制的废弛、户税与地税的兴起以及户籍制的紊乱等上，其问题意识是两税法出现的渊源。殊不知两税法欲做到"凡百役之费，一钱之敛，先度其数，而赋于人"[4]的前提恰恰是开天之际役的普遍税化，它在唐宋社会经济结构变革意义上早于两税法。其凸显的变革趋势有四。第一，赋役合一的趋势。虽然赋役合一历经明、清才最终实现，但开天之际色役与力役的税化取向则是人头税下的赋役合一。第二，实物财政向金属货币财政转化。这是商品经济发展的内在需求，尽管晚明和清朝时期的白银货币化才是金属货币财政的突破，但这种趋向产生的更早。色役资课对铜钱的追求当是这一趋势的具体表现。第三，财政倾向于中央集权。农本经济下财政具有分散性，计划外因事设税较多，这不利于中

1　王钦若等编《册府元龟》卷 487《邦计部·赋税一》，第 5829 页

2　董诰等编《全唐文》卷 31《命诸道节度使募取丁壮诏》，第 345 页。

3　王溥：《唐会要》卷 59《度支员外郎》，第 1020 页。

4　王溥：《唐会要》卷 83《租税上》，第 1536 页。

央集权。所以，中国古代社会后期财政的趋势是中央集权，而开天之际色役、力役的统收统支正是这一趋势的开端。第四，军事财政的出现。虽然兵役制和募兵制在中国古代社会前期相兼而行，但以兵役制为主，开天之际募兵制成为主要形式，它带来的是军事财政的长期存在，这成为中国古代社会后期财政的重要特征。

　　以上变革趋势并非偶然，而是中国古代社会经济发展到唐代阶段后出现的经济现象。相对于西方中世纪领主制下的农奴生产方式，中国古代是以独立的个体家庭为经济单位。个体家庭主要经营农业、饲养业和简单的手工业，男耕女织为典型特征。个体家庭生产以自给自足为主，但有生产剩余产品也会出售，即谋生与谋利并存。故中国古代经济是以农业为主，手工业和小商品经济并存。在这种经济体制下，商品经济是农本社会中的固有因素，它随农业、手工业发展情况盈缩。因此，每一个朝代经过休养生息，都会有一个商品经济发展的高峰时期。当商品经济以及相关的市场要素发展到一定程度，它们就会反过来影响农业、手工业的发展，甚至冲击和改变原有农本社会的经济结构。由此观之，唐开天之际经济领域的变化正是商品经济发展的反映。中国古代社会发展到唐开天之际，人口达到新的水平，据杜佑估计，"少犹可有千三四百万〔户〕矣"。[1]土地垦殖和手工业技术发展都超过以往的时代，社会富庶，公私仓廪俱丰实。在此情况下，商品经济和市场因素在社会经济中迅速成长。其逐步成熟后，就会影响固有的经济体制。在中国古代农本社会下，国家通过编户齐民，对百姓进行人身控制，强制百姓提供劳役、兵役和赋税，支撑国家经济上的存在。其中役对人身约束最为严重，对百姓生产、生活造成不同程度的影响。因而在征役领域，官方明资与和雇发展成为经常之制，民间百姓雇人上番服役越发普遍，这最终促成在唐代以前不曾出现的役普遍免役纳资，用役雇佣的新方式，进而联动引发原有经济体制的变革趋势。需要强调的是，商品经济属于中

1　杜佑：《通典》卷7《食货七》，第157页。

国古代经济体系的内生变量，但其走向会受到政治制度和社会结构等外生变量的影响。在商品经济发展的一定限度内，王朝政治制度和社会结构等因素甚至起决定作用。

唐开天之际征役领域的变革，甚至包括赋税由人丁向土地征收的两税法变迁，其具体在唐宋财政赋役史中的价值自不待言，但若究其在唐宋社会经济结构变迁中的意义，更多的是新方向的开启意义，故本节仅将其概括为变革趋势。这是因为在经济结构重新组合中，当国家政策或制度嵌入纷繁复杂的社会以后，无论在时间还是空间上，都会经历各种利益群体的阻挠与变通，也会遇到各种社会环境的不适与牵绊，绝非一蹴而就的过程。就开天之际的役法而言，赋役合一趋势在中央得到贯彻，但在地方州县，雇役并不彻底，出现强制雇役，甚至隐含着众多法外现役的征派。唐后期即使颁行两税法，敕令一再申明雇役原则，但还是无法改变，到宣宗大中时期最终确定差科簿，实际上承认了州县色役的合法性。而铜钱在国家财政中的地位上升稍露端倪即被叫停，诏称："自今已后，凡是资课、税户、租脚、营窖、折里等应纳官者，并不须令出见钱，抑遣征备，任以当土。"[1] 尽管两税法依据户税惯例以钱为额，但却"计钱而输绫绢"，[2] 说明实物货币在财政上仍然顽强存在。同时，中央统一财政的趋势也被安史之乱以后的地方藩镇体制打破，财政实行留州、送使和上供三分，中央对地方财政的管理反而削弱了。由此观之，其变革过程充满跌宕和反复。这种变革趋势代表未来经济结构发展的方向，虽然有反复，但仍然顽强地沿着这一道路前进。明乎此，中国古代社会后期经济结构的外在诸面向才有了可供理解的内核。

从开天之际役制变迁看中国古代社会经济结构嬗变，应该有长时段的视野。农本经济向商品经济转化是个长期的过程，有学者称其为商品

1　王钦若等编《册府元龟》卷 487《邦计部·赋税一》，第 5829 页。

2　《新唐书》卷 52《食货志二》，第 1353 页。

经济从贡赋经济的脱嵌过程。[1]中国古代的地理环境属于双重封闭，长期处于自我发展中，故商品经济对农本经济的改变缺少外部环境的刺激，同时这一过程经常受到王朝更迭和天灾人祸因素的阻断。另外，农本经济下国家经济政策和制度惯性更是经常拖累这一进程，故中国古代经济结构的转变是长期的累积发展。唐宋时期社会经济结构上的变革趋势，发展到明清时期，随着中国和世界联系的加强，其他地区的经济要素进入中国市场，商品经济发展获得强大动力，如白银的流入、外部市场的强大需求等，最终完成了这一历史进程。由此观之，中国古代社会后期在发展阶段上始终是以农本经济为主，商业经济累积发展的时期。学界对中国古代社会经济结构变革的研究，多关注明清王朝在近代化上的意义，而不注意中唐以降变革趋势的生成与流变；或者受断代研究的影响，拔高所在历史阶段商品经济发展的程度，从而造成对历史的曲解和误读。因此，唐前期色役的资课合流以及与之相关的役制变迁问题更具有方法论的检讨意义。

1　申斌、刘志伟:《明代财政史研究的里程碑——万明、徐英凯著〈明代《万历会计录》整理与
　　研究〉读后》,《清华大学学报》2018 年第 1 期。

第四章　唐后期色役的嬗变

关于唐后期色役的嬗变，学者多有阐释。一部分学者认为两税法前后色役遂趋没落和消逝。如王永兴认为，"纳资代役是对作为徭役制的色役制的否定，纳资普遍化了，色役制也就消逝了"。[1]故他把开元二十四年俸料制转化为资课，以及开元二十五年减省诸司色役和天宝五载罢白直役，都看作色役制即将发展到终点的标志。[2]唐长孺则主张："自两税法施行后，色役这个专词的内容发生了变化。那时色役与差役、差科往往互称，实际上成为杂徭的代用语，或者包括了杂徭和差科。而且凡称色役均指见役，并不具有不

1　王永兴:《"开皇之治"与"贞观之治"——王永兴说隋唐》，生活·读书·新知三联书店，2019，第224页。
2　王永兴:《"开皇之治"与"贞观之治"——王永兴说隋唐》，第234页。

役纳资课的特征。"[1]杨际平认为："安史之乱后，肃、代两朝也曾多次下令减省色役，所减省的主要是'诸司番役'。经此减省之后，供官吏役使的那部分色役基本消失，供诸官司役使的色役有所减少，服役公共设施的色役也略有减少，但里正、村正之役依然如旧，不受影响。这种情况一直延续至唐末五代。"[2]但也有一些学者肯定唐后期色役的盛行。如张泽咸尽管没有专门探讨色役在唐后期的变化，但反对色役在天宝后衰落的观点，指出唐后期地方州军色役仍然繁重，借色役免除其他杂役仍旧盛行，并且出现"重处色役"现象。[3]陈明光虽然认为开元年间色役已经制度化为"资课"，但也指出唐后期中央各军政部门直接控制着服各种职役的人户。[4]赵大旺将唐后期色役分为诸司色役与府县色役，并探讨了"重处色役"问题。[5]从上述研究来看，学界对色役的研究尚处于前后脱节状态，这多囿于对资课的认识差异，认为开元时期纳资课的普遍化导致色役被税化，故色役也基本上消失，而唐后期色役是在新的形势下出现的，它与杂徭、差科同一，甚至是新的职役。由此观之，从资课演变角度来观察唐后期色役的变迁，是厘清唐后期色役问题的重要途径。

一　开元、天宝时期色役运行状况与色役的减省

唐后期色役发展的取向是回归现役，减少纳资课人员，这种状况实际上早在开元、天宝时期就已经开始。那么，弄清楚开天之际色役运行中究竟哪些色役需要大量现役，哪些色役已经资课化，是认识唐后期色役的基础。

1　唐长孺：《唐代色役管见》，《山居存稿》，第 180 页。
2　杨际平：《唐前期的杂徭与色役》，《历史研究》1994 年第 3 期。
3　张泽咸：《唐五代赋役史草》，第 335~352 页。
4　陈明光：《唐代两税法时期中央与地方对"差役"的分割》，《社会科学家》1986 年第 2 期。
5　赵大旺：《唐五代时期的色役》。

（一）开元、天宝时期色役现役与纳资课的结构特征

1. 人员与用役双固定：长上现役与明资的互补

敦煌写本《唐开元水部式》中称："沧、瀛、贝、莫、登、莱、海、泗、魏、德等十州共差水手五千四百人，三千四百人海运，二千人平河，宜二年与替，不烦更给勋赐。仍折免将役年及正役年课役，兼准屯丁例，每夫一年各帖一丁。其丁取免杂徭人家道稍殷有者，人出二千五百文资助。胜州转运水手一百廿人，均出晋、绛两州，取勋官充，不足兼取白丁，并二年与替。其勋官每年赐勋一转，赐绢三匹布三端，以当州应入京钱物充。其白丁充者，应免课役及资助，并准海运水手例。不愿代者听之。"[1] 关于帖丁，唐长孺认为由于海运艰险，役期长达两年，因此延长役期而给予帖丁补偿，类似于半和雇，而帖丁成为水手的纳资人。[2] 从史料来看，与海运水手类似的，还有屯丁和胜州转运水手。唐先生的认识颇有见地，但需要补充的是，海运水手的"二年与替"是其色役更代期。从帖丁按年计算可知，水手的番期按一年来计算，由于海运水手轮番困难，所以变成长役。"折免将役年及正役年课役"说明其本身在服色役，之所以帖丁，是因为他承担了帖丁纳资人本应轮番所服之役。故海运水手既属于服色役的见役人，也属于被雇佣服役者。

海运水手以及屯丁的派役与帖丁从某个侧面反映出唐代色役现役上番者与纳资课的运行模式。唐代法律规定："凡丁岁役二旬，（有闰之年加二日。）无事则收其庸，每日三尺；（布加五分之一。）有事而加役者，旬有五日免其调，三旬则租、调俱免。（通正役并不得过五十日。）"[3] 这是正役的规定，即不能超过 50 天。与正役类似，色役分番上任，但时间也基本在 50 天左右。对此，前文已有详述。如果超过这一标准如何

1　王永兴：《敦煌写本唐开元水部式校释》，《陈门问学丛稿》，第 286 页。

2　唐长孺：《山居存稿》，第 179 页。

3　李林甫等：《唐六典》卷 3《尚书户部》，第 76 页。

处理，法律没有正式规定。但从帖丁能够看出，遇到这种情况，要对色役延期服役之人给予资课补偿。这种情况应该属于色役运行的惯例。如前述胜州转运水手，"其白丁充者，应免课役及资助，并准海运水手例"。与其类似的还有渔师。敦煌写本《唐开元水部式》载："都水监渔师二百五十人，其中长上十人，随驾京都。短番一百廿人，出虢州，明资一百廿人，出房州。各为分四番上下，每番送卅人，并取白丁及杂色人五等已下户充，并简善采捕者为之，免其课役及杂徭。本司杂户、官户并令教习，年满廿补替渔师。其应上人，限每月卅日文牒并身到所由。"[1]此处出现了长上、短番和明资。关于明资，《新唐书》在谈到工匠时亦提及："短蕃匠一万二千七百四十四人，明资匠二百六十人。"[2]鞠清远认为明资是"公开承受官府之工资者"，[3]这一观点被众多学者采用。不过，日野开三郎主张，明资是纳资课者，在长上、短番和明资的职役结构中，明资者纳资主要是回充长上者雇佣的费用。[4]李锦绣的解释与日野开三郎相同，认为明资匠是一种出资补助长上匠的工匠，明资匠的出现是工匠纳资固定的结果，在此之前，是州率不番工匠的资钱给被留长役者，更在此前，当是工匠分番上下，不番纳资。由不番纳资到率资酬雇再到明资匠的出现，是工匠纳资过程的三个阶段。[5]对渔师，也主张都水监长上渔师 10 人，明资 120 人，这 120 人所纳资钱是酬匠人长上之雇费。[6]如果按鞠清远的解释，明资与长上显然类似，无法区分。故日野开三郎和李锦绣的认识更符合唐代此类色役的实际。

　　2. 人员固定而用役不定：短番现役不足与不役资课

　　由渔师情况可以看出，在中唐时期，色役的长上现役人员与纳资课者已经形成一种互补模式。当然，纳资课者能否完全酬给长上费用，也

1　王永兴：《敦煌写本唐开元水部式校释》，《陈门问学丛稿》，第 288 页。

2　《新唐书》卷 43《百官志三》，第 1273 页。

3　鞠清远：《唐宋官私工业》，新生命书局，1934，第 29 页。

4　日野開三郎『唐代租調庸の研究（Ⅱ課輸篇上）』汲古書院、1975、249~254 頁。

5　李锦绣：《唐代财政史稿》上卷，第 534 页。

6　李锦绣：《唐代财政史稿》上卷，第 548 页。

因色役而异。就渔师而言，纳资者与长上者之间能够达成平衡。因为明资渔师 120 人，分为 4 番，每番 30 人，但这 30 人又在月番内被具体分为 3 个役期，每个役期 10 天。也就是说，每天都有渔师 10 人具体上番，而长上渔师也恰恰是 10 人。故明资渔师的纳资正好补充了长上渔师。由此可见，长上渔师与纳资者的比例是 1∶12。相对于渔师，工匠中的明资匠却并不多，仅有 260 人，按 1∶12 的比例，也仅能酬雇长上者 21 人，且工匠不像渔师必须随时当番，不番纳资或率资酬雇的情况非常多，资钱补充能力强，故不必设置更多固定的明资者。工匠在番期内无役纳资的情况应该很多，如《唐开元水部式》中就记载："其供桥杂匠，料须多少，预申所司量配，先取近桥人充。若无巧手，听以次差配，依番追上。若须并使，亦任津司与管匠州相知，量事折番，随须追役，如当年无役，准式征课。"[1]此处供桥杂匠属于年内量配的色役人员，"当年无役，准式征课"，可见这些人属于短番未上，缴纳了代役金。

　　3. 人员不定而用役稳定：短番现役盈余与制度性纳资课

　　这类人员多具有荫品，如散官、勋官和三卫等，他们需要上番至吏部、兵部或宫内守卫。由于他们不是中央选补与征役，而是父祖恩荫，故这部分色役人有不断增加的趋势，相较而言，吏部、兵部或宫内守卫所需役人为常数。所以，这部分色役人中有大部分为制度性纳资课。如三卫，"凡诸卫及率府三卫贯京兆、河南、蒲、同、华、岐、陕、怀、汝、郑等州，皆令番上，余州皆纳资而已（应纳资者，每年九月一日于本贯及寄住处输纳，本贯挟名录申兵部）"。[2]文中上番州都在两京地区，而两京之外三卫上番都采用纳资方式。但是否这些州三卫就没有上番义务呢？事实并非如此，实际上这些州三卫有上番义务，具体为："量远迩以定其番第。（五百里内五番，一千里内七番，一千里外八番，各一月上；三千里外九番，各倍其月。）"[3]既然有上番义务，他们的纳资必然

1　王永兴：《敦煌写本唐开元水部式校释》，《陈门问学丛稿》，第 289 页。
2　李林甫等：《唐六典》卷 5《尚书兵部》，第 155 页。
3　李林甫等：《唐六典》卷 5《尚书兵部》，第 155 页。

指向三卫色役的运行。李锦绣认为，三卫所纳资属于诸卫或率府。[1] 两京以外州之所以纳资，与路途遥远，上番不便有关。但笔者认为，在制度运行中，实际上也不需要这些三卫。与三卫类似的还有勋官，《唐六典》称："凡勋官十有二等，（并载于司勋之职。）皆量其远迩以定其番第，（五百里内五番，一千里内七番，一千五百里内八番，二千里内十番，二千里外十二番，各一月上。每上或分配诸司。上州及都督府番别各听留六十人，中州四十五人，下州三十五人，分配监当城门、仓库，亦量于数内通融配给。当州人少者，任取五十已上、五十九已下及轻疾丁充，并五番，上皆一月。）"[2] 从中可以看出，勋官需要分番，有些州，勋官有不足的情况。然而，唐高宗咸亨以后，这种情况有所改变。《旧唐书》载："自是（咸亨）已后，战士授勋者动盈万计。每年纳课，亦分番于兵部及本郡当上省司。又分支诸曹，身应役使，有类僮仆。据令乃与公卿齐班，论实在于胥史之下，盖以其猥多，又出自兵卒，所以然也。"[3] 此时，战士被大量授勋，远远超出需要，故勋官纳资成为惯例。

4. 役名空壳化：色役现役虚存与完全纳资课

前面谈及色役"舍身纳课"时涉及配给中央官员的防阁、庶仆、胥士、邑力、士力、亲事和帐内，配给地方州县官的白直、执衣，还有配给地方折冲府和镇戍机构的仗身。这些役有的本身就没有用役的安排，仅是名目。如防阁和胥士，"贞观十二年，罢公廨，置胥士七千人，取诸州上户为之。准防阁例而收其课，三岁一更，计员少多而分给焉"。[4] 与其类似的还有亲事和帐内，史称："又令文武职事三品以上，给亲事帐内。以六品七品子为亲事，以八品九品子为帐内。岁纳钱千五百，谓之品子课钱。"[5] 其他的如庶仆、白直、执衣和仗身等也越来越走出现役，

1　李锦绣：《唐代财政史稿》上卷，第 548 页。

2　李林甫等：《唐六典》卷 5《尚书兵部》，第 154 页。

3　《旧唐书》卷 42《职官志一》，第 1808 页。

4　杜佑：《通典》卷 35《职官十七》，第 963 页。

5　王溥：《唐会要》卷 93《诸司诸色本钱上》，第 1675 页。

变为纳课。如庶仆，《通典·禄秩门》称："武太后光宅元年九月，以京官八品九品俸料授薄，诸八品每年给庶仆三人，九品二人。"[1] 庶仆直接与俸料微薄相对，足见庶仆纳课早已成例。敦煌写本《开元户部格残卷》中有武则天万岁通天元年敕，称："官人执衣、白直若不纳课，须役正身……其州县杂职缘公廨役使，情愿出课者，亦准白直例。"[2] 杂职都可以纳课，更反映出执衣、白直纳课的普遍性。

从上述四种结构来看，中唐时期色役的财政收入性特征要多于其赋役使役性特征。因为色役役名空壳化不断加剧，除了屯丁、水手这种用役较为稳定外，很多色役不断走向长上和雇役，这意味着纳资课者的增加，相应的现役不断萎缩。最终，纳资课者成为色役的主体，这也是色役不断被中央政府减省的原因。

（二）开元、天宝时期色役的减省

值得注意的是，色役减省早在中宗神龙元年的即位赦文中就已经出现，史载："顷者户口逃亡，良田差科繁剧，非军国切要者，并量事停减。……其诸司官员，并杂色役掌〔闲〕、幕士、门役之徒，兼音声之人及丁匠等，非灼然要籍，并量事减省，所司速为条制。"[3] 此处，"非灼然要籍"就是指诸司法定色役之外的纳课人员，这说明唐中央已经注意到诸司色役的伪滥，开始减省冗余人员。至开元时期，对色役的限制和减省开始逐步增多。如开元二十二年五月敕中对服色役者开始限制："其杂匠及幕士并诸色同类有番役合免征行者，一户之内，四丁已上，任此色役不得过两人；三丁已上，不得过一人。"[4] 大规模色役裁减也发生在这一年。《唐六典》卷3《尚书户部》载："开元二十二年敕，诸

1　杜佑：《通典》卷35《职官十七》，第965页。
2　刘俊文：《敦煌吐鲁番唐代法制文书考释》，第280页。
3　宋敏求编《唐大诏令集》卷2《中宗即位赦》，第7页。唐长孺认为掌后脱漏"闲"字，见氏著《唐代色役管见》，《山居存稿》，第169页。
4　王溥：《唐会要》卷83《租税上》，第1533页。

司繁冗，及年支色役，费用既广，奸伪日滋。宜令中书门下与诸司长官量事停减冗官及色役、年支、杂物等，总六十五万八千一百九十八，官吏稍简而费用省矣。"[1] 可见，这次色役停减是与裁减冗官同时进行的，但总数六十五万八千一百九十八，涵盖了年支、杂物，没有具体的色役数字。不过《唐会要》中有类似的记载："开元二十三年，敕以为天下无事，百姓徭役务从减省，遂减诸司色役一十二万二百九十四。"[2] 虽然此处为开元二十三年敕，但如此大规模的裁减不可能频繁到两年连续两次，实际应属于同一次裁减。这次裁减诸司色役 120294 人，由于属于中央诸司色役，人数还是很多的。到开元二十九年（741），唐玄宗再次下敕称："天下诸州，委刺史县令加意劝课，仍令采访使勾当，非灼然要切事，不得妄有追扰。其今月诸色当审 [番] 人，有单贫老弱者，所司即拣择量放营农，至春末已来，并宜准此。"[3] 虽然本意是劝课农桑，但对当月诸色当番人进行放免，也反映出对色役的减省政策。又玄宗天宝五载三月二十日的诏敕中云："郡县官人及公廨白直，天下约计一载破十万丁已上，一丁每月输钱二百八文。每至月初，当处征纳，送县来往，数日功程，在于百姓，尤是重役。其郡县白直，计数多少，请用料钱，加税充用。其应差丁充白直，望请并停，一免百姓艰辛，二省国家丁壮。"[4] 前者削减的是中央诸司的色役，而这次是郡县色役，白直达到 10 万丁，其数额也很惊人。

值得注意的是，在裁减色役的同时，色役承担者的身份也发生了变化。以三卫为例，由于色役带有身份特征，天宝之前，所需三卫现役应以留役为主，因为此时三卫还是由品子充当。但天宝以后，充当三卫者身份有所改变。《新唐书》称："武德、贞观世重资荫……其后入官路艰，三卫非权势子弟辄退番，柱国子有白首不得进者。流外虽鄙，不数

1　李林甫等：《唐六典》卷 3《尚书户部》，第 80 页。

2　李林甫等：《唐六典》卷 3《尚书户部》，第 76 页。

3　王钦若等编《册府元龟》卷 70《帝王部·务农》，第 790 页。

4　王溥：《唐会要》卷 91《内外官料钱上》，第 1655 页。

年给禄禀，故三卫益贱，人罕趋之。"[1] 可见，三卫入仕困难，品官子弟不愿再充当三卫，与此同时，色役身份制开始松动。天宝十一载（752）有人上言："幕士、供膳、掌闲并杂匠等，比来此色，缘免征行，高户以下例皆情愿。自今已后有阙，各令所由，先取浮逃及无籍实堪驱使人充使。"[2] 玄宗委御史中丞都充勾当，可见该建议被采纳并实施。身份制的变化对三卫影响颇大。从大历时期常衮《放京畿丁役及免税制》中能发现三卫身份的变化，史称："其诸司诸使丁役及夫匠、掌闲、三卫、矿骑等户，多非正丁，皆率贫弱，顷虽减省，犹虑艰辛。宜委中书门下即各与本司计会，如灼然须役正身者，具所要色目事由闻奏。除此之外，商量和雇。并百姓先出资者，并官出钱充资。"[3] 此处谈及"多非正丁"，这与天宝时期幕士等"取浮逃及无籍"者契合。色役现役者由客户来担任，会出现两个后果。其一是原有正丁服色役者向纳资课者转化，正役改为雇佣；另一个后果是正丁服色役者被减省。从开元和天宝时期色役发展来看，这两种趋势在一定程度上都存在，它导致色役现役的萎缩。

促成色役现役萎缩的因素中，除身份制松动外，还有色役内部不同色役名目之间的配充，这也在一定程度上起到减轻现役使用的作用。如天宝八载十一月敕称："卫尉幔幕毡褥等，所由多借人，非理损污，因循日久，为弊颇深。爰及幕士，私将驱使，并广配充厅子马子，并放取资，近今推问，事皆非缪。今后其幔幕毡褥等，辄将一事借人，并同盗三库物科罪，并使幕士与人张设。及自驱使，擅取放资，计受赃数，以枉法论。其借人及借与人等，六品已下非清资官，决放，余听进止。仍委左右巡使常加纠察。"[4] 幕士被配厅子、马子，甚至擅自放免取资。朝廷下诏敕禁止，说明这种现象比较严重，甚至在其他色役中也

1　《新唐书》卷 49 上《百官志上》，第 1281~1282 页。
2　王溥：《唐会要》卷 65《卫尉寺》，第 1139 页。
3　董诰等编《全唐文》卷 414《放京畿丁役及免税制》，第 4244 页。
4　王溥：《唐会要》卷 65《卫尉寺》，第 1139 页。

存在。

此外，将作为百官俸料的色役完全舍身纳课，也是导致色役减省以及现役消失的重要因素，前述 10 万白直被裁减即与此相关。对此，学者多有论述。[1] 以下尝试做一补充解释。

色役是唐代政府将特定的劳动力配给各机关或官吏供其使用的一个役种，通过资课的代役金形式转化为财政收入，但就其形成财政收入的流向上看，并不像庸那样完全形成国库收入。色役所纳资课分别纳于国家、中央诸司、官吏个人和地方政府。纳于国家的，形成国库收入；纳于中央诸司和地方官府的，变成了各自的公廨钱；而纳于官吏个人的，则是官吏俸禄的一部分。在色役转化为资课之前的现役阶段，国家实际上是一次性地将色役分配给官府和个人。如果从财政收支角度来考虑，这既是支出的过程，同时也是收入的过程，即"收支一体"。可见，色役在现役阶段与唐前期国家财政统收统支原则截然不同。但是，色役允许纳资课改变了这种局面。

最初国家禁止色役收代役金，如配给地方官府和官员的白直、执衣，"止合供身驱使，据法不合收庸，而收庸直，亦坐赃论"。[2] 不过，从这条唐代法律也可以看出，各级官府和官吏个人存在对色役私自征收资课的现象。后来，唐廷不得不妥协，允许部分色役纳资代役，正所谓"别格听收庸直者，不拘此例"。[3] 色役纳资课的特例一开，于是渐趋普遍。前文已经谈到，色役在现役阶段由于不能形成财政收入，因而并未纳入国家财政统收统支的范围。随着色役形式转向纳资课，国家财政对色役收入的觊觎就表现出来了。首先被纳入国家财政管理的是勋官和部分散官的色役纳资。如勋官、四品以下的散官、上柱国和柱国子、五

1　王永兴：《"开皇之治"与"贞观之治"——王永兴说隋唐》，第 225~233 页；李春润：《略论唐代的资课》，《中华文史论丛》1983 年第 2 辑，第 56 页；李春润：《唐开元以前的纳资纳课初探》，《中国史研究》1983 年第 3 期；黄惠贤、陈锋主编《中国俸禄制度史》，第 182 页；李锦绣：《唐代财政史稿》上卷，第 531~571 页。

2　长孙无忌等：《唐律疏议》卷 11 "役使所监临"条，第 225 页。

3　长孙无忌等：《唐律疏议》卷 11 "役使所监临"条，第 225 页。

品以上散官的子孙，虽然被要求到吏部、兵部番上，但实际上并不属于任何的官司，也没有明确的职掌，他们的代役金便被直接纳于国库。同时，以现役配给各级官府和官吏个人的色役，纳资课后也被纳入国家财政的统一管理之下。《通典》卷35《职官·禄秩门》载："贞观十二年，罢公廨，置胥士七千人，取诸州上户为之。准防阁例而收其课，三岁一更，计员少多而分给焉。"[1] 可见，防阁是比较早被允许纳课的色役之一。防阁散出于诸州，所收课钱由基层诸州完成，那么，这部分课钱由基层直接配给官吏还是由国家财政统一支配呢？目前尚未有直接史料的揭示。不过，稍后贞观十五年（641）品子课钱的出现能让我们从中窥其端倪。《唐六典》卷5 "兵部郎中员外郎" 条载："凡王公已下皆有亲事、帐内，（六品、七品子为亲事，八品、九品子为帐内。）限年十八已上，举诸州，率万人已上充之。（亲王、嗣王、郡王、开府仪同三司及三品已上官带勋者，差以给之。并本贯纳其资课，皆从金部给付。）"[2] 这里重要的是 "本贯纳其资课，皆从金部给付"，说明亲事、帐内类资课是地方征缴，然后上缴国库，享受配给亲事、帐内待遇的官员其收入由中央财政机关金部统一拨付。由此可见，对官吏俸禄类色役的资课，国家通常的做法是将其纳入国家财政的统收统支范围中。防阁类资课可能很早就开始实行了。到开元二十四年，内外官料钱中色役归入月俸，因此，品官所配防阁、庶仆人数与纳课钱也被配入官员的月俸中，具体见表 4-1。

表 4-1　品官所配防阁、庶仆人数与料钱

官员品级	应配防阁、庶仆人数	月俸中防阁、庶仆类料钱
一品	防阁 96 人	二十千文
二品	防阁 72 人	十五千文

1　杜佑：《通典》卷35《职官十七》，第963页。
2　李林甫等：《唐六典》卷5《尚书兵部》，第155~156页。

续表

官员品级	应配防阁、庶仆人数	月俸中防阁、庶仆类料钱
三品	防阁38人	十千文
四品	防阁32人	六千六百文
五品	防阁24人	五千文
六品	庶仆12人	二千二百文
七品	庶仆8人	一千六百文
八品	庶仆3人	六百二十五文
九品	庶仆2人	四百一十七文

资料来源：上述品官配防阁、庶仆的人数来自李林甫等《唐六典》卷3《尚书户部》。

在该史料中，还注有"其防阁、庶仆、白直、士力纳课者，每年不过二千五百"。可见，开元二十四年官俸改革是将旧官员的力禄全部变为每月料钱的形式，原来色役"收支一体"的色彩被进一步淡化了。尽管这次改革仅涉及防阁、庶仆，但估计与防阁、庶仆同类的其他作为官员力禄的色役也采用了这种形式。如配给郡县官员的白直，天宝五载三月二十日的诏敕中称："郡县官人及公廨白直，天下约计一载破十万丁已上，一丁每月输钱二百八文。每至月初，当处征纳，送县来往，数日功程，在于百姓，尤是重役。"[1] 由此可见，白直在天宝五载以前已经按月纳课。白直两番上下，代役钱以往年课和季课，而此处月课的出现说明它与防阁、庶仆一样变成官员俸料钱的一部分了。国家财政对色役收入的统收统支管理，使色役原有"收支一体"的人身现役特征逐渐淡化，税的属性开始凸显，特别是官员俸料钱制度的改革更加促使大量色役向赋税转变。其结果，作为官员俸料钱的色役被中央财政吸纳，进而为中央减省色役提供了条件。

1　王溥：《唐会要》卷91《内外官料钱上》，第1655页。

二　唐肃宗和代宗时期的色役整顿

安史之乱动摇了唐王朝以"丁身为本"的赋役秩序，色役征派也面临严峻考验。为了维持国家机器的运转，肃宗、代宗在积极平叛、稳定朝局的同时，也因应财政形势的变化，对色役的征役规模、用役方式加以整顿。

（一）肃、代时期色役的减省

唐朝赋役制度得以推行的关键是户口版籍，但安史之乱发生后，生灵涂炭，百姓逃亡，严重冲击了唐王朝户籍的根本，史称："海内波摇，兆庶云扰，版图臕于避地。"[1]据统计，唐肃宗乾元三年（760），户口已从天宝时期的 900 余万下降为 193 万。[2]这使中央诸司色役人，包括现役与纳资者都不同程度减少，色役制度难以为继。同时，原有色役蠲免制度既占据农业人口，也妨碍兵士的征派。因此，唐肃宗和代宗时期被迫对色役做进一步减省。

早在肃宗乾元元年（758）南郊赦文中就称："天下百姓除正租庸外，一切不得别役。……其州府县门夫勋官，并于旧额数减一半。其庸丁残疾人等，不须更差。其州县官新上什物，并以公廨及官人料钱，依时价和雇造买，不得分配典正。"[3]此处将门夫勋官旧额削减一半。上元二年德音中亦要求："诸色番役，各令所司减省，放其营农。"[4]到代宗宝应元年（762）四月，颁敕再次强调："近日已来，百姓逃散，至于户口，十不半存。今色役殷繁，不减旧数，既无正身可送，又遣邻保祗

1　《陆贽集》卷 22《均节赋税恤百姓六条·其一论两税之弊须有厘革》，王素点校，中华书局，2006，第 719 页。

2　王溥：《唐会要》卷 84《户口数》，第 1551 页。

3　宋敏求编《唐大诏令集》卷 69《乾元元年南郊赦》，第 383~384 页。

4　宋敏求编《唐大诏令集》卷 84《以春令减降囚徒德音》，第 481 页。

承，转加流亡，日益艰弊。其实流亡者且量蠲减，见在者节级差科，必冀安存。庶为均济。"[1] 但此时戎马倥偬，其成效不得而知。到广德元年，此时安史之乱已经彻底平息，再次下敕减省色役，《南郊赦文》中称：

> 其京城诸司诸使应配彍骑官、散官，诸色丁匠、幕士、供膳、音声人、执祭、斋郎、问事、掌闲、渔师，并诸司门仆、京兆府骑丁、屯丁，及诸色纳资人，每月总八万四千五十八人数内，宜每月共支二千九百四十四人，令河东关内诸州府配。不得偏出京兆府，余八万一千一百一十四人并停。所须卫役使宜撙节定数，官给资钱，不得干扰百姓。[2]

这次对色役的减省是在人口流亡、户籍紊乱、国家在籍纳税人口减少等复杂背景下进行的。将原来八万多色役人减为不到三千人，反映出对色役减省的力度。之所以如此，是因为开天之际中央各司色役中现役就比较少，这有路途遥远导致服役不便，也有中央各司很多色役需要更专业的人员等原因，导致大量服色役者都是纳资代役，故中央主要依靠长上或雇役来保证色役的需求。而安史之乱后，户籍混乱，人口减少，中央依靠地方输送服役人员也比较困难，故有被迫减额之举。

（二）肃、代时期色役走向雇役的倾向

此时对色役的大规模裁减主要针对纳资课者，在这方面，此次卫尉寺对幕士的整顿可见一斑。《唐会要》卷65《卫尉寺》称："其年（广德元年）卫尉寺奏：'当寺管幕士，总八百六十九人，其七百八十九人停，八十人依旧，定四十人长上幕士，本司招补，不差百姓。并请依旧定四十人，减外请留。其幕士申请停差，每人每月别官给钱三千五百文，

---

1 王溥:《唐会要》卷85《逃户》，第1565页。
2 董诰等编《全唐文》卷49《南郊赦文》，第541页。

付本司通勘处置。共据计一年当一千六百八十贯文。彍骑先支五人，本司既有幕士充勾当，彍骑请停。'敕旨依奏。"[1]唐长孺对该条史料的解释为："幕士总额大致与《六典》所载相当。当时实际需要只八十人，可知不役纳资人是非常多的。至于国家甘愿放弃这笔资课收入，当然由于使纳资人归州县，承担赋役，对国家更为有利。据当时奏文，幕士八十人中四十人召募长上，每人每月官给钱三千五百文，实是和雇。其他减留下来的四十人可能仍是番上纳资。"[2]前已谈到，安史之乱以后，户口凋残，故国家将色役定额由八万多减到不到三千，这固然有唐先生所说，保护府县色役的初衷，但实际上也是因地方已无法征派这么多的现役或纳资人口。从渔师长上与色役人 1∶12 的比例来看，40 人幕士长上，如果由纳资人承担，大概得 500 人，而此次幕士仅定员 80 人，故长上者雇役由"别官给钱"来承担，这也是前面南郊赦文中"所须卫役使宜撙节定数，官给资钱，不得干扰百姓"[3]的实践。这也从侧面反映出广德二年改革之所以能够达到大规模减免色役的目的，是因为使用长上人员承担现役，而国家又负责了长上者的资钱。至于另外四十人，并非纳资，而是属于轮番的现役人员，他们有别于"卫役"，可能是各司行政人员的补充。

广德元年为 763 年，此时安史之乱已经结束，唐王朝开始制度重建，这次改革的目的是在保留现役的基础上，削减纳资课者，使其回归地方州县支配。此时，官定力役义务已经完全变为纳庸形式，与其相关的实际力役征派变为官府出钱雇佣。如前述肃宗乾元元年南郊赦文中"天下百姓除正租庸外，一切不得别役"，[4]透露出不能再征发力役，包括杂徭。这种情况在大历五年（770）五月十五日敕文中也有体现。史载："应准敕供百官丧葬人夫、幔幕等。三品以上，给夫一百人；四品、五

1　王溥：《唐会要》卷 65《卫尉寺》，第 1139~1140 页。

2　唐长孺：《唐代色役管见》，《山居存稿》，第 191 页。

3　董诰等编《全唐文》卷 49《南郊赦文》，第 541 页。

4　宋敏求《唐大诏令集》卷 69《乾元元年南郊赦》，第 383 页。

品，五十人；六品以下，三十人。应给夫须和雇，价直委中书门下文计
处置。其幔幕，鸿胪卫尉等供者，须所载幔幕张设人，并合本司自备。
如特有处分，定人夫数，不在此限。"[1]关于敕文中"应准敕供百官丧葬
人夫"与后面"应给夫须和雇"的关系需要说明，因为唐前期有营墓
夫，属于官给杂徭，或可理解为除上述人夫外，还需和雇者由中书门下
处置。当然，"应给夫须和雇"似乎说得也很明显，就是上述人夫需要
和雇。对此，吴丽娱联系宋令进行了解析。她认为这里的人夫来源已经
说明是和雇，而不是差科制度下的营墓夫。宋令中已经取消五品官以上
给人力，改为雇佣人徒，并引用《庆元条法事类》卷77《服制令》予
以佐证。[2]故由此可以看出，力役全面雇佣实际上在肃代时期已经开始，
两税法中"新旧征科色目，一切停罢。两税外辄别配率，以枉法论"，[3]
也是对这一时期役制的确认。庸被纳入财政，再使用人力需雇佣，那
么，原来已被纳入财政的资课呢？代宗大历五年，"（郭）子仪自泾阳领
仆固名臣入奏，回纥进马，及宴别，前后赍缯彩十万匹而还。时帑藏空
虚，朝官无禄俸，随月给手力，谓之资课钱。税朝官闰十月、十一月、
十二月课以供之"。[4]这里的手力资课钱，已经不是原来的防阁或白直等
课钱，而是官府随月给官员的俸禄手力课钱。正因为如此，在财政无着
之时，才能把官员月手力课钱挪以他用。京官有手力课钱，地方官员也
有这笔钱，只是被笼统包含在俸料中。如大历十二年（777）五月中书
门下厘革诸道观察使团练使及判官料钱，观察使"每使每月请给一百贯
文，杂给准时价不得过五十贯文"，观察判官以下乃至州县官吏只有料
钱，并特别指出"其旧准令月俸杂料纸笔执衣白直，但纳资课等色，并
在此数内"。[5]由此可见，中唐时期被纳入中央财政的资课都化为了官府

1　王溥:《唐会要》卷38《葬》，第694页。

2　吴丽娱:《关于〈丧葬令〉整理复原的几个问题——兼与稻田奈津子商榷，杜文玉主编《唐
　　史论丛》第12辑，三秦出版社，2010，第75页。

3　王溥:《唐会要》卷78《黜陟使》，第1419页。

4　《旧唐书》卷195《回纥传》，第5206~5207页。

5　王溥:《唐会要》卷91《内外官料钱上》，第1659页。

的支出项。

与此同时，对色役现役或继续减省，或采用纳资形式，其最终目的是实现所有现役的雇役形式。如大历八年（773）正月诏："诸色丁匠如有情愿纳资课代役者，每月每人任纳钱二千文。"[1] 大历时期常衮《减征京畿丁役等制》载："访闻诸司或有征课，比缘时俭，资数稍多，物估皆贱，不可仍旧。其掌闲、骥骑、三卫及桥堰丁匠，如有司顷征资，并纳钱三千、米六斗。"[2] 上述丁匠，还有掌闲、骥骑、三卫等在肃宗和代宗广德时期大量裁减后，留下的主要是现役色役，然而，能够看到大历时期，这些现役仍旧采取纳资形式。其结果只能是大部分色役逐渐被长上和纳资者取代，早期色役由萎缩走向消失。

三　两税法以后新色役的出现与中央的控制

两税法以后，减省色役仍然是立法的指向。唐德宗《平朱泚后车驾还京大赦制》中规定："应在京百司色役人及流外等，委御史大夫即与诸司官长吏审拟，据见所掌事之闲剧，定额闻奏。仍挟名送中书门下，务从减省，副朕忧人。以后应须署置，并定名先奏，仍永为恒式。"[3] 此次减省色役后力求形成定额。宪宗《南郊赦文》中也提及"京兆府诸司色役人，各令条流简省"。[4] 但两税法以后所减省的不仅仅是旧有百司色役，还有新的诸军、诸使色役。

（一）两税法以后新色役的出现

关于新的色役户，陈明光认为其属于中央军政部门直接控制的各种职役人户，他将其分为七类，即捉钱户、禁军纳课户、供应户、诸使诸

1　王钦若等编《册府元龟》卷 487《邦计部·赋税一》，第 5832 页。

2　宋敏求编《唐大诏令集》卷 111《减征京畿丁役等制》，第 579 页。

3　李昉等编《文苑英华》卷 431《平朱泚后车驾还京大赦制》，中华书局，1966，第 2185 页。

4　董诰等编《全唐文》卷 63《南郊赦文》，第 673 页。

军司在乡村及坊市店舍的经纪人、盐铁等三司下属机构的吏员和商人、中央机构与宫廷的职役以及大量百姓承担的特殊役户。[1]陈先生在此仅是分类列举，未做展开分析，实际有些色役是唐前期色役的延续，如捉钱户、杂色工匠、太常乐人和屯丁等。其中杂色工匠、太常乐人和屯丁都是不断削减后的遗留，而捉钱户在唐后期还有扩大的趋势，正如王仲荦所指出的那样，"两税法实施以后，一切苛捐杂税，大都并入两税，唯独内外诸司诸使公廨本钱，依旧存在……可见诸司公廨本钱，终唐之世，一直没有废除"。[2]故对于这些两税法以后新衍生的色役，笔者尝试在前人的基础上进一步解析。

捉钱户作为唐朝官府放贷充公廨本钱的依赖人群，在唐前期就已存在，但在唐后期，无论放贷机构、使用范围还是捉钱人员都在扩充。如唐肃宗乾元元年南郊赦文中称："其长安、万年两县，各借一万贯，每月收利，以充和雇。其别敕索物，及供诸司并蕃客等，左藏虽给价直，奏请每引时月，宜先给两县各五千贯，贮于两市，差官专知，旋还价直。"[3]这是特殊情况下的基层属县放贷，其使用也不是公廨开支，而是充和雇和补充中央别敕索物及供诸司并蕃客等的缺额。这种情况并非唐后期特例。如唐武宗会昌元年（841）正月赦节文称："每有过客衣冠，皆求应接行李，苟不供给，必致怨尤。刺史县令但取虚名，不惜百姓。夫畜皆配民户，酒食科率所由，蠹政害人，莫斯为甚！宜委本道观察使条疏，量县大小及道路要僻，各置本钱，逐月收利。或前观察使、刺史前任台省官，不乘馆驿者，许量事供给其钱，便以留州留使钱充。每至季冬申观察使，如妄破官钱，依钱料配，并同入己赃论。仍委出使御史纠察闻奏。"[4]该赦文要求全国各县都置本钱收利，来供应前官路费和酒食等钱。同年六月，河中晋、绛、慈、隰等州观察使孙简奏："准赦书

1　陈明光：《唐代两税法时期中央与地方对"差役"的分割》，《社会科学家》1986年第2期。

2　王仲荦：《隋唐五代史》，中华书局，2007，第266页。

3　宋敏求编《唐大诏令集》卷69《乾元元年南郊赦》，第383~384页。

4　王钦若等编《册府元龟》卷160《帝王部·革弊二》，第1932页。

节文，量县大小，各置本钱，逐月四分收利，供给不乘驿前观察使刺史、前任台省官等。晋、慈、隰三州各置本钱讫，得绛州申称无钱置本。令使司量贷钱二百贯充置本，以当州合送使钱充。"[1]最终"敕旨宜依，仍付所司"，通过了这一申请。由此可以看出，唐后期通过放贷取息来弥补财政缺口成为一种惯常的做法。

当然，充当公廨本钱依然是放贷取息的主要取向。同时，除县一级，府州与中央各司放贷取息也颇为普遍。如府州级，史载："（会昌元年）四月，河南府奏：'当府食利本钱，出举与人。'敕旨：河南府所置本钱，用有名额，既无别赐，所阙则多。宜令改正名额，依旧收利充用。"[2]

关于诸司食利本钱，唐德宗贞元十二年，御史中丞王颜奏：

简勘足数十王厨（二十贯），十六正宅（三百九十二贯八百二十五文），门下省（三千九百七十贯四十文），中书省（五千九百九十八贯），集贤院（四千四百六十八贯八百文），崇玄馆（五百贯文），弘文馆（七百二十六贯二百文），太清宫（一千贯文），史馆（一千三百一十贯四百文），尚书都省（一万二百一十五贯二百三十八文），吏部尚书铨（三千一百八十二贯二十文），东铨（二千四百四十五贯三百一十文），西铨（二千四百三十三贯六百六十一文），南曹（五百八十贯文），甲库（二百八十四贯六十五文），功状院（二千五百贯文），流外铨（三百贯文），急画（五百贯文），主事（五百贯文），白院（五千六百二十三贯文），考功（一千五百二十六贯一百九十五文），司勋（二百二十八贯文），兵部（六千五百二十贯五百五十二文），户部（六千贯五百五十六文），工仓部（四百二十七贯三百三十文），兵

1　王溥：《唐会要》卷93《诸司诸色本钱下》，第1686页。

2　王钦若等编《册府元龟》卷508《邦计部·俸禄四》，第6093页。

部（三百贯文），刑部（六千贯文），礼部（三千五百二十八贯五百三十七文），工部（四千三百二十贯九百五十九文），御史台（一万八千五百九十一贯文），东都御史台（五千贯文），西京观察使（五千四十六贯八百五文），三卫使（五百贯文），军器使（二千一百九十一贯一百三十文），监食使（七十四贯五十文），秘书省（四千七十贯文），殿中省（二百三十八贯五百文），太常寺（一万四千二百五十四贯八百文），太常礼院（一千七百贯文），光禄寺（一千五百六十六贯文），卫尉寺（一千二百四贯八百七文），宗正寺（一千八百八十四贯文），大理寺（五千九十二贯八百文），太仆寺（三千贯文），鸿胪寺（六千六百五贯一百二十九文），司农寺（五千六百五贯二百八十二文），大仓诸色共（〔四千〕七百八十七贯四百三十四文），太府寺（二千二百八十一贯六百三文），左藏库将作监（七百贯文），少府监（六百七十八贯七百文），中尚（七百七十贯文），国子监（三千三百八十二贯三百六十文），詹事府（一千七百一十六贯七百三十二文），家令寺（七百八十七贯九百文），仆寺（四百贯文），左春坊（一百八十四贯六百文），右春坊（二百八十贯文），崇文馆（八百一十贯文），司天台（二百八十贯文），皇城留守（一千二百三十四贯八百文），右金吾卫（九千贯文），右金吾引驾仗（三千三百六十九贯文），右街使（一千八百六十贯八百三十文），左金吾卫（九千九贯五百文），左金吾引驾仗（六千一百二十贯文），左街使（三千九百一十六贯三百八十文），总监（三千贯文），京兆府（四万八千八百八十九贯二百二十四文），京兆府御递院（二千五百贯文）。[1]

文中各机构后括注的钱数是食利本钱，其设置目的就是收利作为厨食

1　王钦若等编《册府元龟》卷 506《邦计部・俸禄二》，第 6081 页。

钱，因为就在贞元元年（785）五月，礼部尚书李齐运奏："当司本钱至少，厨食不免阙绝，请准秘书省大理寺例，取户部阙职官钱二千贯文充本收利，以助公厨。"[1] 可见，通过食利本钱助公厨已经成为惯例。值得注意的是，从中书、门下省到各部、各司都有食利本钱。对于这些机构，元和九年（814）十一月的户部奏文还可以进一步补充：

　　"准八月十五日敕，诸司食利本钱，出放已久，散失颇多。各委本司勘会，其合征钱数，便充餐钱。若数少不充，以除陌五文钱，量其所欠添本出放者，令准敕各牒诸司勘会，得报据秘省等三十二司牒，应管食利本钱物五万三千九百五十二贯九百五十五文（各随司被逃亡散失，见在见征数额，与元置不同。今但据元置数额而已）：秘书省（三千三百八十四贯五百文），太常寺（六千七百二十二贯六百文），光禄寺（一千二百九十九贯六十四文），宗正寺（一百一十七贯九十五文），卫尉寺（一千二百五十贯九百文），太仆寺（一千九贯五百文），太［大］理寺（五千九百二十四贯七百四十文），鸿胪寺（二千六百六十贯文），司农寺（二千七百三十五贯七百七十文），大［太］府寺（一千五百八贯九百文），殿中省（九百九十贯五百五十文），詹事府（一千一百九十一贯三百七十七文），国子监（二千六百四十四贯二百五十文），少府监（一千三百三十四贯七百三十一文），将作监（一千六百一十七贯文），左春坊（一千三百八贯七百七文），右春坊（一千贯文），司天台（三百八十贯文），家令司（一千八百一十贯七百文），太仆寺（四百三十六贯六百五十文），总监（二千六百七十二贯文），左藏库（六百二十贯文），尚食局（三百三十八贯文），尚舍局（三百七十四贯三百文），尚辇局（一百贯文），太仓（二千四百一十五贯六百八十一文），内中局

1　王钦若等编《册府元龟》卷506《邦计部·俸禄二》，第6077页。

（六百三十六贯二百文），万年县（三千四百贯六百文），长安县
（二千七百四十五贯四百三十三文），左卫（五百四十贯文），左司
御帅［率］府（二百四十贯文），右司御率府（一百贯文）。"敕宜
更委御史台子细简勘，具合征放钱数及量诸司闲剧人日加减，条
流奏闻。[1]

上述诸司包括秘书省以下三十二司，从司天台以下多是贞元十二年所录
中未见的机构。长安和万年两县也包括在诸司中，可能是两县治所都在
长安城中的缘故。从前文论述可知，唐代后期食利本钱被用来补充各种
经费，当然核心是厨食。从设置机构来看，中央从中书、门下到各部、
各司，地方从都督府、州府县都有设置。

　　食利本钱分布之广的背后，是捉钱人群体的庞大。因为每一个机构
的食利本钱都需要有一定数量的捉钱人去放贷收息，然后回充各机构来
支付厨食或和雇等费用。如中书和门下两省，史载："元和二年（807）
六月，中书门下上言：'圣政维新，事必归本，疏理五坊户色役，令府
县却收，万民欣喜，恩出望外。臣等敢不厘革旧弊，率先有司，其两省
纳课陪厨户及捉钱人，总一百二十四人，望令归府县色役。'敕旨，从
之。"[2]此处两省纳课陪厨户数额不可考，故总计 124 人中捉钱人占多大
比例难以知晓。唐文宗开成四年（839）六月，宰臣李珏奏："堂厨食利
钱一千五百贯文，供宰相香油蜡烛，捉钱官三十人，颇扰百姓。今勘文
书堂头，共有一千余贯，所收利亦无几。臣欲总收此钱，用自不尽，假
令十年之后，更无此钱，直令户部供给亦得，两省亦有此钱。臣亦欲商
量，共有三百余人，在外求利，米盐细碎，非国体所宜。"[3]但此处的堂
厨食利钱是中书门下体制下政事堂的食利本钱，唐后期政事堂与中书
省和门下省是分开的。史料记载有捉钱官 30 人，在外求利者 300 余

1　王钦若等编《册府元龟》卷 507《邦计部·俸禄三》，第 6085~6086 页。
2　王溥：《唐会要》卷 93《诸司诸色本钱下》，第 1679 页。
3　王溥：《唐会要》卷 93《诸司诸色本钱下》，第 1685 页。

人，实际捉钱官是管理食利本钱的捉钱令史，而捉钱人是在外求利者。可见，宪宗时期两省纳课陪厨户和捉钱人总共 124 人，而文宗时期政事堂的捉钱人为 300 余人，人数都不算少。

与其类似的还有御史台所需的捉钱人。唐宪宗元和十一年（816）九月，东都御史台奏："当台食利本钱，从贞元十一年（795）至元和十一年，息利十倍以上者二十五户。从贞元十六年至元和十一年，息利七倍以上者一百五十六户。从贞元二十年（804）至元和十一年，息利四倍以上者一百六十八户。伏见去年京畿诸司本钱并条流甄免，其东都未蒙该及者。窃以淮寇未平，供馈尚切，人力小弊，衣食屡空。及纳息利年深，正身既没，子孙又尽，移征亲族旁食，无支族散征诸保。保人逃死，或所籴代纳，纵有厘老孤独，仰无所依。立限逾年，虚系钱数，公食屡阙，人户不堪。伏乞天恩，同京诸司例，特甄减裁下。"[1] 这里谈及御史台所设捉钱人的情况，值得注意的是，时间断线都截至元和十一年，利息分为三个层次，即十倍以上、七倍以上和四倍以上，捉钱人户分别为 25 户、156 户和 168 户，总计捉钱人户为 349 户。作为一个御史台机构，拥有这么多户的捉钱人，占用人力资源不可谓不多。

上述中书门下、中书省、门下省以及御史台都属于中央决策机构，官员和吏员都相对不多，公廨食利本钱不多，而捉钱人尚处于这样的人数。若是事务性机构，则捉钱人就更多了。如元和六年（811）五月，御史中丞柳公绰奏称："今据闲厩使利钱案，一使之下已有利钱户八百余人。访闻诸使，并同此例。户免夫役者，通计数千家。"[2] 仅闲厩使一使之下就有捉钱人 800 多人。关于闲厩使，《新唐书》载："圣历中，置闲厩使，以殿中监承恩遇者为之，分领殿中、太仆之事，而专掌舆辇牛马。自是，宴游供奉，殿中监皆不豫。开元初，闲厩马至万余匹，骆驼、巨象皆养焉。以驼、马隶闲厩，而尚乘局名存而已。"[3] 可见，闲厩

1　王钦若等编《册府元龟》卷 507《邦计部・俸禄三》，第 6087 页。

2　王溥：《唐会要》卷 93《诸司诸色本钱下》，第 1680 页。

3　《新唐书》卷 47《百官志二》，第 1217~1218 页。

使属于事务性机构，所需人员较多，公廨捉钱人也自然多一些，当然也不排除宦官增加捉钱人员额求利的因素。柳公绰还谈到"访闻诸使，并同此例。户免夫役者，通计数千家"，说明诸使下捉钱人有数千人户。

以上谈的仅是捉钱人户，其占用百姓色役人就已经很多了。此外，除前文提及的五坊色役户、纳课陪厨户，还有陈明光总结的诸使诸军司在乡村及坊市店舍的经纪人、盐铁等三司下属机构的吏员和商人、中央机构与宫廷的职役以及大量百姓承担的特殊役户等。由此可知，唐后期新衍生的色役并不比唐前期少。

（二）两税法后色役的户役放免与中央的限制

服色役者在唐前期会蠲免租庸调，那么，两税法后据地出税，居户纳税，服色役者是否会有田税和户税的优惠呢？从现有史料来看，服色役者尚未有这方面的蠲免待遇，但在役的方面，服色役者可免除户内的杂差遣夫役等。关于这个问题，唐代中央政策与色役运行实践之间还有矛盾。

色役的征役对象是人，这一点唐代前后期没有差别。如前述元和二年，"其两省纳课陪厨户及捉钱人，总一百二十四人，望令归府县色役"。[1] 又元和七年（812）七月，琼林库使奏："巧儿旧挟名敕外，别定一千三百四十六人，请宣下州府为定额，特免差役。时给事中薛存诚，以为此皆奸人窜名，以避征徭，不可以许。"[2] 上述陪厨户、捉钱人以及巧儿都是按人头计算，特别是琼林库巧儿，出现"挟名"敕。关于"挟名"，出自唐德宗贞元十年（794），"京兆尹杨於陵奏：'诸军影占编户，无以别白，请置挟名。敕每五丁者，得两人入军，四丁、三丁者，差以条限。'从之"。[3] 对"挟名"，《旧唐书》有解释："先是，禁军影占编户，无以区别。自於陵请致挟名，每五丁者，得两丁入军，四丁、三丁者，

1　王溥：《唐会要》卷 93《诸司诸色本钱下》，第 1679 页。
2　王溥：《唐会要》卷 54《给事中》，第 939 页。
3　王溥：《唐会要》卷 72《京城诸军》，第 1295 页。

各以条限。由是京师豪强，复知所畏。"[1] 从对"丁"的限制能够看出，诸军诸使在用役中，以丁为对象。

那么，为什么在唐后期文献中诸军、诸使或诸司所派役多称"某某户"，蠲免也以户为单位呢？这是因为唐前期虽然也有户籍，但无论是均田制的授田还是租庸调的征课对象，都是丁，故在征役过程中，都强调丁口。尽管户在征役中有"凡差科，先富强，后贫弱；先多丁，后少丁"[2] 的差别，但从敦煌吐鲁番出土文书差科簿中能清晰地看到按丁口派役的实例。不过，两税法以后据地造籍，有土地者立户，没有土地者为客户。虽然两税法中声称"丁额不废"，[3] 然而丁口流动不居，国家很难掌握确切的人口。相比之下，据地造籍则使户系于土地之下，形成了部分稳定的户口。这样唐前期授田制自上而下的丁口统计便让位于履亩而税自下而上的户口统计。故能够看到，唐后期户税是以户内资产为对象的征税，田税虽然履亩而税，但由于也需要具体落实到某一户来征收，田税有户税特征的假象。具体到役，尽管最终服役者仍然是丁，但因为力役的雇佣化，唐后期色役盛行，包括从杂徭转化而来的夫役都需要按户等情况分别派役，故户成为唐后期派役的惯常称谓。如前述唐宪宗元和十一年九月，东都御史台奏："当台食利本钱，从贞元十一年至元和十一年，息利十倍以上者二十五户。从贞元十六年至元和十一年，息利七倍以上者一百五十六户。从贞元二十年至元和十一年，息利四倍以上者一百六十八户。"[4] 尽管捉钱人指向人丁，但统计时出现用户计的情况。

至于唐后期服色役者可免除户内的杂差遣夫役，这里面有些的确为制度规定，但有些则是具体制度执行导致的。唐后期在诸军、诸使和诸司色役中，明确可以免除户内其他杂役的，只有盐铁使下"为国贸迁"的盐户、茶户以及坑冶户。唐德宗贞元二年（786）十二月，"度支奏：

---

1 《旧唐书》卷164《杨於陵传》，第4293页。
2 长孙无忌等：《唐律疏议》卷13"差科赋役违法"条，第251页。
3 王溥：《唐会要》卷93《诸司诸色本钱下》，第1682页。
4 王钦若等编《册府元龟》卷507《邦计部·俸禄三》，第6087页。

'请于京城及畿县行榷酒之法，每斗榷酒钱百五十文，其酒户与免杂差役。'从之"。[1] 这里明确酒户免除杂差役。唐文宗大和五年（831）六月，盐铁使王涯奏："又以兴功动作，法贵均劳。坑冶州府，人难并役。其应采炼人户，伏请准元敕，免杂差遣，冀其便安。伏乞天恩，允臣所请，臣即于当使差请强官，与兖、海等道勘会。已开者，便令交领；未开者，别具条疏。"[2] 此处王涯提出坑冶户免杂差遣是"伏请准元敕"，说明该制度早有诏敕规定。唐武宗会昌二年（842）赦文称："度支、盐铁、户部诸色所由茶油盐商人，准敕例条免户内差役。天下州县豪宿之家，皆名属仓场盐院，以避徭役，或有违犯条法，州县不敢追呼。以此富屋皆趋幸门，贫者偏当使役。其中亦有影庇，真伪难分。"[3] 这里的茶油盐商人"准敕例条免户内差役"，也透露出这些商人一旦跻身度支、盐铁、户部，当户内所有差役都会免除。

除上述人员外，按照规定，其他服色役者仅能免除本身的杂差遣和夫役负担。如长庆元年（821）册尊号赦称："其京兆府百姓属诸军使者，宜令各具挟名，敕下京兆府，一户之内除已属军属使，余父兄子弟，据令式年几合入色役者，并令京兆府明立簿籍，并同百姓一例差遣。频年已有制敕〔处〕分，委京兆府举旧章条闻奏。"[4] 文中明确表明，户内除了属于诸军、诸使的色役人，其他父兄子弟要和百姓一例差遣，实际上仅免除个人的其他杂差遣负担。唐文宗大和五年十月，中书门下又上奏："应属诸使内外百司、度支、户部、盐铁在城及诸监院畿内并诸州监牧、公主邑司等将健官典所繇等，准承前例，皆令先具挟名。敕牒州府，免本身色役。自艰难已后，事或因循，多无挟名，自补置，恣行影占，侵害平人。自元和二年、长庆元年、宝历元年（825）、大和三年（829）前后赦令约勒，皆令条疏及勒具挟名闻奏。所司竟未遵行，

1　王溥：《唐会要》卷88《榷酤》，第1607页。
2　王钦若等编《册府元龟》卷494《邦计部·山泽二》，第5904页。
3　李昉等编《文苑英华》卷423《会昌二年四月二十三日上尊号赦文》，第2144页。
4　王钦若等编《册府元龟》卷90《帝王部·赦宥九》，第1077~1078页。

奸弊日深，须有厘革。"[1] 这里指出百司、三司以及其他机构的将健官典所由按规定都是免本身色役，人员比较笼统，但前述免户内其他杂役的盐茶油户应不包括在内。还有文中列举了元和二年、长庆元年、宝历元年、大和三年前后赦令，长庆元年当属这一年七月的册尊号赦。可见，对这一原则，唐廷曾屡次下诏申明。

然而，正像中书门下所言，"所司竟未遵行，奸弊日深"，实际执行中基本上一户之内所有杂役都被免除。这种情况记载很多。唐敬宗宝历元年赦文云："京畿百姓，多属诸军诸使，或户内一人在军，其父子兄弟不受府县差役，顷者频有制敕处分，如闻尚未遵行，宜委京兆府重举用。"[2] 赦文中指出往往一人在军，父子兄弟都不受府县差役，实际阖户免役。唐文宗大和三年赦称："如闻近年以来，京城坊市，及畿甸百姓等，多属州军诸使诸司。占补之时，都无旨敕，差科之际，顿异编甿，或一丁有名，则一户全免。宜委本军本使及京兆府，切加提举，准元和二年八月京兆府所奏敕及长庆元年制节文处分。"[3] 此处提及"一丁有名，则一户全免"也反映出色役一人就役，一户也被免除其他杂差夫役。又唐武宗会昌二年赦文称："京畿诸县太常乐人及金吾角子，皆是富饶之户，其数至多。今一身属太常金吾，一门书［尽］免杂差役。今日已后，只放正身一人差使，其家下并不在影庇限。"[4] 与前述类似，"一身属太常金吾，一门书［尽］免杂差役"，也指出唐后期诸司诸使诸军色役的弊端。

实际上，对于色役影庇问题，唐廷多次颁布诏敕加以限制，如对太常金吾，要求"只放正身一人差使"，这也代表了中央的政策。在此之前，"自元和二年、长庆元年、宝历元年、大和三年前后赦令约勒，皆令条疏及勒具挟名闻奏。所司竟未遵行，奸弊日深，须有厘

1　王钦若等编《册府元龟》卷 160《帝王部·革弊二》，第 1931 页。

2　李昉等编《文苑英华》卷 423《宝历元年四月二十日册尊号赦文》，第 2142 页。

3　宋敏求编《唐大诏令集》卷 71《太和三年南郊赦》，第 398 页。

4　李昉等编《文苑英华》卷 423《会昌二年四月二十三日上尊号赦文》，第 2144 页。

革"，[1] 都是从法律细节上澄清服色役或纳资者仅免正身，阖户不免。即使前述茶盐油商的户内免役，也试图明确其范围，如唐穆宗于元和十五年（820）正月即位，其赦文称："应属诸军诸使司人等，在村乡及坊市店铺经纪者，宜与百姓一例差科，不得妄有影占，如有违越，所司具所属司并其人名闻奏。如闻度支盐铁监院等所在影占当［富］商高户，庇入院司，不伏州县差科，疲人偏苦，事转不济，如有此色，仰当日勒归诸道州县。"[2] 这里将"村乡及坊市店铺经纪者"划出为国贸迁的茶盐油商之列，明确与百姓一样承担差科杂役。会昌二年赦文中规定得更为详细："自今已后，委本司条疏，应属三司及茶盐商人，各据所在场盐正额人名，牒报本贯州县，准赦文处分。其茶盐商，仍定斤石多少，以为限约。其有冒名接脚，短贩零少者，不在此限。其小铺所由，主人、牙郎、火夫、牛户，父兄子弟并在，任州县依例使例。所冀劳逸稍均，疲人苏息。"[3] 对茶盐商人，赦文要求定斛石多少，这意味着小商人被排除，同时，"冒名接脚，短贩零少者"也不符合放免规定。至于小铺所由、主人、牙郎、火夫、牛户等，估计属于城镇中专卖使役人群，根据"人难并役"，他们可能被放免其他杂役，至于父兄子弟，则不免除，即只免一身，不免一户。至会昌五年（845），再次重申："诸使诸军诸司人，在乡村及坊市店舍经纪，准前后赦文收与百姓一例差科，不得委［妄］有影占。应属官庄宅使司人户，在店内及店门外经纪求利，承前不复随百姓例差科者，从今后并与诸军诸使一例准百姓例供应差科。"[4] 再次明确乡村及坊市店舍经纪人需要与百姓一例差科，还更详细地指出那些官庄宅使司人户，在店内及店门外经营者，以前不差科者，现在也要一律准百姓例供应差科。可见，法律法规逐步走向细化。

除法律法规的明确与细化外，唐后期对色役的规制还表现为减省

---

1 王钦若等编《册府元龟》卷 160《帝王部·革弊二》，第 1931 页。

2 宋敏求编《唐大诏令集》卷 2《穆宗即位赦》，第 11 页。

3 李昉等编《文苑英华》卷 423《会昌二年四月二十三日上尊号赦文》，第 2144 页。

4 李昉等编《文苑英华》卷 429《会昌五年正月三日南郊赦文》，第 2173 页。

名额和法外征役。减省色役一直是唐廷被迫的举措，主要在于色役的免税与免役特征。两税法以后色役减省力度已经不如开天之际和肃代时期骤烈，这不仅是因为色役纳资户比之减少，还因为在两税三分的财政体制下，中央减少色役实际上是减少自己的用役空间和财政收入，故实际减省不多。如"元和二年六月，中书门下上言：'圣政维新，事必归本，疏理五坊户色役，令府县却收，万民欣喜，恩出望外。臣等敢不厘革旧弊，率先有司，其两省纳课陪厨户及捉钱人，总一百二十四人，望令归府县色役。'敕旨，从之"。[1] 此处两省纳课陪厨户及捉钱人共计 124 人被减省，这是两税法后少有的减少色役的例子。唐武宗会昌五年赦文中提及："畿内诸县乡村及城内坊市人户，不是正额食粮官健，及非工巧之徒，假以他名，诸司诸使影占纳课，其数至多，各本司厘革，凡是纳课人户，并停解送归本县，收入色役。"[2] 这里意在禁止非正额中央纳课色役，希望将其归入府县色役。实际上，该方面减省色役针对的是非正规的中央色役。换句话说，属于法外征役。而两税法以后诸司诸使和诸军色役多是非法所加，故唐廷对诸司诸使和诸军用役的合法性，特别是色役的蠲牒进行了根究。

关于蠲牒，元和六年五月，御史中丞柳公绰奏请：

> 诸司诸使应有捉利钱户，其本司本使给户人牒身，称准放免杂差遣夫役等，如有过犯，请牒送本司本使科责，府县不得擅有决罚，仍永为常式者。臣昨因奉进止，追勘闲厩使下利钱户割耳进状、刘嘉和诉被所隶分外科配等事由。因勘责刘嘉和所执牒身，所引敕文，简敕不获，牒闲厩使勘敕下年月日，又称远年文案失落。今据闲厩使利钱案，一使之下，已有利钱户八百余人。访闻诸使，并同此例。户免失役者，通计数千家。况犯罪之人，又常

1　王溥：《唐会要》卷 93《诸司诸色本钱下》，第 1679 页。
2　李昉等编《文苑英华》卷 429《会昌五年正月三日南郊赦文》，第 2173 页。

侥幸，所称捉利钱户，先亦不得本钱。百姓利其牒身，情愿虚立
保契。文牒一定，子孙相承。至如刘嘉和情愿充利钱户事鳞，缘
与人欧［殴］斗，打人头破时，便于闲厩使情愿纳利钱，得牒身
免府县科决，实亦不得本钱，已具推问奏闻讫，伏奉进止，令臣
具条流奏闻者。今请诸司诸使所管官钱户，并依台省举本纳利人
例，诸司诸使更不得妄有准敕，给牒身免差遣夫役。及有过犯，
许作府县处分。如官典有违，请必科处，使及长官，奏听进止。
其先给牒者，并仰本司使收毁。入［如］后在人户处收毁不尽，
其官典必有科责；其捉钱户，元不得本钱者，亦任便不纳利。庶
得州府不失丁夫，奸人免有侥幸。敕旨："宜依，如已经处分，后
更有执此文牒，求免差遣夫役者，便委京兆府据罪科责，仍具本
司本使名御闻奏。"[1]

从上述史料可知：第一，蠲牒的牒身是中央百司或各使职机构给具体捉
钱户和捉钱人的，里面有准放免杂差遣夫役字样；第二，牒身由捉钱户
收执；第三，牒身文字中应该有放免所依据的敕文；第四，文牒一经确
定，子孙都可以相承。

关于蠲牒的样式，《新安文献志》保留了户部的蠲牒：

> 户部牒：先锋兵马使、摄左羽林军大将军同正、赏紫金鱼袋、
> 权知歙州祁门县令吴仁欢，右可试太子洗马，赏如故；歙州营十
> 将，试太子洗马、拟歙州祁门县令、赏紫金鱼袋吴仁欢，右可试
> 郑王府司马，职赏如故；朝散大夫、前行石州长史、上柱国、赏
> 紫金鱼袋吴仁欢，右可朝请大夫、行归州长史，勋赏如故。牒：
> 得牒具前衔，后拟历任前件［衔］，须缘草窃，出生入死，躬当
> 战敌，贼平后诣阙论功，特奉恩命，除朝散大夫、石州长史，恩

---

[1] 王钦若等编《册府元龟》卷507《邦计部·俸禄三》，第6084页。

命见，今州无甄奖，差遣赋役有同白屋，比未蒙省符下州蠲免者。

刺吏部检得报官甲名同，又得刑部检报《赋役令》：文、武职事官五品已上父祖子孙、勋官二品，并免课役。又云，荫亲属免课役者，散官亦依职事例者。吴仁欢，检勘同合，牒下所由，准式仍牒知者，故牒。

贞元三年（787）三月十二日

令史王溢牒

主事赵琦

员外郎裴[1]

从户部蠲牒来看，"准式仍牒知者"说明需要牒知吴仁欢。可能这一蠲牒会发给吴仁欢，成为其收执的牒身。该牒由户部下发，有敕文的检索，有免除课役字样。这些都与前述刘嘉和案中透露出的蠲牒信息吻合。与上述蠲牒类似，五代吴越钱氏政权时期的批命也具有蠲牒性质。《请蠲免夫役状》载：

衣锦兴国军安国县西市看守宏圣王大邱陵客程仁绍。右，仁绍户税系衣锦北乡，每年先次送纳并足。且仁绍翁祖，去乾宁二年（895），蒙太祖武肃王给帖，巡看大邱陵，并及四面山林。年前后并无阙失，户内所杂色差配夫役，从前蒙押太祖武肃王批命放免，并本军台命，其祖王批命见在。今县司不委从前看守官中宏圣王大邱陵衮同一例差点，不敢辞论。且仁绍户内盐税米等，先次送纳，不敢遮欠正限。其户内杂色差配夫役甲头等，伏乞元帅大王鸿恩特降批命，念以看守大邱陵年深，不同别事，故户日夜巡看，尚忧阙违，许容下县，准前蠲免。冒犯明庭，伏候王旨，

---

1 程敏政：《新安文献志》卷96上《行实》，《景印文渊阁四库全书》，第1376册，第615页。

下县指挥。十月日。安国县西市看守宏圣王大邱陵客程仁绍上状。[1]

这里批命由当时吴越事实上的统治者钱镠签发，明确免"户内所杂色差配夫役"。由于五代时期为霸府政治，故地方割据政权取代了原中央各司，直接颁布蠲牒。

从上述蠲牒来看，蠲牒应该由所属司下发，但前提是必须有敕旨可依，特别是前述提到，需要"挟名"，但事实上各司并不遵守，私自发放蠲牒。如唐文宗大和三年赦称："如闻近年以来，京城坊市，及畿甸百姓等，多属州军诸使诸司。占补之时，都无旨敕，差科之际，顿异编甿。"[2] 大和五年十月，中书门下又上奏："应属诸使内外百司、度支、户部、盐铁在城及诸监院畿内并诸州监牧、公主邑司等将健官典所隶等，准承前例，皆令先具挟名。敕牒州府，免本身色役。自艰难已后，事或因循，多无挟名，自补置，恣行影占，侵害平人。"[3] 对于中央各司"占补之时，都无旨敕"和"多无挟名，自补置"现象，唐廷也采取了有针对性的策略，如对刘嘉和案反映出的问题，唐廷规定："今请诸司诸使所管官钱户，并依台省举本纳利人例，诸司诸使更不得妄有准敕，给牒身免差遣夫役。及有过犯，许作府县处分。如官典有违，请必科处，使及长官，奏听进止。其先给牒者，并仰本司本使收毁。入〔如〕后在人户处收毁不尽，其官典必有科责。"[4] 其主旨是对非法给牒行为进行追查，对非法所给蠲牒，要求回收，否则科罚。从大和五年中书门下上奏中所云"自元和二年、长庆元年、宝历元年、大和三年前后赦令约勒，皆令条疏及勒具挟名闻奏。所司竟未遵行，奸弊日深，须有厘革"，[5] 可以看出，中央的限制和规制效果并不明显。

1　董诰等编《全唐文》卷 898《请蠲免夫役状》，第 9379 页。

2　宋敏求编《唐大诏令集》卷 71《太和三年南郊赦》，第 398 页。

3　王钦若等编《册府元龟》卷 160《帝王部·革弊二》，第 1931 页。

4　王溥:《唐会要》卷 93《诸司诸色本钱下》，第 1680 页。

5　王钦若等编《册府元龟》卷 160《帝王部·革弊二》，第 1931 页。

　　为什么对私自颁发蠲牒行为无法禁止？为什么法律明明仅蠲免一身，却出现一户尽免？究其原因，首先是被蠲免者都是高户和富商，如元和十一年八月，右御史中丞崔从奏："前件捉钱人等，比缘皆以私钱添杂官本，所防耗折，裨补官利。近日访闻商贩富人，投身要司，依托官本，广求私利，可征索者，自充家产。或逋欠者，证是官钱，非理逼迫，为弊非一。"[1]此处指出投身捉钱者，都是商贩和富人。又唐武宗会昌二年，京畿诸县太常乐人和金吾角子，"皆是富饶之户，其数至多。今一身属太常金吾，一门书［尽］免杂差役。今日已后，只放正身一人差使，其家下并不在影庇限"。[2]而唐穆宗于元和十五年正月即位，其赦文称："应属诸军诸使司人等，在村乡及坊市店铺经纪者，宜与百姓一例差科，不得妄有影占，如有违越，所司具所属司并人名奏闻。如闻度支盐铁监院等所在影占当［富］商高户，庇入院司，不伏州县差科，疲人偏苦，事转不济，如有此色，仰当日勒归诸道州县。"[3]这里也谈到度支、盐铁院都存在影占富商高户行为。正因为社会上有这一阶层的免役需求，他们在地方上又颇具势力，故会出现非法蠲牒的发放以及放免对象范围的扩大。其次，中央各司往往将一人成役扩大到全家免役，也有推行过程中的户役取向。以捉钱人为例，虽然蠲牒仅适用于捉钱者本身，但在实际执行中，服役人存在逃死补替，这种情况下往往是本户所有人都成为承役对象。如刘嘉和案称："文牒一定，子孙相承。"[4]唐宪宗元和十一年，东都御史台奏文中也提及："（当台食利本钱）及纳息利年深，正身既没，子孙又尽，移征亲族旁食，无支族散征诸保。保人逃死，或所繇代纳，纵有厘老孤独，仰无所依。"[5]五代时期吴越程仁绍《请蠲免夫役状》中称："且仁绍翁祖，去乾宁二年，蒙太祖武肃王给

1　王溥：《唐会要》卷93《诸司诸色本钱下》，第1682页。

2　李昉等编《文苑英华》卷423《会昌二年四月二十三日上尊号赦文》，第2144页。

3　宋敏求编《唐大诏令集》卷2《穆宗即位赦》，第11页。

4　王溥：《唐会要》卷93《诸司诸色本钱下》，第1680页。

5　王钦若等编《册府元龟》卷507《邦计部·俸禄三》，第6087页。

帖，巡看大邱陵，并及四面山林。"[1] 这里翁祖应该是程仁绍的祖父，足见陵户有户内传承的特征。这种户役趋向也是阖户承役与阖户免役的内在动因。

四　唐后期的"府县色役"与州县色役之别

关于唐后期的"府县色役"，史料多有记载。但值得注意的是，有学者将"诸司色役"与"府县色役"作为划分中央色役与地方色役的标准，认为："由地方政府掌握的，地方性的色役就是'府县色役'，也称为'乡村色役'。"[2] 唐代色役的确有中央诸司色役和地方色役之别，不过用"府县色役"来代替地方色役似不妥。这是因为唐后期的府县色役实有专指，其背后是唐后期朝廷直接所辖地区与其他地方节度使所辖地区政策运行的殊异，故以下试做解析。

（一）京兆府或两京：唐后期府县色役的称谓指向

府在唐代与州郡同级，但其地位特殊，一般与皇帝驻地或皇家发祥地有关。有唐一代，出现府级建制的有十处，分别为京兆府、河南府、太原府、河中府、凤翔府、兴元府、成都府、江陵府、兴德府、兴唐府。其中，兴德府和兴唐府出现在唐昭宗时期，存在时间较短，可以略去不论。其他八府中，唐玄宗开元元年置京兆府和河南府以及开元十一年置太原府，河中府虽然开元八年（720）置，但旋即恢复蒲州建制，直到肃宗乾元时才恢复，故实际上河中府与凤翔府、成都府、江陵府都兴起于唐肃宗时期，只有兴元府产生于德宗兴元元年（784）。所以，唐后期出现的府县称谓所指，原则上八府都有可能。

不过从现有史料来看，主要涉及两京，即京兆府和河南府时用府县

1　董诰等编《全唐文》卷 898《请蠲免夫役状》，第 9379 页。

2　赵大旺：《唐五代时期的色役》，第 27 页。

称谓特别多。其中京兆府范围是府县称谓的主要对象，以下仅举几例：

> ［至德元载（756）七月］己卯，京兆尹崔光远、长安令苏震等率府县官吏大呼于西市，杀贼数千级，然后来赴行在。[1]
>
> 大历五年五月敕："承前府县，并差百姓修理桥梁，不逾旬月，即被毁拆，又更差勒修造，百姓劳烦，常以为弊。宜委左右街使勾当捉搦，勿令违犯。如岁月深久，桥木烂坏，要修理者，左右街使与京兆府计会其事，申报中书门下，计料处置。其坊市桥，令当界修。诸桥街，京兆府以当府利钱充修造。"[2]
>
> （元和）十三年（818）正月，京兆少尹知府事崔元略奏："诸司诸军诸使，追府县人吏所由，及百姓等，比来府县除贼盗外，所有推勘公事相关者，皆行公牒。近日多不行文牒，率自擒捉，禁系之后，府县方知，其中人吏所由，亦有奸猾。为无凭据，妄生推枉。又难辨明，其百姓等听被追捕，缘无公牒，多加恐动，致有逃匿。今后望降敕旨，应请诸军诸使要追府县人吏百姓等，非盗贼外，并令行移文牒，所冀官曹免相侵扰。"从之。[3]

从上述三例能看出，涉及京兆府，用的都是府县，特别是崔元略的上奏中，前后用了四次府县，说明府县一词在称谓指向上非常严谨。除了明确的京兆府外，出现"京师"或"关辅"字样的也都使用府县称谓。例如：

> 时［元和十二年（817）正月］京师里闾区肆所积，多方镇钱，王锷、韩弘、李惟简，少者不下五十万贯。于是竞买第屋以变其钱，多者竟里巷佣僦以归其直。而高资大贾者，多依倚左右

---

1 《旧唐书》卷10《肃宗纪》，第243页。
2 王溥：《唐会要》卷86《桥梁》，第1578页。
3 王溥：《唐会要》卷67《京兆尹》，第1187页。

军官钱为名，府县不得穷验，法竟不行。[1]

　　当今［建中二年（781）五月］关辅大病，皆为百司息钱，伤人破产，积于府县。[2]

　　宰相杨炎请屯田丰州，发关辅民凿陵阳渠，郢习朔边病利，即奏："旧屯肥饶地，今十不垦一，水田甚广，力不及而废。若发二京关辅民浚丰渠营田，扰而无利。请以内苑莳稻验之，秦地膏腴，田上上，耕者皆畿人，月一代，功甚易，又人给钱月八千，粮不在，然有司常募不能足。合府县共之，计一农岁钱九万六千，米月七斛二斗，大抵岁儆丁三百，钱二千八百八十万、米二千一百六十斛，臣恐终岁获不酬费。况二千里发人出塞，而岁一代乎？又自太原转粮以哺，私出资费倍之，是虚畿甸，事空徭也。"[3]

除京兆府外，河南府也存在使用府县称谓的记载，但不是很多。如宪宗元和二年六月，"癸酉，东都庄宅使织造户，并委府县收管"。[4]唐朝诗人王昌龄有《东京府县诸公与綦毋潜李颀相送至白马寺宿》[5]诗，其中亦使用东京府县称谓。还有将京兆府与河南府一并提及时使用府县称谓，或称两京时使用府县称谓。如"至天宝之初，两京用钱稍好，米粟丰贱。数载之后，渐又滥恶，府县不许好钱加价回博，令好恶通用"。[6]而唐德宗贞元八年闰十二月十七日，尚书右丞卢迈奏："伏详比部所句诸州，不更句诸县。唯京兆府、河南府，既句府并句县。伏以县司文案，既已申府，府县并句，事恐重烦。其京兆府、河南府，请同诸州，不句

1　《旧唐书》卷48《食货志上》，第2104页。

2　《旧唐书》卷149《沈传师传》，第4037页。

3　《新唐书》卷145《严郢传》，第4728~4729页。

4　《旧唐书》卷14《宪宗纪上》，第421页。

5　彭定求等编《全唐诗》卷140《王昌龄·东京府县诸公与綦毋潜李颀相送至白马寺宿》，第1427页。

6　杜佑：《通典》卷9《食货九》，第203页。

县案。"[1] 此处将府县与州县分开，而且特别指出京兆府、河南府与其他州县的差别。

涉及其他府的史料也有零星府县用法，如唐文宗开成二年（837）《诛逆人苏佐明德音》中称"鄠县渼陂、凤翔府骆谷地还府县"，[2] 但不多见。如果涉及全国，史料中多使用"州府县"或"郡府县"，如宣宗大中四年（850）称："诸道府州县官员如请公假，一月已下，而权差诸厅判官；一月已上，即准勾当例，其课料等据数每贯刻二百文，与见判按官员添给。"[3] 这里就使用州府县。而"至德二年（757）已后，内外官并不给料钱，郡府县官给半禄"，[4] 此处称郡府县是因为在这一年复州为郡。由此，更能看出唐朝中央在称呼地方机构时极其严谨。

（二）"府县色役"与州县色役运行的差异

从前面"府县色役"称谓能够看出，唐后期府县色役多指两京地区，而更集中于对京兆府的称谓上。为什么会出现这种局面呢？实际上与京兆府和中央的特殊隶属和管理体制有关。

京兆府原称雍州，据郭声波考证，"开元元年，升为京兆府，复隋旧名，以京师为西京。四年，京兆府割属京畿中央直属地区，割同州蒲城县来属，改为奉先县。二十一年，京兆府直属京畿"。[5] 说明京兆府在开元时期一直属于中央直属地区。直到安史之乱前后，京兆府曾设置或隶属节度使。这包括天宝十五载（756）曾设置京畿节度使，但不久陷落。至德二载，唐军收复长安，但似乎京畿节度使依然保留着，直到宝应元年，罢京畿节度使，京兆府直属京畿。但广德二年（764），又以京兆府置京畿观察使。建中四年（783），泾原兵变，京兆府一度隶属京

1　王溥：《唐会要》卷59《比部员外郎》，第1036页。

2　《旧唐书》卷17上《文宗纪上》，第524页。

3　王钦若等编《册府元龟》卷91《帝王部·赦宥十》，第1091页。

4　王溥：《唐会要》卷91《内外官料钱上》，第1655页。

5　郭声波：《中国行政区划通史·唐代卷》，复旦大学出版社，2012，第38页。

畿渭北节度使和京畿渭南节度使，后又隶属京畿商州节度使，直到兴元元年，唐德宗回到长安，罢京畿商州节度使，京兆府重新直属京畿。至此一直到唐亡前的天祐元年，京兆府都保持着京畿直辖状态。从上述京兆府的行政隶属进程来看，除去安史之乱和德宗时期的"二帝四王"之乱，京兆府多处于中央直接行政隶属下。唯一值得注意的是广德二年到建中四年，这20年中京兆府处于京畿观察使下。但《旧唐书》称："（广德二年正月）甲辰，复置京畿观察使，以御史中丞领之。"[1]这反映出京畿观察使是个虚职，从吴廷燮《唐方镇年表》统计来看，这一时期京畿观察使的身份多为御史中丞。[2]即使京畿节度使，查到的也仅有崔光远担任，但《旧唐书·崔光远传》称："上喜之，擢拜御史大夫，兼京兆尹，仍使光远于渭北召集人吏之归顺者。……及扈从还京，论功行赏，制曰：'持节京畿采访、计会、招召、宣慰、处置等使崔光远，毁家成国，致命前茅。可特进，行礼部尚书，封邺国公，食实封三百户。'"[3]可见，崔光远虽然是京畿节度使，同时也是京兆尹，说明京畿节度使属于京兆尹的兼职。

之所以考证京兆府与中央京畿的关系，是因为在唐两税法以后，财政三分，即留州、送使与上供。由于中央直辖京兆府，两税实际是二分，即上供和留州，同时，中央直辖京兆府，实际中央承担着节度使道一级的管理角色。而中央的政策也会因为直辖关系，在京兆府有更多直接的体现。换句话说，京兆府的征役政策和派役理念在某种程度上反映了中央的政策。[4]但唐后期，特别是两税法后，中央在财政三分后实际上把具体治税和派役权力让渡给地方，从而导致中央政令到地方后往往发生变化或被阻挠，地方自行其是，具体表现为代表中央的"府县色

1　《旧唐书》卷11《代宗纪》，第274页。
2　吴廷燮：《唐方镇年表》，中华书局，1980，第1136~1139页。
3　《旧唐书》卷111《崔光远传》，第3318页。
4　实际上，京兆府的特殊性在两税上也有体现。参见吴树国《试论中晚唐时期京兆府的两税》，《长安学研究》第4辑，科学出版社，2019，第164~173页。

役"与地方"州县色役"之间存在差异。

因正役的代役金——庸和部分色役代役金——资课已经纳入两税中征收，故要求"新旧征科色目，一切停罢。两税外辄别配率，以枉法论"。[1]如果地方再用役，则需要用两税钱雇役，这一规制在两税法颁布后被不断申明。如顺宗永贞元年（805）大赦中就称："天下诸州府，应须夫役车牛驴马脚价之类，并以两税钱自备，不得别有科配。仍并依两税元敕处分，仍永为常式。"[2]在讨灭淮西吴元济后，对割据的申州、光州和蔡州，下制曰："方当春候，务切农桑。边界之人，虑妨耕织，应缘军务所须，并不得干扰百姓。如要车牛夫役工匠之类，并宜和雇，优给价钱。"[3]上述规定在京兆府得到了实践。如涉及诸陵的夫役与色役，唐武宗会昌二年敕节文称："诸陵柏栽，今后每至岁首，委有司于正月、二月、七月、八月四个月内，择动土利便之日。先下奉陵诸县，分明榜示百姓，至时与设法栽植。毕日，县司与守茔使同检点，据数牒报，典折本户税钱。"[4]诸陵柏栽之役，属于杂徭。虽然榜示百姓，差配百姓，但"典折本户税钱"，说明也属于雇役。唐文宗《大和七年（833）册皇太子德音》中称："其诸陵守当夫，宜委京兆府以价直送陵司，令自雇召，并不得差配百姓。"[5]诸陵守当夫就是色役类陵户，它被明确要求雇役，不许差配百姓。

诸陵夫役与色役的征役理念在其他色役中也有体现。如大和九年（835）十一月，闲厩宫苑等使奏："京兆府合供当使诸门守当三卫八十人，准旧例，京兆府取诸县百姓，供前件三卫充门仗诸杂役，每月交替者。伏以百姓往来，费损至多，非惟频与追呼，实亦难虞寇盗。伏请从今年十二月起，省停供。臣于当司召至子弟一百人，每人每月，使于当

1　王溥：《唐会要》卷78《黜陟使》，第1419页。

2　董诰等编《全唐文》卷55《即位赦文》，第603页。

3　宋敏求编《唐大诏令集》卷119《讨镇州王承宗德音》，第632页。

4　王溥：《唐会要》卷21《诸陵杂录》，第419~420页。

5　宋敏求编《唐大诏令集》卷29《大和七年册皇太子德音》，第107页。

司，方图与粮六斗，亦不要府县资陪，取其情愿，永绝扰人，伏乞允臣管见。"[1] 此处停供担任诸门守卫的三卫，采取雇招形式，当司给予粮料，这种通过财政雇役的形式成为一种趋势。又如唐文宗开成四年（839）正月，闲厩宫苑使柳正元奏："当使东都留后知院官郑镒，每月院司给料钱三十四贯文，兼请本官房州司马料钱。今请于使司所给料钱数，克减十千，添给所由二十人粮课。巡官二人，请勒全停。鄆州旧因御马，配给苜蓿丁三十人，每人每月纳资钱二贯文，都计七百二十贯文，其州司先以百姓凋残阙本额，量送三百九十六贯文，今请全放。"[2] 闲厩宫奏请克减料钱，给办事人员粮课，同时减苜蓿丁资钱，实际上都指向官府出钱雇佣。而昭宗《改元天复赦》中对此呈现得更为清晰："郊坼之内，兵革以来，言念凋残，固宜矜悯。差徭人役须罗，挠人在司，局中之人，又宜集事。其京兆府每月合差赴飞龙掌闲，虽是轮差诸县，不免长挠疲人。宜令府司于苗税钱内，每月据所差人数目，每人支钱送付飞龙司，仰自和雇人夫充役。"[3]

尽管中央的征役政策和理念某种程度上在京兆府地区得到贯彻和执行，然而，在财政独立和拥有具体征役权的情况下，地方实际采取强差手段。比较典型的是杜牧《樊川文集》卷13《与汴州从事书》中所载：

> 汴州境内，最弊最苦，是牵船夫。大寒虐暑，穷人奔走，毙踣不少。某数年前赴官入京，至襄邑县，见县令李式甚年少，有吏才，条疏牵夫，甚有道理，云："某当县万户已来，都置一板簿，每年轮检自差，欲有使来，先行文帖，克期令至，不拣贫富，职掌一切均同。计一年之中，一县人户，不着两度夫役。如有远户不能来者，即任纳钱，与于近河雇人，对面分付价直，不令所由欺隐。一县之内，稍似苏息。盖以承前但有使来，即出帖差夫，

---

[1] 王溥：《唐会要》卷65《闲厩使》，第1129页。

[2] 王溥：《唐会要》卷65《闲厩使》，第1129~1130页。

[3] 宋敏求编《唐大诏令集》卷5《改元天复赦》，第33页。

所由得帖，富豪者终年闲坐，贫下者终日牵船。今即自以板簿在手，轮转差遣，虽有黠吏，不能用情。"

　　某每任刺史，应是役夫及竹木瓦砖工巧之类，并自置板簿，若要使役，即自检自差，不下文帖付县。若下县后，县令付案，案司出帖，分付里正，一乡只要两夫，事在一乡遍着，赤帖怀中藏却，巡门掠敛一遍，贫者即被差来。若籍在手中，巡次差遣，不由里胥典正，无因更能用情。以此知襄邑李式之能，可以惠及夫役，更有良术，即不敢知。

　　以某愚见，且可救急，因襄邑李生之绩效，知先辈思报幕府之深诚，不觉亦及拙政，以为证明，岂敢自述。今为治，患于差役不平，《诗》云："或栖迟偃仰，或王事鞅掌。"此盖不平之故。长吏不置簿籍，一一自检，即奸胥贪冒求取，此最为甚。某恐惧再拜。[1]

文中汴州牵船夫，其征役方式是置板簿，每年轮检自差。特别是"如有远户不能来者，即任纳钱，与于近河雇人，对面分付价直，不令所由欺隐"。远户不能前来，就需要自己纳钱雇人，可见不是政府雇役。文中虽称"惠及夫役"，实际在唐后期州县轮差中，也有诸多色役名目。故从上述史料可知，地方并不是用两税钱雇役，完全是强制差科。

　　又《北梦琐言》中亦有一例：

　　唐崔亚郎中典眉州，程贺以乡役差充厅子，其弟在州，曾为小书吏。崔公见贺风味有似儒生，因诘之曰："尔公读书乎？"贺降阶对曰："薄涉艺文。"崔公指一物，俾其赋咏，雅有意思，处分令归。选日装写所业执贽，甚称奖之，俾称进士。依崔之门，更

1　杜牧：《樊川文集》卷13《与汴州从事书》，陈允吉点校，上海古籍出版社，2009，第197~198页。

无他岐，凡二十五举及第。每入京，馆于博陵之第，常感提拔之恩。亚卒之日，贺为崔公缞服三年，人皆美之。[1]

史料中的程贺属于儒生，其弟在州衙中是个书吏，可见其家庭在本地不是小户，但就是这样的家庭，也被强差作为使役性的厅子，足见地方色役的强制性。

尽管唐后期中央主张两税外各种使役由地方州府两税钱酬雇，但在具体实践中越来越难以执行。这是因为地方财政定额化导致非计划性开支缺口不断增大，但中央财政捉襟见肘，也不会有更多的财政资金用于征役。更为关键的是用役的不确定性，如果一段时期内有战争、水患或大规模修建，地方用役就会增加。所以，地方州县还是使用手中的权力征派百姓。即使在两京地区，也能看到色役征派的不可或缺。如唐武宗会昌三年（843）九月，中书门下奏："河阳五县，自艰难已来，割属河阳三城使。其租赋色役，尽归河阳，河南尹但总管名额而已，使归一统，便为定制。既是雄镇，足壮三城，其河阳望升为孟州，仍为望，河阳等五县改为望县。"[2] 河阳五县属于河南府，但割属河阳三城使后，租赋色役也随同交割。如果色役都演变为雇役，色役也就不存在交割的必要，足见地方征派色役的紧迫性。而唐宣宗大中六年（852）三月敕更能说明问题：

先赐郑光鄠县及云阳县庄各一所，府县所有两税及差科色役并特宜放者，中书门下奏："伏以郑光是陛下元舅，宠待固合异等。然而据地出税，天下皆同；随户杂徭，久已成例，将务致治，实为本根。近日陛下屡发德音，欲使中外画一，凡在士庶，无不仰戴圣慈。今独忽免郑光庄田，则似稍乖前意。况征赋所入，经费

1　孙光宪：《北梦琐言》卷11《程贺为崔亚持服》，贾二强点校，中华书局，2002，第234页。
2　《旧唐书》卷38《河南道》，第1425~1426页。

有常；差使不均，怨嗟斯起。事虽至微，系体则大。臣等备位台司，每承诫励，苟有管见，合具启陈，谨录奏闻。"[1]

文中的鄠县及云阳县都属于京兆府，郑光所赐庄田要放免两税及差科色役被中书门下所阻，而且指出"随户杂徭，久已成例"，说明即使在府县色役比较典型的京兆府，采用府县财政资金雇役的办法也行不通，随户杂徭，已经成为府县派役的惯例。由此也就不难理解，至大中九年（855）差科簿的出现，诏称："以州县差役不均，自今每县据人贫富及役轻重作差科簿，送刺史检署讫，锁于令厅，每有役事，委令据簿轮差。"[2]值得注意的是，差科簿与前述汴州牵船夫采用置簿轮检自差趋同，意味着作为中央征役风向标的"府县色役"已经与其他州县色役趋同了。

五 差役与杂徭芜杂下的唐后期色役

两税法推行以后，力役全部纳庸并融入两税，故法定意义上的无偿力役征发已不存在。然而，作为职役的色役由于安史之乱前后的分流，一部分被融入户税之中，另一部分则仍然保持着现役形式。因此，有学者认为两税法以后的色役均指现役，不役纳资的特征消失了。[3]那么，唐后期的法定征役项目是否仅存色役一项了呢？事实并非如此。实际上，随着主体税种的变迁和户籍制度的更改，一项新的役种即差役出现了。

唐前期所谓"差役"仅是征役的原则，而非实际役种。《唐律疏议》卷 13 称："依令：'凡差科，先富强，后贫弱；先多丁，后少丁。''差科赋役违法及不均平'，谓贫富、强弱、先后、闲要等，差科不均平者，

1　王溥：《唐会要》卷 84《租税下》，第 1544~1545 页。

2　马端临：《文献通考》卷 12《职役考一》，第 340 页。

3　唐长孺：《唐代色役管见》，《山居存稿》，第 180 页。

各杖六十。"[1] 这里的"差科"既包括赋税，也包括各种役。其中的"先富强，后贫弱；先多丁，后少丁"则是差科赋役的方法与规则。《唐律疏议》卷 16 就差役方面明确说："差遣之法，谓先富强，后贫弱；先多丁，后少丁。凡丁分番上役者，家有兼丁，要月；家贫单身，闲月之类。违此不平及令人数欠剩者，一人笞四十，五人加一等，罪止徒一年。"[2] 从分番来看，差科赋役除先后外还有轮流服役的问题。为了差科有所依据，唐前期还设有差科簿。[3] 根据有关学者的考证，唐前期差科簿中注有户等和丁口的区别，如中男、勋官、白丁和品子等等，此外，还有"破除"和"见在"的区别。[4] 实际上，唐前期征役是以丁为对象，白丁和中男是从丁的年龄来划分，勋官和品子则是对丁的身份进行区分。尽管差科簿中有户等的区别，但也只是为了方便确定征役先后顺序和服役种类。也就是说，唐前期征役总体上表现为丁役，而非户役，这与唐前期赋税制度以丁为征税对象趋同。

　　然而，安史之乱冲击了唐王朝的户籍制度，出现了"海内波摇，兆庶云扰，版图隳于避地"[5] 的局面。肃宗乾元三年，国家掌握的户口已由天宝时的 900 余万下降到 193 万。[6] 这使中央依靠人丁征税的系统遭到打击。以往依靠在籍人丁征税的租庸调开始萎缩，而对在籍户和客户都普遍征税的户税逐渐成为主体税种，在这种情况下，役制也发生了变化。早在宝应二年（763）九月，代宗就下敕称："客户若住经一年已上，自贴买得田地，有农桑者，无问于庄荫家住，及自造屋舍，勒一切

1　长孙无忌等：《唐律疏议》卷 13 "差科赋役违法"条，第 251 页。

2　长孙无忌等：《唐律疏议》卷 16 "丁夫差遣不平"条，第 317 页。

3　关于差科簿，学术界存在不同意见。王永兴在《敦煌唐代差科簿考释》（《历史研究》1957 年第 12 期）中认为差科簿是派役的文书，差科簿说明唐前期按户等派役。但张泽咸反对这一看法，认为唐前期的差科簿是赋税和徭役的征派文书，唐前期的役为丁役（《唐五代赋役史草》，第 354~360 页）。杨际平亦持此观点（《唐前期的杂徭与色役》，《历史研究》1994 年第 3 期）。

4　王永兴：《敦煌唐代差科簿考释》，《历史研究》1957 年第 12 期。

5　《陆贽集》卷 22《均节赋税恤百姓六条·其一论两税之弊须有厘革》，第 719 页。

6　王溥：《唐会要》卷 84《户口数》，第 1551 页。

编附为百姓差科。"[1] 说明派役已不局限于在籍人口。至广德二年，代宗再次发布赦文曰"天下户口，委刺史县令据见在实户量贫富等第科差，不得依旧籍帐"，[2] 进一步明确以见在实户派役。原来丁的年龄和身份区别都淡化了，特别是色役，不役纳资的特征消失进而转变为现役，故而成为编户民规避的对象。如宝应元年四月赦文称："近日已来，百姓逃散。至于户口，十不半存。今色役殷繁，不减旧数，既无正身可送，又遣邻保祗承，转加流亡，日益艰弊。"[3] 色役开始迫使百姓逃亡，官府在无奈之下摊及邻保，说明色役原有的身份优待性质已发生变化。

在丁的派役区别模糊的同时，户的重要性凸显出来。唐前期派役先后要考虑户的贫富和丁口数量，而这正是定户等需考虑的因素。因此，户等在唐前期派役时已经出现。如在吐鲁番文书《唐冯怀盛等夫役名籍》中，冯怀盛、李元顺、秦山子、李思定、袁弥等户被记为："已上第八户，各夫一人，役六日。"[4] 不过，此时的户等仅是派役先后的参照标准，其具体服哪种役还要看所派之人是白丁还是中男，抑或其他身份。然而，安史之乱以后，各色人丁在派役时的年龄与身份区别趋于淡化，两税法中丁的法定义务量也逐步消失，致使户等逐步成为派役的标准。此时的户等不仅决定派役的先后，更重要的是关系着该民户应该服哪种役。例如，唐末的彭玕，"世为庐陵人，当唐末时，天下阻兵，以门籍为胥吏，有大志，常快快不乐于吏事，同曹多心厌之"。[5] 另如南唐时的诸佑，曾被县令陈起"按户籍取佑为里正，不服"。[6] 这里的彭玕和诸佑都是按户等被派服胥吏和里正之役，而唐前期的"诸里正，县司选勋官六品以下白丁清平强干者充"。[7] 县里的胥吏如仓督或市令也是"取

1　王溥：《唐会要》卷85《籍帐》，第1560页。

2　王溥：《唐会要》卷85《定户等第》，第1558页。

3　王溥：《唐会要》卷85《逃户》，第1565页。

4　《吐鲁番出土文书》第8册，第511页。

5　吴任臣：《十国春秋》卷73《彭玕传》，中华书局，1983，第1005页。

6　吴任臣：《十国春秋》卷23《陈起传》，第328页。

7　杜佑：《通典》卷3《食货三》，第64页。

勋官五品已上及职资九品者；若无，通取勋官六品已下，仓督取家口重大者为之"。[1] 两相对照，可见唐前期按身份派役的方式在此时已转变为据户等派役。唐廷正式调整派役办法应是在宣宗大中九年，此年有诏称："以州县差役不均，自今每县据人贫富及役轻重作差科簿，送刺史检署讫，锁于令厅，每有役事，委令据簿轮差。"[2] 据户等派役使差役由原来的征役原则和方法变成了新的役种。它的特征是：以户为征役对象，按实际需要派役。

　　这种新形式的差役不再强调"以供天子"的中央义务，而是着眼于地方的实际征派，逐渐涵盖并超越了唐前期的杂徭与色役。唐长孺注意到色役的内涵在两税法前后存在显著不同：唐前期的色役与杂徭是有区别的，服色役者例免杂徭；两税法以后的色役则往往与差役、差科互称，"实际上成为杂徭的代用语，或者包括了杂徭和差科"。[3] 事实上，色役在唐后期出现的这种内涵变化及其与差役、杂徭的芜杂状态正是役制变迁的直接反映。在唐代的正役普遍纳庸之后，中央强征力役便失去合法地位。两税法宣布"租庸杂徭悉省"，又意味着地方力役征派亦属非法行为。尽管杂徭在事实上不可能省，唐后期的地方州县往往进行法外科配，致使"随户杂徭"等力役在事实上仍然存在，但杂徭毕竟已属减省之列，故而常常被包含在"色役""杂差役""差科色役""府县色役"等名目之下，形成杂徭与色役、差科的"用语差互"现象。其实，随着赋役征派方式由"丁"到"户"的转变，包括色役、杂徭在内的诸色徭役都日渐成为差役体系的一部分。由于力役和兵役都走向雇役，故唐后期法定的差役只有色役，或称"差科色役"。同时，因色役有固定职掌和额定役期，所以又可理解为正额定差，从而与来自杂徭的"杂差役"相区别。换言之，唐后期的色役虽由唐前期延续而来，但其征派重点已由"丁"转移到"户"，故与差役存在互通关系。差役中固定化的

1　李林甫等：《唐六典》卷30《三府督护州县官吏》，第748页。

2　马端临：《文献通考》卷12《职役考一》，第340页。

3　唐长孺：《唐代色役管见》，《山居存稿》，第180页。

定差大体相当于唐前期色役的发展，临时性的杂差则可看作杂徭的变体。在唐后期"差役"结构中，色役具有法定地位，又有固定役职，因而成为役制主体。此外，色役还不断杂糅其他役类，如在特殊役户下将个别夫役固定化；或将属于"吏职"的里正、户长纳入乡役，从而生发新的色役形式，扩大色役内涵。唐后期中央诸司色役与地方府县色役在向五代、宋过渡时呈现出新的面向。中央诸司色役渐趋吏化，逐步被"诸司人吏"取代，而地方府县色役则走出色役与杂徭的裹杂状态，最终形成宋代职役与力役的二元格局。

第五章 陵户：唐代色役的个案深入

唐代色役种类及身份差异较大，进而形成不同的色役人群。对于这些人群，学者有不同程度的关注。本章将在前人研究的基础上，以陵户为中心，对色役人群进行个案解析。希望能通过不同色役人群的差异，探讨色役制度的嬗变以及不同色役人的利益取向和服役中的优待或困顿。

一 关于唐代陵户的几个问题

唐代陵户隶属诸陵署，承担皇帝或太子陵墓的日常守卫和洒扫任务，是唐代色役之一。唐代陵户问题很早就受到学术界关注，但在唐代陵户人数设置、身份、职掌以及前后期制度流变等方面迄今仍未形成共识。[1]这固然有问题意识和研究主旨限制的因素，但对有限史料解读和体悟的差异恐怕更是主要原因。鉴于此，以下尝试在已有唐代色役研究基础上重新解读唐代陵户资料，并对某些分歧做进一步探讨。

（一）《唐六典·尚书户部》中"各三千户"是否属于陵户？

关于唐代诸陵署所属陵户，《唐六典》卷14《太常寺》中明确记载："陵户。（乾陵、桥陵、昭陵各四百人，献陵、定陵、恭陵各三百人。）"[2]然而该书卷3《尚书户部》中却称：

> 凡京畿充奉陵县及诸陵墓及庙邑户，各有差降焉。桥陵尽以奉先；献陵以三原，昭陵以醴泉，乾陵以奉天，定陵以富平，各三千户。若献祖、懿祖二陵，各置洒扫三十人；兴宁、永康二陵各置一百人，恭陵亦如之。隐太子及章怀、懿德、节愍、惠庄、惠文、惠宣等七陵各置三十人，诸亲王墓各置十人，诸公主墓各置五人。周文帝、隋文帝陵各置二十人，周、隋诸帝陵各置十人。（皆取侧近下户充，仍分作四番上下。）[3]

文中"各三千户"的说法明显与《太常寺》中陵户"四百人"或"三百人"的记载相抵牾。对此，张泽咸认为"颇亦难以理解"。[4]樊英峰则将乾陵三千户称为"下户陵户"，把四百人看作"上户"。[5]日本学者滨口重国认为，数百人承担洒扫、守卫之役，三千户则负责"时享费"。[6]

1　参见滨口重國『唐王朝の賤人制度』東洋史研究會、1996、391~399 頁；张泽咸《唐代阶级结构研究》，第 495~498 页；樊英峰《试论唐代对乾陵的管理和保护（上）》，《文博》2012 年第 1 期；黄正建《唐代陵户再探》，《陕西师范大学学报》2014 年第 5 期。

2　李林甫等：《唐六典》卷 14《太常寺》，第 401 页。

3　李林甫等：《唐六典》卷 3《尚书户部》，第 77~78 页。

4　张泽咸：《唐代阶级结构研究》，第 497 页。

5　樊英峰：《试论唐代对乾陵的管理和保护（上）》，《文博》2012 年第 1 期。

6　滨口重國「唐の陵・墓户の良賤に就いて」『史學雜志』第 43 編第 8 号、1932 年。

黄正建对该问题重新加以诠释，认为三千户中包括"四百人"或"三百人"，三千户属于"出色役户"，即服务于该陵陵户的总户数；由于陵户需要分番服役，"四百人"或"三百人"是分番后实际到陵寝服役的具体人数。[1] 上述研究的主要分歧是：第一，"各三千户"与"四百人"或"三百人"的关系，即属于并列关系还是包含关系；第二，"各三千户"与"四百人"或"三百人"的身份、服役内容，即是上、下户之分还是"时享"户之别。值得注意的是，上述分歧皆基于一个共识，即均认为"各三千户"与"四百人"或"三百人"一样都是陵户。那么，《唐六典·尚书户部》中"各三千户"的性质真的是陵户吗？

1. "各三千户"记载的来源

《唐会要·亲谒陵》中称：

> 开元十七年（729）十一月十日，上朝于桥陵。（陵在奉先县。）至墙垣西阙，下马悲泣。步至神午门，号擗再拜，悲感左右，礼毕还。下诏曰："黄长轩台，汉尊陵邑；名教之地，因心为则。宜进奉先县职望班员，一同赤县，所管万三百户，以供陵寝，即为永例。"十二日，朝于定陵……十三日，朝于献陵。十六日，朝于昭陵……十九日，朝于乾陵。（陵在奉先县。[2]）诸陵各取侧近六乡百姓，以供养寝陵之役。[3]

该史料反映出唐玄宗在朝谒其父李旦桥陵后下诏，将桥陵所在的奉先县所管一万三百户都作为供陵寝之户。在朝谒定陵、献陵、昭陵和乾陵后，又让各陵附近六乡百姓充供陵之役。可见，桥陵与其他四陵在供役的户数上有一定的区别。这里需注意"六乡百姓"这一提法。《册府元龟》中也有"百姓六乡"用来供役陵寝的记载："献陵、昭陵、定陵官

---

1 黄正建：《唐代陵户再探》，《陕西师范大学学报》2014 年第 5 期。

2 "奉先县"疑为"奉天县"之误。

3 王溥：《唐会要》卷 20《亲谒陵》，第 401 页。

吏，并管陵县官，各别加一阶。陵户并放从良，终身洒扫陵寝。仍每陵侧近取百姓六乡，以供陵寝，永勿徭役。"[1]两者的区别在于《册府元龟》是将"六乡百姓"附在嘉奖献陵、昭陵、定陵三陵官吏之后。与之相近的还有《唐大诏令集》，它将"百姓六乡"附在褒奖献陵和定陵二陵官吏之后。[2]故需要澄清"六乡百姓"的供役标准究竟是指向四陵、三陵还是二陵；同时，桥陵供役陵寝之户为奉先县所管一万三百户，"六乡百姓"也需要转换为户数来考量。

按照唐代"百户为里，五里为乡"[3]的规定，"六乡百姓"实为三千户。由此不难发现，"六乡百姓"与《唐六典·尚书户部》中"各三千户"存在关联。因为二者不仅在户数上相契合，而且都指向京畿奉陵县供陵寝之役。另外，借助二者间的关联，也能澄清"六乡百姓"究竟是供给哪些陵寝的标准。《唐六典·尚书户部》中称："桥陵尽以奉先；献陵以三原，昭陵以醴泉，乾陵以奉天，定陵以富平，各三千户。"[4]文中"桥陵尽以奉先"明显与后文不同，应是指桥陵以奉先县所管一万三百户为供陵寝户。而"各三千户"则是指定、献、昭、乾等四陵，说明《唐会要》中各以"六乡百姓"供役四陵的记载比较准确。

综上可知，《唐六典·尚书户部》中的"各三千户"来源于唐玄宗在开元十七年谒陵后制敕和赦书的记载，"各三千户"实际脱胎于"六乡百姓"，是对定、献、昭、乾等四陵供陵寝之役百姓的户数规定。

2. "各三千户"是包含陵户在内的专门供役帝陵的奉陵户

由于"各三千户"在唐代有关供陵寝之役的记载中仅此一见，故对其剖析难免多所臆测，但若从"六乡百姓"的记载加以分析，则有的放矢。前已有述，唐玄宗在拜谒其父李旦桥陵后，将所管"万三百户，以

1　王钦若等编《册府元龟》卷85《帝王部·赦宥四》，第1007页。

2　宋敏求编《唐大诏令集》卷77《谒五陵赦》，第439页。

3　李林甫等：《唐六典》卷3《尚书户部》，第73页。

4　李林甫等：《唐六典》卷3《尚书户部》，第77页。

供陵寝，即为永例"。[1] 据《元和郡县图志》，京兆府管辖 23 县，开元时有"三十六万二千九百九"户，[2] 平均每县 15000 户左右。由于奉先县靠近同州，与长安相对较远，故 10300 户应是其所管的全部户数。实际上，具体户数有多少并非关键，重要的是将一县人户专门用于陵寝役使。此处的"县"应该理解为一个区域概念，它与六乡"三千户"的性质相同。中国古代多有将帝王陵寝所在地域划为特殊行政区的事例，如秦汉时期的奉陵邑，宋朝将永安县作为奉陵县，等等。唐玄宗谒陵后把桥陵所在的奉先县和其他四陵附近的六乡都作为奉陵行政区，也应是该制度的体现。由此观之，无论是"万三百户"还是"各三千户"，实际都隶属县乡区域行政组织。由于"各三千户"隶属六乡之特殊奉陵行政区，且"以供陵寝，永勿徭役"，故可将其界定为专供帝陵役使的奉陵户。

"各三千户"作为奉陵户与色役性质的陵户之间的具体关系，可以通过差役实践加以区分。王永兴曾辑录法国人伯希和掠走的敦煌差科簿并做了研究，发现这些差科簿都是以乡为单位。[3] 池田温在《中国古代籍帐研究》中也指出，敦煌差科簿虽然最终由县令完成，但其基本单位是乡。[4] 由此联系前面"六乡"和"一县"可以发现，乡和县都是综合派役单位。以乡为最基本的派役单位并由此制作差科簿也体现出各方面对役的需求。如王永兴对敦煌差科簿研究后指出，在天宝十载（751）的五件敦煌差科簿中，有一百多人没有标明职务或徭役内容，"凡是担负色役的人都标明色役的名称，这一百多人自然不是担负色役的。一定的工匠要在一定的官府作坊或指定的地点服役，都是事前就确定的。特种徭役的情形更为特殊，自然要标明服役的性质，如陵户、庙户等"，[5]

1　王溥：《唐会要》卷 20《亲谒陵》，第 401 页。

2　李吉甫：《元和郡县图志》卷 1《关内道》，贺次君点校，中华书局，1983，第 1 页。

3　王永兴：《敦煌唐代差科簿考释》，《历史研究》1957 年第 12 期。

4　池田温：《中国古代籍帐研究》，龚泽铣译，中华书局，2007，第 157 页。

5　王永兴：《敦煌唐代差科簿考释》，《历史研究》1957 年第 12 期。

故认为这一百多人的服役性质为杂徭。天宝时期，正役已经全部纳庸，这里将差科簿中的差役区分为色役和杂徭诚是精当。不过，唐玄宗谒陵在开元十七年，此时正役征发仍然存在，尤其是役事较重的京畿，如开元二十六年（738）敕中称："京畿近辅百役所出，虽庶务简省，终异于诸州。"[1] 故此时差科簿编制中应当包含正役、杂徭和色役，其中色役会被特殊标注出来。而文欣在研究唐差科簿制作过程时指出，差科簿按身份分类，把那些应"破除"者、"终制"以及色役身份者都单列出来。[2] 关于这一点，吐鲁番出土的《唐令狐鼠鼻等差科簿》文书中就单列"卅五人杂色"；[3]《唐年次未详（八世纪前半）西州高昌县宁昌乡差科簿》中也有"合当乡据籍杂色"，后面有"九十九"和"六十"等字样。[4] 笔者在谈及唐前期色役性质时亦曾指出色役的杂色役特征。[5] 故从上述差科簿的形式和制作过程来看，唐代差科簿是以最基础的乡为单位，包括正役、杂徭和色役；在差科簿中，对于免课役的色役都要单独列出，以与力役性质的正役、杂徭加以区分。

　　差科簿中色役和普通力役的差别有助于分析奉陵户与色役二者间的关联。由于以乡为单位制作差科簿并派役，而"各三千户"实际是"六乡百姓"，故"各三千户"包括了六乡差科簿中的所有百姓。换句话说，"各三千户"中既有服力役的百姓，也包含了服色役者。同时，"各三千户"属于专供陵寝役使的奉陵户，这就意味着六乡差科簿中的所有百姓都属于奉陵户，都专供陵寝役使，而其中的色役为陵户。因此，"各三千户"作为奉陵户，包含了"四百人"或"三百人"的陵户。

　　3. "各三千户"中的陵户作为色役具有独特性

　　唐前期的役有两种。一种属于力役，包括正役和杂徭。正役属于

1　宋敏求编《唐大诏令集》卷 29《开元二十六年册皇太子敕》，第 104 页。

2　文欣：《唐代差科簿制作过程——从阿斯塔那 61 号墓所出役制文书谈起》，《历史研究》2007年第 2 期。

3　《吐鲁番出土文书》第 6 册，第 212 页。

4　池田温：《中国古代籍帐研究》，录文与插图部分，第 237 页。

5　吴树国：《唐前期色役性质考辨》，《陕西师范大学学报》2013 年第 5 期。已收入本书附录一。

中央直接征派的徭役，其服役范围超出了州县管辖的地域，且多是大型力役，如修宫殿和陵墓、军事运输等。杂徭则是在州县境内服役，一般是较轻的劳动。另一种是色役，由特殊身份的服役户承担，供事于官府的专门机构，与职事官一起履行其职责。就供陵寝之役而言，唐前期确实有专门类别的色役陵户，它与其他力役有明显的区别。首先，隶属机构不同。陵户虽然也是出自州县的编户齐民，但隶属诸陵署，具有中央部门役性质。如唐诸陵署人员构成为："令各一人，丞一人，录事一人，府二人，史四人，主衣四人，主辇四人，主药四人，典事三人，掌固二人，陵户。"[1] 诸陵署隶属太常寺，但也曾改易宗正寺。[2] 在上述人员中，令、丞分别为从五品上和从七品下职事官；至于录事、府、史、主衣、主辇、主药、典事、掌固等，都属于职掌。陵户虽然附于令丞和职掌之后，但作为色役，其人数众多，是诸陵署履行职能的重要力量。其次，色役具有固定性，即具体人数固定，服役内容清晰。如前述"乾陵、桥陵、昭陵各四百人，献陵、定陵、恭陵各三百人"，[3] 又"先代帝王陵户，准式二十人"。[4] 在服役内容上，有学者认为，陵户负责守卫、洒扫和筑坟等。[5] 最后，陵户需要分番供役，像《唐六典·尚书户部》在分述各陵陵户后称："皆取侧近下户充，仍分作四番上下。"[6]

　　由此可见，虽然"各三千户"中包含陵户，但作为色役的陵户具有独特性。"各三千户"所在六乡是一个行政区域，由县管辖，但其中陵户则由诸陵署管理。诸陵署中陵户人数固定，分番供役，服役内容不同于其他力役。就筑坟来说，陵户筑坟与其他奉陵户筑坟就有明显区别。如《唐六典》中规定："凡功臣、密戚请陪陵葬者听之，以文武分为左右而列。（坟高四丈已下，三丈已上。）若父、祖陪陵，子、孙从葬者，

1　李林甫等：《唐六典》卷 14《太常寺》，第 390 页。
2　张玉兴：《唐代陵令考述》，《历史教学》2011 年第 12 期。
3　李林甫等：《唐六典》卷 14《太常寺》，第 401 页。
4　王溥：《唐会要》卷 21《诸陵号陵》，第 409 页。
5　黄正建：《唐代陵户再探》，《陕西师范大学学报》2014 年第 5 期。
6　李林甫等：《唐六典》卷 3《尚书户部》，第 78 页。

亦如之。(若宫人陪葬，则陵户为之成坟。)"[1] 此处"若宫人陪葬，则陵户为之成坟"是特别补充小字部分，说明与前面所述不同。宫人属于奴婢，其坟简单，用功不多，故由陵户成坟。但功臣、密戚有一定政治地位，其坟要求"高四丈已下，三丈已上"。据胡戟研究，唐代小尺长度为 24.5784 厘米，大尺长度为 29.5 厘米，[2] 唐代一丈十尺。三丈高达 7 米多，四丈接近 10 米，这已经是非常大的建筑了，故必须专门派遣力役。对此，唐代有特殊规定："凡内外职事官葬者，一品给营墓夫一百人，以二十人为差，至五品二十人。(人别役十日。)"[3] 营墓夫是大役之一种，在性质上属于杂徭，如《唐律疏议》称："夫谓杂徭。"[4] 虽然差科簿中力役包括正役和杂徭，但由于"各三千户"服务于已经建成的具体陵墓，不可能再有大型力役，故陵户之外的其他奉陵户所服力役应为杂徭。

在赋役蠲免上，"各三千户"中的陵户也与其他服杂徭的奉陵户存在差异。涉及"各三千户"用役时有"百姓六乡，以供陵寝，永勿徭役"[5] 的字样。此处"永勿徭役"值得注意。在《天圣令·赋役令》唐 15 条中，陵户属于"并免课役"[6] 户，即陵户不仅免徭役，还免租调。但对服杂徭的奉陵户来说，已经在服杂徭，为何还免徭役呢？这必须从奉陵户的徭役专属性来解读。前已谈及，正役往往在州县之外服役，故又称为外徭，但杂徭的服役范围主要在州县之内。"各三千户"作为奉陵户是专供某一陵寝之役，该陵寝之外徭役，包括正役和杂徭就不能再征派，所以才称"永勿徭役"。不过，并非所有奉陵户在赋役蠲免上都是如此。如奉先县，唐玄宗诏称："万三百户，以供陵寝，即为永例。"[7] 将一县人户都作为奉陵户，除了桥陵地位特殊外，还应与该县陵墓较多

1　李林甫等：《唐六典》卷 14《太常寺》，第 401 页。

2　胡戟：《唐代度量衡与亩里制度》，《西北大学学报》1980 年第 4 期。

3　李林甫等：《唐六典》卷 3《尚书户部》，第 78 页。

4　长孙无忌等：《唐律疏议》卷 28"丁夫杂匠亡"条，第 534 页。

5　宋敏求编《唐大诏令集》卷 77《谒五陵敕》，第 439 页。

6　天一阁博物馆、中国社会科学院历史研究所天圣令整理课题组校证《天一阁藏明钞本天圣令校正（附唐令复原研究）》，第 392 页。

7　王溥：《唐会要》卷 20《亲谒陵》，第 401 页。

有关。根据沈睿文的研究，在唐玄宗开元十七年谒桥陵时，奉先县还有其他皇后、太子和公主等的陵墓。如肃明圣皇后刘氏（被武则天所杀，睿宗崩后袝葬桥陵）、昭成顺圣皇后窦氏（被武则天所杀，睿宗崩后袝葬桥陵）、大将军李思训（开元六年卒，陪葬桥陵）、惠庄太子（开元十二年薨）、梁国公主（开元十二年薨）、郎国公主（开元十三年薨）、惠文太子（开元十四年薨）等的陵墓。[1]奉先县所有人户都为奉陵户，实际上排除了奉先县之外的正役和杂徭役使。但这里没有"永勿徭役"字样，估计奉陵户在服陵寝色役和杂徭之外，还需承担属于奉先县境内的色役和杂徭。如白直就是县级色役，而县内杂徭在唐代地方政府行政运行中也不可或缺。程喜霖对吐鲁番文书中所见西州杂徭进行了研究，[2]发现西州及属县官府的行政部门使用杂徭非常广泛。如果没有杂徭派役，有些项目就无法进行，如官葡萄园种植经营、水渠疏通与修缮等。故奉先县奉陵户与六乡奉陵户在赋役蠲免上存在区别，这也反映出徭役实际运行的复杂性。

　　"各三千户"脱胎于"六乡百姓"，是对定、献、昭、乾等四陵供役百姓的户数规定。其性质属于包含陵户在内专门供役帝陵的奉陵户。"各三千户"中的陵户由诸陵署管理，从事守卫、洒扫和筑坟等日常劳作，免除课役；而其他奉陵户则被州县征派，服杂徭力役，但蠲免陵寝之外的其他正役与杂徭。由此观之，"各三千户"属于奉陵户，尽管包含"四百人"或"三百人"的陵户，但不能笼统称之为陵户。陵户分番是在"四百人"或"三百人"之内分番，而不是在三千户内分番。《唐六典·尚书户部》中称陵户"皆取侧近下户充，仍分作四番上下"，[3]说明陵户属于下户。吐鲁番出土文献中曾记载杂徭由八等户担任，[4]实际也

1　沈睿文：《桥陵陪葬墓地研究》，《文博》2000 年第 5 期。
2　程喜霖：《吐鲁番文书所见唐代杂徭（上篇）——唐代西州杂徭研究之二》，《庆祝宁可先生八十华诞论文集》，第 227～243 页。
3　李林甫等：《唐六典》卷 3《尚书户部》，第 78 页。
4　《吐鲁番出土文书》第 8 册，第 511 页。

是由下户承担。故"各三千户"中陵户与其他奉陵户一样，没有上、下户之分。而"各三千户"负责"时享费"之说亦值得商榷。因为时享为宗庙四时之祭，诸陵则为月享。据《唐六典》，尚食局的职责之一就是"若诸陵月享，则于陵所视膳而献之"。[1] 至于陵所祭品的来源，《唐会要·缘陵礼物》称："旧仪注：品物时新，将堪供进。所司先进太常，令尚食相知简择，仍以滋味与斯物相宜者配之，冬鱼等凡五十六品。"[2] 可见尚食局从有司供进中选择相关物品以备祭祀之用，诸陵月享祭祀用品应该来自中央尚食局，而不是州县。所以，"各三千户"与"时享费"无关。

（二）唐代陵户身份是否以开元十七年为界分为贱民与良人？

关于唐代陵户身份，学术界一般以开元十七年为界，即根据唐玄宗在该年十一月颁布的谒五陵大赦诏予以划分，认为在此之前陵户为贱民身份，之后为良人。不过滨口重国指出，唐前期贱民不足时，也会用良人担任陵户。[3] 张泽咸在认同这一结论的同时，也提出疑惑："我对玄宗诏书所云'陵户并放从良'，颇难理解。而且陵户放良后，仍要'终身洒扫陵寝'，那与放免以前怎么好区分呢？"[4] 对此本书欲分析的是，唐代陵户身份能否截然区分为贱民与普通百姓？唐玄宗开元十七年十一月谒五陵后的大赦诏是否有特殊背景？

前述《唐大诏令集·谒五陵赦》载："献陵、定陵官吏，并管陵县官，各加一阶。陵户并放从良，终身洒扫陵寝。仍每陵侧近，取百姓六乡以供陵寝，永勿徭役。"[5] 上述诏书是谒五陵后的赦令，其中陵户放良规定是关键。要解读该令文，不能脱离具体的语言环境。首先是陵户放

1　李林甫等：《唐六典》卷 11《殿中省》，第 324 页。

2　王溥：《唐会要》卷 21《缘陵礼物》，第 405 页。

3　参见滨口重国『唐王朝の賎人制度』、393~394 頁。

4　张泽咸：《唐代阶级结构研究》，第 497 页。

5　宋敏求编《唐大诏令集》卷 77《谒五陵赦》，第 439 页。

良规定的适用对象。从赦令来看，开元十七年赦中的陵户放良针对的是陵户中有贱民身份者，故可以肯定，在此之前确有属于贱民身份的陵户，但由此反向推证所有陵户都属于贱民身份，似显牵强。其次是陵户放良规定的地域范围。虽然是大赦天下的诏令，但陵户放良的规定，前有对献陵、定陵官吏的奖掖，后有针对五陵取侧近六乡百姓供陵寝，都有指向。即使不是仅针对前面二陵，也是限定在五陵范围之内。学术界往往将"陵户并放从良，终身洒扫陵寝"解释为针对天下陵户普遍的规定，因而才有在此之前陵户为贱民身份，之后为良人的认识。

开元十七年以前陵户中实际存在良民百姓。唐太宗贞观十一年（637）诏称："凉武昭王复近墓二十户充守卫，仍禁刍牧樵采。"[1]既然居住在坟墓附近，其身份应该是普通百姓。实际上，安排附近百姓充当陵户的现象也出现在庙户中。唐睿宗太极元年（712）正月诏："孔宣父祠庙，令本州修饰，取侧近三十户以供洒扫。"[2]唐玄宗开元十一年敕："霍山宜崇饰祠庙，秩视诸侯，蠲山下十户，以为洒扫。"[3]开元十三年，"封泰山神为天齐王，礼秩加三公一等。仍令所管崇饰祠庙，环山十里，禁其樵采。给近山二十户复，以奉祠神"。[4]同时，这种现象不惟唐代，与其相近的隋朝也存在。隋炀帝大业二年（606）诏曰："自古已来帝王陵墓，可给随近十户，蠲其杂役，以供守视。"[5]由此可见，开元十七年以前陵户中有良民百姓，而且数量不少。与此相应，开元十七年谒五陵大赦令颁布以后，陵户中的贱民也并未消失。唐宪宗时，其女永昌公主死后，李吉甫奏请设置墓户，后来唐宪宗对李吉甫言："然朕不欲破二十户百姓，当拣官户委之。"[6]唐代官户属于贱民身份，既然唐宪宗使用官户充当陵户，而李吉甫也没有反对，这就说明唐后期官户可以充当陵

1　《旧唐书》卷3《太宗纪下》，第48页。

2　《旧唐书》卷24《礼仪志四》，第919页。

3　王溥：《唐会要》卷22《岳渎》，第427页。

4　《旧唐书》卷23《礼仪志三》，第901页。

5　《隋书》卷3《炀帝纪上》，第66~67页。

6　《旧唐书》卷148《李吉甫传》，第3995页。

户，或者说，唐后期陵户中也存在贱民身份的官户。对此，其他史料也能提供佐证。唐武宗会昌四年（844）九月，昭义节度使刘从谏反叛被镇压，"敕令捉其妻女等，流出于外，削发令守陵墓"。[1]因此，在唐玄宗开元十七年大赦令前后，陵户中贱民身份的官户和良人身份的普通百姓同时并存。

开元十七年大赦令中"陵户并放从良"应该是针对五陵中的官户而言的，作为优渥与福音，去除其贱民身份。至于"终身洒扫陵寝"并不奇怪，因为不仅官户性质的陵户终生不改其色役类别，就是良人充当陵户类色役，其服役类别也是终生不变。这与陵户类色役来源于贱民的背景有关。唐前期普通百姓承担色役有一定周期，它被称为更代期。[2]如明钞本《天圣令·杂令》中有："门仆、称长、价人四周一代，防阁、庶仆、邑士则二周一代。年满之日不愿代者，听。"[3]敦煌写本《唐开元水部式》中也谈道："胜州转运水手一百廿人，均出晋、绛两州，取勋官充，不足兼取白丁，并二年与替……其白丁充者，应免课役及资助，并准海运水手例。不愿代者听之。"[4]上述色役更代期分别为四年和两年，年满后可以服其他色役。但有些色役人的身份相对固定，就不存在更代期，像太常的乐人和音声人，轮番的散乐"除考［孝］假轮半次外，不得妄有破除"；[5]音声人即使得五品以上勋，"非征讨功不除簿"。[6]还有工匠，像少府监和将作监的巧手，"供内者，不得纳资，有阙则先补工巧业作之子弟。一入工匠后，不得别入诸色"。[7]这些色役或由贱民身份的番户和杂户承担，或是拥有特殊技能的工匠，除非身份改变，否则没

1　释圆仁著，小野胜年校注《入唐求法巡礼行记校注》卷4，白化文、李鼎霞、许德楠修订校注，花山文艺出版社，1992，第451页。

2　吴树国：《唐前期色役的番期与役期》，《历史研究》2018年第5期。

3　天一阁博物馆、中国社会科学院历史研究所天圣令整理课题组校证《天一阁藏明钞本天圣令校正（附唐令复原研究）》，第432页。

4　王永兴：《敦煌写本唐开元水部式校释》，《陈门问学丛稿》，第286页。

5　王溥：《唐会要》卷33《散乐》，第612页。

6　《新唐书》卷46《百官志一》，第1190页。

7　李林甫等：《唐六典》卷7《尚书工部》，第222页。

有选择役种的自由。故一般他们固定服此色役，非特殊情况不会改变色役种类。就五陵陵户来说，他们由贱民身份被放良后仍然属于陵户色役类别，而且不能改变，故才有"终身洒扫陵寝"之语。这一推定在唐末陵户身上也有体现。如五代吴越政权时期，看守宏圣王大邱陵客程仁绍称："且仁绍翁祖，去乾宁二年，蒙太祖武肃王给帖，巡看大邱陵，并及四面山林。"[1] 乾宁为唐昭宗年号，乾宁二年为895年。程仁绍作为看守宏圣王大邱陵客是从其翁祖那儿传下来的，说明其翁祖的陵户身份是终生的。

　　但正如张泽咸所疑惑的："那与放免以前怎么好区分呢？"事实上，陵户放良前主要是贱民身份的官户。关于官户，《唐六典》称："凡反逆相坐，没其家为官奴婢……一免为番户，再免为杂户，三免为良人，皆因赦宥所及则免之。"[2] 此处番户即为官户。虽然官户前身为官奴婢，但官奴婢长役无番，当不属于陵户，前述唐宪宗使用官户充当陵户也能证明这一点。官户在放良前也可能免为杂户，那么陵户能否为杂户呢？据学者研究，杂户在唐代已不由罪犯充配，同时很难看到放免官奴婢、官户为杂户的诏令。[3] 笔者认为官户不贯州县，唯属有司，而杂户附籍州县，与良人同样授田。尽管官户依然在本司服役，但与良人身份的色役户无太大区别，故放免更多是直接免为良人。因此，唐代贱民身份的陵户主体是官户。虽然陵户放良前后都在陵寝服役，但在劳动时间和待遇上差别很大。在分番供役上，同为陵户，官户一年三番，而良人身份的陵户一年四番。[4] 同时，作为官户，授田仅为百姓的一半，只允许当色为婚，而且犯罪处罚也远较良人为重。

　　综上分析，唐代陵户中包括贱民官户和良人百姓，这一点在唐朝前

1　董诰等编《全唐文》卷898《请蠲免夫役状》，第9379页。
2　李林甫等：《唐六典》卷6《尚书刑部》，第193页。
3　张维训：《略论杂户"贱民"等级的消亡》，《江西社会科学》1982年第4期；张泽咸：《唐代阶级结构研究》，第487页。
4　李林甫等：《唐六典》卷6《尚书刑部》，第193页；同书卷3《尚书户部》，第78页。

后期都一样。只是随着中古良贱制度的逐步消亡，官户充当陵户的数量在不断减少。由于陵户包含贱民身份人群以及自身服役的特点，其社会地位较低，因而不改其陵户身份，终生洒扫陵寝。

（三）唐后期陵户役的本质是否发生根本转变？

有学者指出，唐后期陵户仍然是免除其他差役的百姓，在唐代晚期还出现雇人守陵现象。[1] 这些认识虽因主旨所限，没有深入根究，却为后继研究者留下追问的空间。本书欲揭示的是，唐后期陵户雇役现象如何产生，陵户征派形式有何变化，更为关键的是，唐后期陵户役的本质是否发生根本转变。

唐后期役制变化源于两税法。两税法把正役的代役金——庸和色役代役金——资课全部纳入两税中征收，其他"新旧征科色目，一切停罢。两税外辄别配率，以枉法论"。[2] 如果地方再用役，则需要用两税钱雇役，这一规制在两税法颁布后被不断重申。如顺宗永贞元年大赦中就称："天下诸州府，应须夫役车牛驴马脚价之类，并以两税钱自备，不得别有科配。仍并依两税元敕处分，仍永为常式。"[3] 其他诏敕中也多有体现，"如要车牛、夫役、工匠之类，并宜和雇，优给价钱"。[4] 在这种役制变迁大背景下，唐后期与陵寝相关的役也被要求采取雇佣形式。如唐文宗《大和七年册皇太子德音》中称："其诸陵守当夫，宜委京兆府以价直送陵司，令自雇召，并不得差配百姓。"[5] "诸陵守当夫"就是色役类陵户，它被明确要求雇役，不许差配百姓。唐武宗会昌二年敕节文也记载："诸陵柏栽，今后每至岁首，委有司于正月、二月、七月、八月四个月内，择动土利便之日。先下奉陵诸县，分明榜示百姓，至时与设

1　黄正建：《唐代陵户再探》，《陕西师范大学学报》2014 年第 5 期。

2　王溥：《唐会要》卷 78《黜陟使》，第 1419 页。

3　董诰等编《全唐文》卷 55《即位赦文》，第 603 页。

4　宋敏求编《唐大诏令集》卷 119《讨镇州王承宗德音》，第 632 页。

5　宋敏求编《唐大诏令集》卷 29《大和七年册皇太子德音》，第 107 页。

法栽植。毕日，县司与守茔使同检点，据数牒报，典折本户税钱。"[1] 诸
陵柏栽之役，属于杂徭。虽然榜示百姓，差配百姓，但"典折本户税
钱"，说明也属于雇役。陵户由差配到雇佣，其作为役的强制性、固定
性和无偿性已经消失。因此，在两税法施行初期，从国家层面上看，原
有陵户之役已经发生质的变化，确切地说，陵户已经走出役的范畴。

　　不过，国家顶层役制设计在地方实际执行中被变通。就陵户而言，
不管差配还是雇役，陵寝对陵户存在刚性需求。唐后期要求陵户只能雇
役，不许差配，但雇役所需价钱由地方供给，如前述陵户所需雇值让
"京兆府以价直送陵司，令自雇召"，[2] 说明原来属于中央诸司所支配的色
役由地方直接雇佣。在两税上供、送使和留州三分中，其雇值由留州负
责。尽管存在上述制度法规，但地方官府未必遵守，如唐昭宗《改元天
复赦》中申明："其每年奉陵诸县差配芟刈人夫不少，殊不切用，徒为
劳扰。自今已后，但每年芟薙之时，委京兆府于本县苗税钱数内，酌
量功价，支付陵令，遣自和雇人夫，委拜陵官，常加点检。"[3] 文中"差
配"反映出地方政府强制差役的存在。实际上，唐后期中央政府屡次申
明地方用役采取雇佣形式，其雇值由两税钱充，恰恰说明这种用役规定
在地方并没有被切实执行。唐宣宗大中六年三月，中书门下谏免郑光庄
田税奏中，出现"随户杂徭，久已成例"[4] 的说法，反映出地方征徭派役
的普遍性。至大中九年，诏称："以州县差役不均，自今每县据人贫富
及役轻重作差科簿，送刺史检署讫，锁于令厅，每有役事，委令据簿轮
差。"[5] 制作差科簿是国家层面对地方征役的承认，也是力求对地方征役
无序化的规范。在这一背景下，陵户之役被重新确定。

　　唐前期陵户需要轮番服役，如《唐六典》谈及京畿充奉陵县的诸陵

1　王溥:《唐会要》卷 21《诸陵杂录》，第 419~420 页。

2　宋敏求编《唐大诏令集》卷 29《大和七年册皇太子德音》，第 107 页。

3　宋敏求编《唐大诏令集》卷 5《改元天复赦》，第 32 页。

4　王溥:《唐会要》卷 84《租税下》，第 1545 页。

5　马端临:《文献通考》卷 12《职役考一》，第 340 页。

墓户与庙邑户"分作四番上下"。[1]唐后期的陵户役与之相同，也存在轮番。如唐文宗时杨元凑《请京兆府扬州给守陵丁人奏》中云："臣先祖隋文帝等四陵，一所在凤翔，一所在扬州，两所在京兆府。准去年四月九日敕，二王后介国公先祖陵例，每陵每月合给看守丁三人。凤翔府已蒙给丁，其京兆府及扬州未蒙准。"[2]此处从官府角度分配陵丁，按月分配；对陵丁而言，就是按月轮番。虽然唐后期按户差科，但实际用役还是指向户内丁口，这与唐前期区别不大。同时，唐后期陵户役也属于特殊役种，可以免除杂差役。如唐昭宗《改元天复赦》中就称："其诸陵台令，委中书门下切加选用，仍令所司给与优料。陵丁柏子，不得别有役使，切须陵料以时栽植。"[3]唐末五代时期，吴越看守宏圣王大邱陵客程仁绍也谈及："户内所杂色差配夫役，从前蒙押太祖武肃王批命放免，并本军台命，其祖王批命见在。"[4]从陵丁"不得别有役使"到放免"户内所杂色差配夫役"等规定中，可以看出陵户之役在唐后期仍然是有别于其他杂役的特殊役种。另外，唐文宗《大和七年册皇太子德音》中言："其诸陵守当夫，宜委京兆府以价直送陵司，令自雇召。"[5]这里出现了陵司。而唐昭宗《改元天复赦》中言："委京兆府于本县苗税钱数内，酌量功价，支付陵令，遣自和雇人夫。"[6]此处出现了"陵令"。这些皆说明陵户仍然是服务于官府特定部门的役种。由此可见，尽管唐代役制在中唐前后变化很大，如地方在派役方面的主导作用、派役按户等差科等等，但就陵户而言，其仍然属于特殊人群，固定用于官府特殊部门，具有职役特征。

　　通过上述研究能够发现，唐前期陵寝日常供役由色役和杂徭两个役种完成。色役形式为陵户，服役内容固定。如陵丁主要负责日常洒

1　李林甫等：《唐六典》卷3《尚书户部》，第78页。

2　董诰等编《全唐文》卷745《请京兆府扬州给守陵丁人奏》，第7716页。

3　宋敏求编《唐大诏令集》卷5《改元天复赦》，第32页。

4　董诰等编《全唐文》卷898《请蠲免夫役状》，第9379页。

5　宋敏求编《唐大诏令集》卷29《大和七年册皇太子德音》，第107页。

6　宋敏求编《唐大诏令集》卷5《改元天复赦》，第32页。

扫、看护陵寝等，后来出现的柏子应该是看林丁，都采取轮番形式，一般每年四番。而杂徭形式很多，像营墓夫、柏栽用夫、芟刈人夫以及其他不固定的使役。唐后期役制发生改变，色役类陵户一度被要求采取雇役形式，但地方实际上仍然采用差配形式，最终陵户之役又恢复了职役面貌。

唐代陵户问题亦凸显了唐代役制的复杂性和唐宋役制变迁的整体趋势。唐前期供陵寝之役既有大型土木营建的山陵正役，也包括小规模营墓、修缮、树木栽植等杂徭，同时，还存在陵令负责管理、固定分番、从事洒扫和日常守护的色役类陵户。唐玄宗谒五陵后，一度将奉先县百姓和其他陵寝附近的六乡百姓作为专供陵寝使役的奉陵户。奉陵户包含陵户和其他服杂徭力役的百姓。唐代陵户既有贱民身份的官户，也存在良人。唐宋役制变迁对陵户役影响很大，如在两税法雇役法规下，陵户役在法理层面上失去了役的特征；而且也改变了中央对役籍的管理，地方有役即差和轮流差役成为用役的新特征。此外，宋代军队承担部分陵寝之役等，这些都是唐宋役制变迁整体趋势的反映。但中国古代农业财政对简单政府的要求，使大部分职役人群成为官府行政运行不可或缺的重要组成部分。因此，尽管唐代色役在中晚唐出现了萎缩，不役纳资也转向固定差配的现役，但固定在官府行政末梢的职役人群始终存在。不仅如此，色役地位也随着力役税化以及军队用役增加而逐渐提高，至宋代，色役最终成为主体役种。陵户之役的变迁正是这一过程的反映。

二　礼制规范视域下唐代陵户的设置

在唐代诸陵署或陵台机构人员设置中，陵户[1]是重要组成部分，因而陵户是宗庙、陵寝制度的研究范畴。但各陵庙的陵户设置存在人数差

---

[1] 严格意义上的陵户专指在帝陵服役的色役户，本书出于分析的目的，把与陵户性质相同的庙户、柏子户和墓户也纳入陵户范畴。

别，这使该问题的研究又涉及上下尊卑的礼制规范，故唐代陵户设置虽相较于具体祭祀礼仪有一定的距离，但它无疑属于广义上礼的研究范畴。唐代陵户设置问题已受到学术界关注，如张泽咸在《唐代阶级结构研究》中指出了唐代陵户设置的不同，并认为"诸陵的陵户数目虽曾立法，实际未能恪遵"；[1]黄正建也注意到唐代陵户存在"户"与"人"表述的差别，以及《唐六典》中《尚书户部》"三千户"与《太常寺》"四百人"记载的不同；[2]此外，樊英峰也对唐乾陵陵户"三千户"进行了分析。[3]上述研究尽管都关注到了唐代诸陵陵户设置的现象，但因研究主旨所限，对陵户设置中的常典彝章都未深入探讨，同时，对唐前后期陵户设置的变化亦未予深究，致使该问题迄今尚不明晰。

（一）唐前期陵户设置中的礼法常典

唐人称"丧葬之礼，素有等差"，[4]像营墓夫，"凡内外职事官葬者，一品给营墓夫一百人，以二十人为差，至五品二十人（人别役十日）"。[5]虽然陵户设置属于宗庙、陵寝之礼范围，但礼制规范的层级性也非常明显。从现有史料记载来看，唐代陵户设置包括帝陵、先祖陵、太子陵、后陵、亲王墓、公主墓和先代帝王陵等。由于地位尊崇的差异，陵户设置的数量规定也各不相同。其中，亲王墓、公主墓的制度规定较为明确。如《唐六典》卷3《尚书户部》中记载："诸亲王墓各置十人，诸公主墓各置五人。"[6]关于先代帝王陵，唐中宗景龙三年，太常博士唐绍曾提及。《唐会要》的记载是："又先代帝王陵户，准式二十人。"[7]这里的式应属于行政法的式。不过，《新唐书》则云："在令，先世帝王陵户

1　张泽咸：《唐代阶级结构研究》，第498页。

2　黄正建：《唐代陵户再探》，《陕西师范大学学报》2014年第5期。

3　樊英峰：《试论唐代对乾陵的管理和保护》，《文博》2012年第1~2期。

4　王溥：《唐会要》卷38《葬》，第698页。

5　李林甫等：《唐六典》卷3《尚书户部》，第78页。

6　李林甫等：《唐六典》卷3《尚书户部》，第78页。

7　王溥：《唐会要》卷21《诸僭号陵》，第409页。

二十。"[1]《册府元龟》的记载更为简略："又先代帝王陵户唯二十人。"[2] 虽然先代帝王陵陵户二十的规定具体出自令还是式难以确定，但肯定存在这一制度。

　　相较而言，帝陵、先祖陵、太子陵、后陵的陵户设置较为复杂。《唐六典》卷14《太常寺》中涉及陵户时称："乾陵、桥陵、昭陵各四百人，献陵、定陵、恭陵各三百人。"[3] 同书卷3《尚书户部》中也记载：

> 凡京畿充奉陵县及诸陵墓及庙邑户，各有差降焉。桥陵尽以奉先；献陵以三原，昭陵以醴泉，乾陵以奉天，定陵以富平，各三千户。若献祖、懿祖二陵，各置洒扫三十人；兴宁、永康二陵，各置一百人，恭陵亦如之。隐太子及章怀、懿德、节愍、惠庄、惠文、惠宣等七陵各置三十人。[4]

根据上述史料，分类制成表5-1。

表5-1　唐前期陵户设置一览

陵寝类别	埋葬的帝王或太子	陵户设置人数	史料来源
乾陵、桥陵、昭陵	乾陵（李治与武则天合葬）、桥陵（李旦）、昭陵（李世民）	各400人	《唐六典》卷14《太常寺》
献陵、定陵、恭陵	献陵（李渊）、定陵（李显）、恭陵（李弘）	各300人	《唐六典》卷14《太常寺》
兴宁陵、永康陵、恭陵	兴宁陵（李昞）、永康陵（李虎）、恭陵	各100人	《唐六典》卷3《尚书户部》

1　《新唐书》卷113《唐绍传》，第4185页。

2　王钦若等编《册府元龟》卷587《掌礼部·奏议十五》，第7022页。

3　李林甫等：《唐六典》卷14《太常寺》，第401页。

4　李林甫等：《唐六典》卷3《尚书户部》，第77~78页。

续表

陵寝类别	埋葬的帝王或太子	陵户设置人数	史料来源
献祖、懿祖二陵	献祖（李熙）、懿祖（李天锡）	各30人	《唐六典》卷3《尚书户部》
隐太子及章怀、懿德、节愍、惠庄、惠文、惠宣等七陵	隐太子（李建成）及章怀（李贤）、懿德（李重润）、节愍（李重俊）、惠庄（李㧑）、惠文（李范）、惠宣（李业）	各30人	《唐六典》卷3《尚书户部》

从《唐六典》诸陵陵户设置来看，实际分为四个等级：第一等400人；第二等300人；第三等100人；第四等30人。其等级的划分与唐玄宗时期的陵寝地位紧密相关。第一、二等都是唐代开国后的皇帝，虽然李弘没当过皇帝，但曾以太子身份监国。在上元二年（675），唐高宗追封太子李弘为孝敬皇帝，葬恭陵。[1]可见，他是追封的皇帝。在开国皇帝中，玄宗李隆基的父亲李旦、祖父李治以及曾祖父李世民所设陵户为400人，比李渊、李显、李弘高一等级，多出100人。李弘属于追封的皇帝，李显是李隆基的叔父，不在第一等级可以理解，但李渊作为唐代开国皇帝，却被划分为第二等，似乎不应该。不过，由于李世民篡改实录，李渊在有唐一代评价不高，如《旧唐书》批评李渊："然而优柔失断，浸润得行，诛文静则议法不从，酬裴寂则曲恩太过。奸佞由之贝锦，嬖幸得以掇蜂。献公遂间于申生，小白宁怀于召忽。一旦兵交爱子，矢集申孙。匈奴寻犯于便桥，京邑咸忧于左衽。不有圣子，王业殆哉！"[2]由此观之，李渊被列为第二等情有可原。第三等和第四等是追封的先祖和太子陵。太子陵地位最低，每陵设陵户30人。追封的先祖之间存在区别。虽然献祖李熙、懿祖李天锡以及兴宁、永康二陵的李昞、李虎都属于追封的唐先代帝王，但李虎和李昞时期，李氏得以隆显，故

1　《新唐书》卷3《高宗纪》，第72页。

2　《旧唐书》卷1《高祖纪》，第19页。

地位要高于另外的远祖，在陵户设置上，数额为 100 人，而其他的则与太子陵相同，仅为 30 人。不过，在陵户 100 人的等级中，也出现了恭帝，这明显与前面陵户 300 人的记载有冲突。对此，笔者认为并非记载错误，应是不同时间的制度规定。李弘在高宗时期被追封为孝敬皇帝，葬于恭陵，《旧唐书》称"制度一准天子之礼"，[1] 故《唐六典·太常寺》中将恭陵与其他帝陵等同，陵户设置放在同一标准上解释得通。那么，为什么后来又出现陵户 100 人的规定呢？这与景云、开元后李弘地位下降有关。早在唐睿宗李旦即位的景云元年，中书令姚崇和吏部尚书宋璟就上奏称：

> 准礼，大行皇帝山陵事终，即合祔庙。其太庙第七室，先祔皇兄义宗孝敬皇帝、哀皇后裴氏神主。伏以义宗未登大位，崩后追尊，神龙之初，乃特令迁祔。《春秋》之义，国君即位未逾年者，不合列叙昭穆。又古者祖宗各别立庙，孝敬皇帝恭陵既在洛州，望于东都别立义宗之庙，迁祔孝敬皇帝、哀皇后神主，命有司以时享祭，则不违先旨，又协古训，人神允穆，进退得宜。在此神主，望入夹室安置。伏愿陛下以礼断恩。[2]

姚崇、宋璟主张将李弘迁出太庙，这一主张得到睿宗批准。至玄宗主政的开元六年，有司又上言："孝敬皇帝今别庙将建，享祔有期，准礼，不合更以义宗为庙号，请以本谥孝敬为庙称。"[3] 于是，开始停义宗之号。李弘神主被迁出太庙，到后来庙号被取消，说明其地位已经不能与唐代其他皇帝相提并论。由此可见，后来恭陵地位与唐先祖献祖李熙、懿祖李天锡相参照，并非偶然。至天宝十三载（754）改陵署为陵台，即

1　《旧唐书》卷 86《孝敬皇帝弘传》，第 2830 页。
2　《旧唐书》卷 25《礼仪志五》，第 949~950 页。
3　《旧唐书》卷 86《孝敬皇帝弘传》，第 2831 页。

"改献、昭、乾、定、桥五陵署为台，令为台令，升旧一阶"。[1] 此处，五陵署升为台，已经没有恭陵，也反映出其地位的下降。

　　上述《唐六典》中帝陵陵户设置在《新唐书》中有所印证，但又不尽相同。如《新唐书·百官志》称：

> 陵台有录事各一人，府各二人，史各四人，主衣、主辇、主药各四人，典事各三人，掌固各二人，陵户各三百人，昭陵、乾陵、桥陵增百人。诸陵有录事各一人，府各一人，史各二人，典事各二人，掌固各二人，陵户各百人。……诸太子陵令各一人，从八品下；丞各一人，从九品下；录事各一人。有府各一人，史各二人，典事各二人，掌固各一人，陵户各三十人。[2]

按《新唐书》，陵户设置应是分为三类：一是设置陵台的帝陵，二是普通的帝陵，三是太子陵。关于陵台的设置，前述陵台设置于天宝十三载，只有献、昭、乾、定、桥五陵，按其规定，设陵台官署的，陵户为 300 人，而昭陵、乾陵、桥陵增加 100 人，这与《唐六典》中诸陵陵户设置相同。由于陵台官署中不包括恭陵，则恭陵陵户自然被排除在300 人之外，这也从另一侧面印证了《唐六典》中恭陵陵户在 100 人的记载。太子陵的陵户记载与《唐六典》记载吻合。不过，《新唐书》中其他诸陵人数都是 100 人，没有再具体区分。这可能有两种情况：一种是天宝时期执行了新的标准；另一种可能还是执行着《唐六典》时期的标准，只是《新唐书》记载得笼统罢了。揆诸事实，后一种情况可能性较大，因为早在唐玄宗开天之际就已经开始减省色役。如第一次大规模减省中央诸司色役在开元二十二年，史载："开元二十二年敕，诸司繁冗，及年支色役，费用既广，奸伪日滋。宜令中书门下与诸司长官量事

1　《新唐书》卷 14《礼乐志四》，第 364 页。
2　《新唐书》卷 48《百官志》，第 1251~1252 页。

停减冗官及色役、年支、杂物等，总六十五万八千一百九十八，官吏稍简而费用省矣。"[1] 可见，这次色役停减是与裁撤冗官同时进行的。《唐六典》卷 3 中，称减诸司色役的具体数字是 120294 人。尽管唐代中央诸司色役人的总数无法估量，但这次对色役减省的力度无疑很大。又天宝五载三月二十日的诏敕中称："郡县官人及公廨白直，天下约计一载破十万丁已上，一丁每月输钱二百八文。每至月初，当处征纳，送县来往，数日功程，在于百姓，尤是重役。其郡县白直，计数多少，请用料钱，加税充用。其应差丁充白直，望请并停，一免百姓艰辛，二省国家丁壮。"[2] 前者削减的是中央诸司的色役，而这次是郡县色役，白直达到 10 万丁，其数额也不算少。陵户作为唐前期中央色役的组成部分，在大规模减省的趋势下不可能增加，故陵户设置应该还是《唐六典》时期的制度规定。

（二）唐前期陵户设置的尊崇逾制

唐前期陵户设置基本上能够遵从礼法规定，不过在君主专制社会，君主个人的好恶以及一时的尊崇也会改变通常的制度限定。如唐太宗在贞观十一年七月，"修老君庙于亳州，宣尼庙于兖州，各给二十户享祀焉。凉武昭王，复近墓二十户充守卫，仍禁刍牧樵采"。[3] 前文提及，唐前期令式，先代帝王给陵户二十人。凉武昭王属于先代帝王，给二十陵户符合规定。当然，即使先代帝王，可能也未必完全按此标准，如《唐六典》卷 3 中载："周文帝、隋文帝陵各置二十人，周、隋诸帝陵各置十人。（皆取侧近下户充，仍分作四番上下。）"[4] 但老子和孔子各给二十名庙户，已接近先代帝王的标准。

孔子在唐初是否符合这样的地位呢？这需要从孔子的封号来考察。

1 李林甫等：《唐六典》卷 3《尚书户部》，第 80 页。
2 李林甫等：《唐六典》卷 3《尚书户部》，第 76 页。
3 《旧唐书》卷 3《太宗纪下》，第 48 页。
4 李林甫等：《唐六典》卷 3《尚书户部》，第 78 页。

孔子的社会地位提高始于两汉，第一个封号来自西汉平帝，"元始初，追谥孔子曰褒成宣尼公，追封孔均为褒成侯"。[1]宣尼庙的称谓即来自此。"唐贞观十一年，封孔子裔德伦为褒圣侯"，[2]从唐代继续封孔子后裔为侯来看，此时孔子仍然位列公爵。即使到武则天天授元年，改封孔子为隆道公，[3]其地位亦始终处于公的爵位。唐代对孔子后裔褒圣侯上朝班序的规定为："其褒圣侯若在朝，位于文官三品之上。"[4]唐代县侯为从三品，将褒圣侯朝班放到三品之上，有提高其地位的意图，但大体未脱离侯爵的品秩。唐代侯爵之上有公和王，公爵细分为国公、郡公和县公，王又分为王和郡王。故按唐代爵位等级来说，孔子公的爵位与先代帝王的相去甚远。不仅如此，《唐六典》规定："诸亲王墓各置十人，诸公主墓各置五人。"[5]唐代亲王的加封对象是皇兄弟和皇子，[6]墓户不过十人。即使按孔子所生活的春秋时期，公也只是诸侯国的国君，亦不能列入先代帝王之列。可见，宣尼庙给二十户享祀无论从哪方面分析都属于逾制之举。那么，为何会出现这一现象呢？《唐会要》将其列入"褒崇先圣"之下，实道出了其中的缘由。唐代对孔子的褒崇呈不断上升的趋势，唐太宗和武则天时期虽然在陵户设置上有悖常规，但孔子还停留在公的地位。到唐玄宗开元二十七年（739），"甲申，制追赠孔宣父为文宣王"。[7]如果按孔子所生活的时代，只有周天子才能称为王。这样孔子以先代帝王的标准有二十户享祀并不为过。然而，早在唐玄宗父亲睿宗李旦太极元年就下诏，"给宣尼庙三十户，以供洒扫"，[8]说明孔子宣尼庙所设陵户始终

1　杜佑：《通典》卷53《礼十三》，第1479页。

2　杜佑：《通典》卷53《礼十三》，第1480页。关于封孔子裔德伦为褒圣侯的时间，史籍有不同记载。《通典》认为是贞观十一年，《册府元龟》卷50记为贞观十年，而《新唐书》卷15认为是唐武德九年。此处采纳《通典》记载。

3　王溥：《唐会要》卷35《褒崇先圣》，第637页。

4　王溥：《唐会要》卷9下《杂郊议下》，第169页。

5　李林甫等：《唐六典》卷3《尚书户部》，第78页。

6　杜佑：《通典》卷31《职官十三》，第869页。

7　《旧唐书》卷9《玄宗纪下》，第211页。

8　王溥：《唐会要》卷35《褒崇先圣》，第639页。

处于尊崇逾制的范畴。

　　与孔子宣尼庙相同，老君庙陵户设置也始终高于常典。老君庙因老子李姓更受推崇，到唐高宗乾封元年，"追号老君为太上玄元皇帝"。[1] 可见，乾封元年是老君列入先代帝王的一个节点。按唐代先代帝王陵户二十的标准，唐太宗贞观十一年给老君庙二十户享祀也是悖于常典。而且，开元时期老君庙陵户设置也突破了二十户的规定。《唐六典》卷 3 中称："凡太山天齐王置守庙三百户，亳州玄元皇帝庙置三十户。（其亳州户每户营田十亩，以充祠祭等用。）"[2] 陵户 30 户在唐代是给太子陵或追封李氏先代帝王陵的待遇，说明老君庙和孔子宣尼庙一样再次因尊崇而逾制。这里还提及泰山天齐王守庙三百户，不过，天齐王庙陵户没有这么多，《开元十三年东封赦书》中谈道："宜封泰山神为天齐王，礼秩加三公一等，宜令所管崇饰庙祠，环山千里宜禁其樵采，给近山二十户复，以奉祠神。"[3]《唐六典》成书于开元二十六年，这么短的时间陵户设置应该不会改变。至于为什么出现"守庙三百户"，这与五陵"三千户"性质类似。《唐六典》卷 3《尚书户部》中记载："凡京畿充奉陵县及诸陵墓及庙邑户，各有差降焉。桥陵尽以奉先；献陵以三原，昭陵以醴泉，乾陵以奉天，定陵以富平，各三千户。"[4] 这里"三千户"是以一个区域内的民户来专门担负供养寝陵之役，属于笼统性派役概念，天齐王庙守户三百也应属于这一性质。当然，唐代这种特殊化的力役安排除此之外仅见于五陵，由此可见，对泰山天齐王庙的尊崇非常高。

　　当然，老子和孔子庙陵户设置的逾制是相对帝陵而言的，如果从国家设范立制来说，也可以属于特殊的制度规定。不过，唐前期的确存在违反帝陵或亲王给陵户规定的。如《唐会要》载：

1　杜佑：《通典》卷 53《礼十三》，第 1478 页。

2　李林甫等：《唐六典》卷 3《尚书户部》，第 78 页。

3　宋敏求编《唐大诏令集》卷 66《开元十三年东封赦书》，第 372 页。

4　李林甫等：《唐六典》卷 3《尚书户部》，第 77 页。

（先是，武氏昊陵、顺陵置守户五百人，梁王三思及鲁王崇训墓，各置守户六十人，又韦氏褒德庙，置守户一百人。）至景龙三年三月十六日，太常博士唐绍上疏曰："谨按昊、顺二陵，恩敕特令依旧，因循前例，守户与昭陵数同。又先代帝王陵户，准式二十人。今虽外氏特恩，亦须附近常典。请准式量减，取足防闲，庶无逼上之嫌，不失尊崇之道。又亲王守墓，旧制例准得十人。梁、鲁近加追赠，不可越于本爵。准令，赠官用荫，各减正官一等，故知赠之与正。义有抑扬，礼不可逾，理须裁制，请同亲王墓户，各置十人为限。"[1]

昊陵和顺陵是武则天称帝后追封其父亲武士彟和母亲杨氏后的陵墓名号。由于景龙时期武则天已经撤去帝号，所以，唐绍引先代帝王例，认为陵户不能超过 20 人。不过，武则天称帝时，对其父亲和母亲属于追封。从《唐六典》陵户记载来看，追封最多是 100 人，少者才 30 人。而武则天却将其父母陵户等同昭陵，[2]要知道昭陵是李世民的陵墓，虽然从李治处讲都是父母，但李世民是唐代的皇帝，武则天将武士彟和杨氏等同于李世民，明显是尊崇逾制。又武三思和武崇训墓，按这两个人都是武则天称帝时加封的亲王，中宗即位后追赠武三思为太尉，武崇训为鲁王。无论从哪一方面看，这两个人都是亲王阶层，按照唐前期制度，亲王墓守户以 10 人为限，而二墓各置守户 60 人，明显超过规定。此外，韦氏褒德庙，是中宗为皇后韦氏祖考所立之庙。唐前期李氏先考中有功勋的李虎、李昞陵户才 100 人，而献祖李熙、懿祖李天锡陵户才 30 人，韦后先考即使追封也达不到皇帝级别，故守户 100 人也是悖于常典。那么，为什么明显有悖于礼法，却又能够实行呢？唐绍提到"恩赦特令"，就是皇帝可以通过特令的形式绕过常典，从而实现逾制之举。

1　王溥：《唐会要》卷 21《诸僭号陵》，第 409 页。王钦若等编《册府元龟》卷 587《掌礼部·奏议十五》（第 7022 页）亦有记载。

2　昭陵守户 500 人，与《唐六典》记载的 400 人有出入，是记载错误还是确为 500 人，待考。

（三）唐后期陵户设置中礼制规范的因循与变化

唐后期实行两税法，要求陵户只能雇役，不许差配，但雇役所需价钱由地方供给，如唐文宗《大和七年册皇太子德音》中，"其诸陵守当夫，宜委京兆府以价直送陵司，令自雇召，并不得差配百姓"。[1] 这说明原来属于中央诸司所支配的色役由地方直接雇佣，在两税上供、送使和留州三分中，其雇值由留州负责。大和七年德音中"京兆府以价直送陵司，令自雇召"可能是新的规定，在此之前估计就是由京兆府直接雇佣陵户送陵司。即使如此，也未见得遵守，如唐昭宗《改元天复赦》中又申明："其每年奉陵诸县差配芟刈人夫不少，殊不切用，徒为劳扰。自今已后，但每年芟薙之时，委京兆府于本县苗税钱数内，酌量功价，支付陵令，遣自和雇人夫，委拜陵官，常加点检。"[2] 实际上，唐后期中央政府屡次申明地方用役需要采取雇佣形式，其雇值由两税钱充，恰恰说明地方并不遵守这种用役规定。至唐宣宗大中六年三月，中书门下谏免郑光庄田税奏中出现"随户杂徭，久已成例，将务致治，实为本根"，[3] 反映出地方实际征徭派役的普遍性。至大中九年，诏书称："以州县差役不均，自今每县据人贫富及役轻重作差科簿，送刺史检署讫，锁于令厅，每有役事，委令据簿轮差。"[4] 制作差科簿是国家层面对地方征役的承认，也是力求对地方征役无序化的规范。正是在这一背景下，陵户之役被重新确定。

尽管陵户在差雇之间性质有变化，但陵户设置还是遵循着唐前期的礼法规范。如唐文宗大和时期，杨元凑《请京兆府扬州给守陵丁人奏》中云："臣先祖隋文帝等四陵，一所在凤翔，一所在扬州，两所在京兆府。准去年四月九日敕，二王后介国公先祖陵例，每陵每月合给看守丁

1　宋敏求编《唐大诏令集》卷 29《大和七年册皇太子德音》，第 107 页。

2　宋敏求编《唐大诏令集》卷 5《改元天复赦》，第 32 页。

3　王溥：《唐会要》卷 84《租税下》，第 1545 页。

4　马端临：《文献通考》卷 12《职役考一》，第 340 页。

三人。凤翔府已蒙给丁，其京兆府及扬州未蒙准。"[1] 二王三恪是唐代宾礼的重要内容，对二王后先祖陵陵户的设置来自贞观诏书："介国公宇文氏落、邹国公杨行恭，二王之后礼数宜隆，寝庙未修，廪饩多缺，非所以追崇先代，式敬国宾，今可令有司量置国官，营修庙宇。"[2] 按唐前期规定，先代帝王陵给陵户二十人。又《唐六典》中称："周文帝、隋文帝陵各置二十人，周、隋诸帝陵各置十人。（皆取侧近下户充，仍分作四番上下。）"[3] 可见，隋文帝陵和隋其他诸帝陵不同，但杨元凑奏议中却称根据四月九日敕中二王后介国公先祖陵例，诸陵没有区分，每陵每月一律给看守丁三人。那么，唐后期执行的是什么标准呢？其实是执行了先代帝王陵给陵户二十人的标准。因为按照唐前期四番来看，20 人分为四番，每番 5 人，服役 3 个月。但由于陵户还要从事生产，因此，每月 5 人也不是整月都在上，又分为上下半月，这样实际每月是 2.5 人，人不可能分成半个，进而为 3 人，这与每陵每月给陵户 3 人契合。不仅如此，唐后期还实行了类似"五陵各三千户"的特殊奉陵力役。如唐文宗大和元年（827）五月，京兆府奏："庄陵准穆宗陵例，割邻近县乡奉陵供应。今高陵县万福乡、富陵县从化乡、云阳县善化乡、泾阳县尝乐乡，其界并不隔越。伏准穆宗陵例，合割前件四乡属三原县，添奉陵寝。"[4] 最后被采纳。当然，唐后期也曾出现尊崇逾制的现象，如唐宪宗永昌公主去世，准礼令起祠堂，但耗费巨大。李吉甫奏请设墓户，得到宪宗同意。不过，宪宗对李吉甫言："卿昨所奏罢祠堂事，深惬朕心。朕初疑其冗费，缘未知故实，是以量减。览卿所陈，方知无据。然朕不欲破二十户百姓，当拣官户委之。"[5] 永昌公主尽管后来被封为梁国公主，但按唐前期规定，"诸亲王墓各置十人，诸公主墓各置五人"，[6] 墓户 20

1　董诰等编《全唐文》卷 745《请京兆府扬州给守陵丁人奏》，第 7716 页。

2　王泾：《大唐郊祀录》卷 10《飨礼二》，民国适园丛书刊旧抄本。

3　李林甫等：《唐六典》卷 3《尚书户部》，第 78 页。

4　王钦若等编《册府元龟》卷 30《帝王部·奉先三》，第 331 页。

5　《旧唐书》卷 148《李吉甫传》，第 3995 页。

6　李林甫等：《唐六典》卷 3《尚书户部》，第 78 页。

人都远远超过其身份。

　　唐代陵户设置制度到五代后开始发生变化，陵户逐渐减少。后唐时期尚坚持先代帝陵陵户二十户的标准，如后唐庄宗同光三年（925）诏曰："关内诸陵，顷因丧乱，例遭穿穴，多未掩修。其下宫殿宇法物等，各令奉陵州府据所管陵园修制，仍四时各依旧例荐飨。每陵仰差近陵百姓二十户充陵户，以备洒扫。其寿陵等一十陵，亦一例修掩，量置陵户。"[1] 但到后周时期，太祖郭威力主山陵俭素，这影响了陵户的设置。早在后周开国之初，就下诏："近代帝王陵寝，合禁樵采。唐庄宗、明宗、晋高祖，各置守陵十户，以近陵人户充。汉高祖皇帝陵署职员及守宫人，时日荐飨，并守陵人户等，一切如故。"[2] 从唐庄宗、明宗、晋高祖各置守陵户十户来看，唐先代帝王陵户二十户之制已不再被遵守。即使郭威本人，在病危时也多次晓谕晋王柴荣："我若不起此疾，汝即速治山陵，不得久留殿内。陵所务从俭素，应缘山陵役力人匠，并须和雇，不计近远，不得差配百姓。陵寝不须用石柱，费人功，只以砖代之。用瓦棺纸衣。临入陵之时，召近税户三十家为陵户，下事前揭开瓦棺，遍视过陵内，切不得伤他人命。勿修下宫，不要守陵宫人。"[3] 郭威作为皇帝，只允许设陵户 30 户，这与唐代相比已大大减少。后周陵户设置规制也被北宋继承，宋太祖乾德四年（966）十月颁布了《前代帝王置守陵户祭享禁樵采诏》，[4] 在该诏书中将前代帝王分为四等。第一等包括三皇五帝陵、夏禹、商汤、周文王、周武王、汉高祖、东汉光武帝、唐高祖、唐太宗，总共十六帝，各置守陵户五户；第二等是商中宗帝太戊、武丁、周成王、康王、汉文帝、宣帝、魏武帝、晋武帝、后周太祖文帝、隋高祖文帝，以上十帝，置三户；第三等是秦始皇、汉景帝、武帝、后汉明帝、章帝、魏文帝、后魏孝文帝、唐明皇、肃宗、宪

---

1 《旧五代史》卷 32《庄宗纪第六》，中华书局，1976，第 449 页。
2 《旧五代史》卷 110《太祖纪第一》，第 1460 页。
3 《旧五代史》卷 113《太祖纪第四》，第 1503 页。
4 《宋大诏令集》卷 156《前代帝王置守陵户祭享禁樵采诏》，中华书局，1962，第 585~586 页。

宗、宣宗、后梁太祖、后唐庄宗、明宗、后晋高祖，以上十五帝，各置守陵户两户；第四等共计三十八帝陵，包括唐高宗乾陵、中宗定陵、睿宗桥陵、代宗元陵、德宗崇陵、顺宗丰陵、穆宗光陵、敬宗庄陵、文宗章陵、武宗端陵、懿宗简陵、僖宗靖陵、昭宗和陵等，都不再设陵户。从北宋太祖对前代帝陵陵户的设置来看，陵户人数被很大程度地缩减。然而，从另一侧面也应该看到，北宋还在实施陵户制度。不仅如此，唐代奉陵的特殊力役形式在北宋时期依然被使用，如宋真宗景德四年（1007）下诏，升皇陵所在地巩县永安镇为永安县，诏书中称："朕恭朝陵寝，式展孝思，仰惟列圣之灵，方积昊天之感。营建城邑，充奉山园，祗率徽章，用崇先烈。永安镇特建为县，隶河南府，同赤县，令本府与转运司割移近便人户。二税止输县仓，不得移拨，常赋外特免其佗役，著于甲令，慰朕永怀。"[1] 此处，永安县二税外免其他役，实际上是专门为陵寝服务，这与唐代五陵三千户用役一致。

总之，礼制是一种法律化的礼仪规范。唐代陵户设置既存于法，又寓于礼，在一定程度上是礼仪的外在表现形式。

唐代陵户设置的等级差别和变化反映出唐代礼制与政治的紧密关联。首先，陵户设置是唐代政治地位和尊卑等级的体现。唐代陵户设置严格区分了帝陵、追封的帝陵、先代帝陵、太子陵以及亲王、公主墓等，每一等级都有具体的标准，如果超出这一标准，就有僭越之嫌。其次，唐代陵户设置作为礼制的组成部分，其调整变化也带有为现实政治服务的鲜明特点。任爽先生就曾指出："因为君主集权不仅要求礼制的确认，而且要求礼制在各个层次上为其服务。"[2] 像武则天将其父母亲陵墓昊陵和顺陵的陵户设置等同于昭陵，无疑有意提高武氏的政治地位。而武三思、武崇训墓户设置达 60 人，韦氏宗庙庙户 100 人，都有当时现实政治的影子。当然，陵户设置并非都是消极地为现实服务。唐初对

---

1 徐松辑《宋会要辑稿》方域五，刘琳等校点，上海古籍出版社，2014，第 9357 页。

2 任爽：《唐代礼制研究》，东北师范大学出版社，1999，第 224 页。

孔子宣尼庙、老子老君庙各给二十户享祀则有政治的导向。而后来提高老君庙地位为玄元皇帝庙，增加陵户，以及唐玄宗封禅泰山后大封天齐王庙，并给予陵户、守户，则有稳固和加强李氏政治统治的意味。最后，从唐代陵户设置在唐后期乃至五代宋初的因循能够看出，礼制在为中国古代政权提供统治依据、提高君主地位以及调节各阶层政治关系上不可或缺。如唐文宗时杨元凑《请京兆府扬州给守陵丁人奏》反映出在唐后期仍然对二王后给予享祀，其个中缘由，白居易作为唐后期的时人认识得非常清楚："二王后，彼何人？介公、酅公为国宾，周武隋文之子孙。古人有言天下者，非是一人之天下。周亡天下传于隋，隋人失之唐得之。唐兴十叶岁二百，介公、酅公世为客。明堂太庙朝享时，引居宾位备威仪。备威仪，助郊祭，高祖太宗之遗制。不独兴灭国，不独继绝世。欲令嗣位守文君，亡国子孙取为戒。"[1] 可见，二王宾礼作为政治统治的鉴戒在唐后期不可能消亡，即使到了宋代，仍有新的二王宾礼。同样，对先代帝王陵陵户的设置也有昭示政治延续合法性的意味。另外，唐后期乃至宋代帝陵都存在割邻近县乡人户作为奉陵供应力役户的行为，这不仅仅是维护陵寝的需要，也有彰显皇家政治地位的意味。当然，唐代有些超越常规的陵户设置也并非都有现实政治的考量，而是出于帝王一时的情感。如李弘被高宗追封为皇帝，制度一准天子之礼，其陵户设置一度达到 300 人；唐宪宗为永昌公主设墓户二十，都有悖传统。可以想见，这种任情之举必然会冲击传统礼制的常典；同时，也从一个侧面反映出君主凌驾于礼制规范之上的特殊权力。

1　谢思炜校注《白居易诗集校注》卷 3《二王后》，第 287 页。

第六章　特殊户役与白直：唐宋之际色役的关联

　　在宋人有关役的称谓中，"职役"一词几乎不被使用。《宋史》《宋大诏令集》无一处"职役"记载；《续资治通鉴长编》作为北宋当代史，仅有一见。[1]清人所辑《宋会要辑稿》中也仅有四处涉及职役的称谓。相较而言，宋代文献习惯上称"差役"，同时，唐代"色役"的称谓在宋代依然保持，且数量较多。聂崇岐在《宋役法述》中称"宋代役法多殊于古"，认为："宋之役则不然，盖就其职名观之，实为秦汉郡县掾属、胥史及乡官之变相，与旧日兵役、力役什九无干也。故马端临作《文献通考》，特立职役一门。役而

1　李焘：《续资治通鉴长编》卷12，太祖开宝四年春正月辛亥，第258页。"通判阆州、殿中侍御史平棘路冲言：'本州职役户负恃形势，输租违期，已别立版簿于通判厅，依限督责。欲望颁为条制。'诏诸州府并置形势版簿，令通判专掌其租税。"

曰职，端为明其异于古之役耳。宋之色役，名目綦多。"[1]其二级标题即为"宋代色役及其渊源"，沿用"色役"这一传统概念。由此可见，宋代职役或差役与色役之间关联甚多。本章尝试基于唐代色役的解构和特征考察宋代职役和差役语境下被忽略的色役因子，希望既能反观唐代色役，在"珍珠倒卷帘"中发现色役的隐性特质，同时也能对宋代职役与夫役的研究框架进行新的诠释。

一　北宋募役法改革前的特殊户役

有宋一代役法颇为复杂。一方面，宋代史籍记载中役名丛脞，出现差役、色役、募役、雇役、夫役、义役等多种称谓，致使宋代役法研究存在多重语境，如首起宋人马端临对职役的概括，以及现代学者对差役、色役的解析；[2]另一方面，宋代役法中差役与雇役的纠葛，职吏与职役的混杂，也使宋代役法研究看似名目清晰，实则问题多多。仅就北宋募役法改革前役制而言，一些特殊户的服役现象就值得注意，这些特殊户包括陵户、庙户、柏子户、畦户、俸户、佃种官田户以及家有农师、医人的农户等。它们在《宋史·食货志》中根本未被提及，《文献通考·职役考》中也仅有农师记载，其他户则湮没无闻。上述特殊户役在唐代基本上属于色役范畴，那么，它们在宋代居于何种地位？在宋代职役与夫役的传统役制解释框架下它们属于什么性质？从宋代特殊户役的存在反观有宋一代役制，是否有必要重新进行诠释？鉴于上述问题，本节尝试对北宋募役法改革前的特殊户役进行深入分析，希望能获得有关宋代役法方面的新知识，并提出新的理论认识。

1　聂崇岐：《宋役法述》，《宋史丛考》，中华书局，1980，第1页。

2　聂崇岐：《宋役法述》，《宋史丛考》，第1~69页；漆侠：《关于宋代差役法的几个问题》，《宋史论集》，第1~20页；王曾瑜：《宋代的差役和形势户》，《历史学》1979年第1期。

（一）北宋募役法改革前特殊户役的存在

关于宋代役法，《宋史·食货志》称：

> 役出于民，州县皆有常数。宋因前代之制，以衙前主官物，以里正、户长、乡书手课督赋税，以耆长、弓手、壮丁逐捕盗贼，以承符、人力、手力、散从官给使令；县曹司至押、录，州曹司至孔目官，下至杂职、虞候、拣、掏等人，各以乡户等第定差。京百司补吏，须不碍役乃听。[1]

《文献通考》对宋役的概括与此基本相同。从上述记载来看，宋代役的名目较多，有衙前、里正、户长、乡书手、耆长、弓手、壮丁、承符、人力、手力、散从官等，此外，在县曹司至押、录，在州曹司至孔目官，下至杂职、虞候、拣、掏等。不过，这些役大致可以归入职役或差役范畴。关于宋代职役或差役的研究状况，已有学者进行总结。[2] 但宋代役制并非仅此而已，如夫役、匠役等，[3] 除此之外，还有一些特殊户役也是宋代役法的组成部分。

陵户在宋代特殊户役中比较典型。宋代陵户主要负责陵寝洒扫、看护或种植树木等事宜。庙户和柏子户与其类似，这里一并在陵户下讨论。宋太祖乾德四年十月颁布了《前代帝王置守陵户祭享禁樵采诏》，在该诏书中将前代帝王分为四等。第一等包括三皇五帝陵、夏禹、商汤、周文王、周武王、汉高祖、东汉光武帝、唐高祖、唐太宗等，总共十六帝，各置守陵户五户；第二等是商中宗帝太戊、武丁、周成王、康王、汉文帝、宣帝、魏武帝、晋武帝、后周太祖文帝、隋高祖文帝，

1　《宋史》卷177《食货志上五·役法上》，中华书局，1985，第4295页。

2　刁培俊：《20世纪宋朝职役制度研究的回顾与展望》，《宋史研究通讯》2004年第1期。

3　参见梁太济《两宋的夫役征发》、包伟民《宋代民匠差雇制度述略》，收录在徐规主编《宋史研究集刊》，浙江古籍出版社，1986，第1~42、43~86页。

以上十帝，置三户；第三等是秦始皇、汉景帝、武帝、后汉明帝、章帝、魏文帝、后魏孝文帝、唐明皇、肃宗、宪宗、宣宗、后梁太祖、后唐庄宗、明宗、后晋高祖，以上十五帝，各置守陵户两户；第四等共计三十八帝陵，不再设陵户。其中，特别规定："陵户并以陵近小户充，除二税外，免诸杂差徭。"[1]"陵近小户"应该属于下等户，但此时尚未有户等之分。因为在其后的太平兴国五年（980）二月，京西转运使程能还上言："诸道州府民事徭役者未尝分等，虑有不均。欲望下诸路转运司差官定为九等，上四等户令充役，下五等户并与免。"[2]另外，"免诸杂差徭"，说明陵户本身就属于差徭的一种，服陵户役与其他役之间为替代关系。宋初，户口未加分等，尚无法界定陵户属于何等级，以及所服役的类别。但随着户口制度的调整，这一问题逐步清晰。《宋会要辑稿》载：

　　（景祐）四年（1037）七月三日，上封者言："诸陵及会圣宫见占柏子户稍多，并是上等人户，影庇差役，乞行相度减省。"诏三陵柏子户各存留四十人，永定陵五十人，会圣宫一十人，宜令河南府从上等户内减放归农。

　　康定二年（1041）七月五日，端明殿学士、翰林侍读学士李淑上言："昨使永安回，伏见陵邑利害上陈。永安县本巩县之镇，景德四年始建为县，充奉陵邑。其时敕榜，二税不得支拨别处，常服［赋］外仍免雷同差役。自后［不］惟应举［奉］陵宫取索及充柏子户，并匠栽松柏、市笆越、车材、食羊，皆出本县，惟免支拨、雷同二事。自景祐四年，因减定柏子户归农，除存留数外，依旧应副色役。本府误认诏语，遂将本县抽差色役、科折、和买、调率，皆与它邑一例。又应奉陵宫诏葬，凡百费率特倍余

1　王明清：《挥麈前录》卷 2《祖宗重先代陵寝诏禁樵采》，燕永成整理，《全宋笔记》本，大象出版社，2019，第 21 页。

2　李焘：《续资治通鉴长编》卷 21，太宗太平兴国五年二月丙午，第 472 页。

处，民力不易，亦有诣阙列诉。欲乞自今一依景德敕榜处分。诸陵柏子户旧额，安陵、永昌陵、永熙陵各八十人，永定陵一百人，会圣宫二十二人。昨景祐四年七月臣僚上言，四陵各减半，会圣宫只留十人。伏缘陵寝地阔，芟治少人，纵有奉先军士，多别系役。臣以谓陵邑充奉，耘除园域，纵以一县奉之亦未为过，但前占多近上户等，遂至人言。欲乞应柏子户并依旧额添足，凡有阙补，只得差第三等已下户。如此，则地芜可以修奉，户豪不能庇役。"诏并从之。[1]

根据仁宗景祐四年上封者所言，此时诸陵的柏子户多由上等人户充当。根据邢铁研究，在宋代九等户向五等户转变有一个过程，大致从太宗太平兴国五年逐步制定和推广，经历四五十年时间，至真宗天禧、仁宗明道时期才在全国普遍推行。[2]故景祐年间已经是五等户制，而上等人户则是五等户中的一、二、三等户。柏子户被上户用来影庇差役，说明其本身也属于差役之一。康定二年李淑上言恢复了柏子户的旧额，即"安陵、永昌陵、永熙陵各八十人，永定陵一百人，会圣宫二十二人"。这一旧额在景祐四年被减半。这说明陵户，包括庙户、柏子户都有固定的使役人数。同时，要求以后柏子户有阙补，只能差第三等以下户，这与前文陵户差下等户记载相吻合。

上述陵户和柏子户都在陵寝中设置，会圣宫是北宋皇帝祭陵的行宫，其柏子户也属于陵寝范围。在陵寝之外，太庙、宗庙中也有陵户、柏子户设置。如英宗在治平三年（1066）下诏，为其生父濮安懿王园庙置柏子户五十人。[3]孔庙在熙宁变法前人数也很多，"本庙元差洒扫户五十人、看林户五人"。[4]熙宁变法时，朝廷裁减役人，为了使募役

1　徐松辑《宋会要辑稿》礼三七，第 1574 页。
2　邢铁：《九等户到五等户的转变时间》，《中国社会经济史研究》1990 年第 1 期。
3　《宋史》卷 123《礼志二十六·濮安懿王园庙》，第 2876 页。
4　李焘：《续资治通鉴长编》卷 389，哲宗元祐元年十月丙戌，第 9450 页。

钱宽剩,遂把洒扫户减作三十人,看林户减为三人。到哲宗元祐元年(1086)才又恢复原额。

除陵户外,北宋募役法改革前还有畦户、俸户、佃种官田户以及家有农师、医人的农户等其他特殊户役。

畦户是宋代解盐晒盐户的专称。《续资治通鉴长编》记载:"引池为盐,曰陕西解州解、安邑两池。垦地为畦,引池水沃之,水耗盐成。籍州及旁州民给役,谓之畦户,总三百八十户,复其家,户岁出夫二谓之畦夫,岁给户钱四万,日给夫米二升,岁二月垦畦,四月引池为盐,八月而止。"[1]这里畦户"复其家",是蠲免其家的一切赋税和徭役。畦户的来源是本州和旁州,宋仁宗嘉祐六年(1061),"两池畦户,岁役解、河中、陕、虢、庆成之民,官司旁缘侵剥,民以为苦,乃诏三岁一代。尝积通课盐至三百三十七万余席,遂蠲其半。中间以积盐多,特罢种盐一岁或二岁三岁,以宽其力。后又减畦户之半,稍以佣夫代之,五州之民始安"。[2]由此可见,畦户除解州外,另有河中府和陕、虢、庆成军的百姓。不过,嘉祐五年(1060),张席奏状中提到:"臣访闻陕西种盐畦户,岁于河中、庆成、陕、虢、解五州军,河东等二十余县,差人户充应。"[3]说明畦户来源还包括河东路的二十多个县。畦户在嘉祐六年"诏三岁一代",透露出畦户新的服役周期。而在嘉祐六年之前,畦户的身份可能是终生的。

俸户是五代后汉及宋初为州县官及部分中级以上官员配置,负责将其俸禄中实物转换为现钱的民户,又称回易料钱户、回易料钱俸户。俸户在北宋存在时间不长,从太祖乾德四年七月到开宝九年(976)十一月,总共存在10年。关于俸户的设立,宋朝官府颁布了两个诏书,一个是乾德四年七月的《复置俸户诏》,称:"应天下令录簿尉判司等,宜

1　李焘:《续资治通鉴长编》卷97,真宗天禧五年,第2260页。
2　《宋史》卷181《食货志下三·盐上》,第4419页。
3　赵抃:《清献集》卷9《奏札乞检会张席奏状相度解盐》,《景印文渊阁四库全书》,第1094册,第876页。

准汉乾祐三年（950）敕，复于中等无色役人户内置俸户。据本处所请料钱，折支物色。每一贯文给与两户货卖，逐户每月输钱五百文。除二税外，与免余役。其所支物色，每岁委官随蚕盐一并给付。如州县阙正员，差人承摄者准此。"[1] 这里需注意的是，俸户是从中等无色役人户中选取，并免除其他徭役，这意味着俸户与其他色役之间处于并列的地位。另一个诏书是开宝四年（971）十一月的《幕职官置俸户诏》，主要规定："自今诸道州幕职官，并依州县官例置俸户。"[2] 由于俸户是每月输钱 500 文，故根据官员料钱规定，固定俸户数量。《宋会要辑稿》详细记载了各个等级官员的俸户数，如"万户以上县，令料钱二十千，四十户；主簿、县尉料钱各十二千，每人二十四户。七千户以上县，令料钱十八千，三十六户；主簿、县尉料钱各十千，每人二十户……五万户以上州，司录、录事参军及两京司录，每人料钱二十千，四十户；司户、司法每人料钱十千，各二十户。三万户已上州，司户、录事参军每人料钱十八千，三十六户；司户、司法每人料钱九千，各十八户"。[3]

佃种官田户在宋初也属于特殊役户。如福建官庄田佃户，《（淳熙）三山志》记载：

> 天禧四年（1020），转运使方仲荀言："福州官庄田自来给与人户主佃，止纳夏秋二税，更不他输物色。（元夏税钱五百二十五贯二百八十一文足，秋税米九千四百九十八石有奇。）乡虽经朝省均定，缘百姓私产，并用资买，既输税，又充色役。佃官庄户乃是请射成熟田地耕作，复免随例差徭，深见亏官。请估价，许元佃者承买，与限二年偿，所得估直度可三十万缗。"不从……五年，前福建提刑王文震奏："福州佃官田户，虽系屯田名目，只依二税催科。产钱不计少多，例免门役差遣。臣管见屯田户既特免租课，

1　《宋大诏令集》卷 178《复置俸户诏》，第 639 页。
2　《宋大诏令集》卷 178《幕职官置俸户诏》，第 639 页。
3　徐松辑《宋会要辑稿》职官五七，第 4567 页。

又不追田价，即与平产人户田业无殊。欲乞削去屯田名目，割归税簿催科，止当门役。"省司议，名目依旧，屯田不得充为永业，其差遣宜依平产人例，有旨依。天圣三年（1025），张希颜请："福建七州官庄并各输租，惟福州独依私产，复免差徭，岂非幸民，乞依臣先来均定租米。"胡则奏："当州官田已奉敕均定，与私产雷同，催科已经四十六年。若依张希颜所奏，改纳租米，且官田咸蒸瘠薄者多，肥浓浚壤者少。地临巨海，夏秋之间，海潮飓风，漂荡流落，州县难于催督。乞仍纳二税，不输租课。"[1]

宋初福建官庄的特点是按私产收夏秋税，但免差徭。故从天禧到天圣年间，不断有人主张将官庄卖与百姓，按私产征税派役。从文中来看，福州佃官田户，"系屯田名目"，正因为如此，才有免役的优惠。福州佃种官田并非特例，如孔庙赐田，程颐在哲宗元祐元年上《修立孔氏条制》，并主张蠲免赐田税赋，"依乡川厚薄召人种佃，其佃户并免差徭、夫役"。[2] 虽然此条出现在募役法改革后，但元祐元年恰是恢复差役制的时期，程颐强调此点应该是遵循了募役法改革前的旧制。

除此之外，宋初特殊户役也包括农师和医人之户。北宋设置农师在宋太宗太平兴国七年（982）闰十二月，在《置农师诏》中称："宜令诸道州府，应部民有乏种及耕具人丁，许众共推择一人，练土地之宜，明种树之法，补为农师……为农师者，常税外免其他役。"[3] 担任农师的人，常税之外免其他役。北宋时期按户派役，农师免役应是免当户之役。关于医人，北宋翰林医官院或太医局都有一定数量的医人，但这些医人属于中央百司吏的性质。与其相比，州县医人则属于役的形式。如《（淳

1　梁克家：《（淳熙）三山志》卷11《版籍类二·官庄田》，《景印文渊阁四库全书》，第484册，第213~214页。

2　程颢、程颐：《二程文集》卷9《修立孔氏条制》，《景印文渊阁四库全书》，第1345册，第686页。

3　《宋大诏令集》卷182《置农师诏》，第659页。

熙）三山志》载："医人，州三人，县各一人。嘉祐六年，州县号当旬医人者许于郭下轮差，其外县医人听侧近村抽取。各不限主客户，仍不得影占州色役。熙宁四年（1071），本州相度，诸县医人如无愿祗应处，量给佣钱，募人充应。诸县各一人，内七人给雇钱。元祐初，以第四等户轮给，与免身丁。绍圣闽、侯官各增一人，今县各一人，余杂职以下悉附见于后。"[1]

北宋募役法改革前还有两个比较特殊的户役，如登州沙门岛土户，因为来回运送东北女真进贡马匹，所以"应所纳逐年夏秋赋租、曲钱及沿征泛配诸杂名目物色，并州县差徭，今后并与免放"。[2]再者，河东路的义勇指挥使所在户也属于免役户，欧阳修谈及中书奏状时称："河东都转运司准康定元年（1040）九月十四日敕节文：'河东路强壮，应见充指挥使，内虽系第一至第三等户者，州县更不得轮次别差色役。'窃缘义勇指挥使，各是乡村第一、第二等力及有家活产业人户，今来一年之内，只是一季上番，多在本家管勾农业。兼当司体量得正副指挥使等，俱是上等人户拣充，最属侥幸。其余等第人户丁数稍多，亦是一半[般]点充义勇祗应，仍更不免州县差役。"[3]

上述这些特殊户役表现出一些共同特征。首先是对其他役的免除。如免杂役差科、杂差徭或者不得再轮差役、色役，甚至复其家等。其次是服役内容的专门性。如前述陵户、庙户、柏子户、畦户、俸户、佃种官田户以及家有农师、医人的农户，也包括登州沙门岛土户、河东路的义勇指挥使所在户，它们服役内容固定、明确，进而形成某种社会身份。最后是管理机构的特殊性。虽然上述特殊役户都由地方州县管理派役，但他们都或多或少与中央派出机构有关联，如陵户、庙户、柏子户

---

1 梁克家：《（淳熙）三山志》卷14《版籍类五·州县役人》，《景印文渊阁四库全书》，第484册，第229页。

2 《宋大诏令集》卷185《矜蠲沙门岛人户赋租诏》，第673~674页。

3 黄维、杨士奇编《历代名臣奏议》卷255《赋役》，《景印文渊阁四库全书》，第440册，第275页。

主要服务于帝陵、宗庙机构，由与州县平级的陵台或祭祀礼仪机构管理。畦户、佃种官田户、登州沙门岛土户、河东路义勇指挥使所在户的服务管理机构也不是单纯的州县。虽然俸户、农师和医人隶属州县，但俸户属于官吏个人，农师和医人也不是普通的杂徭役。

（二）北宋募役法改革前特殊户役的性质

陵户在北宋募役法改革前与其他差役性质相同。如前述仁宗景祐四年七月三日，上封者言："诸陵及会圣宫见占柏子户稍多，并是上等人户，影庇差役，乞行相度减省。"[1] 既然上户利用柏子户身份不出差役，说明陵户本身就是差役的一种。作为差役，陵户与其他差役形式相同。充当陵户者一般是下等户，柏子户明确为三等以下户。陵户有固定的使用数量，如康定二年，柏子户恢复旧额，安昌、永昌陵、永熙陵各八十人，永定陵一百人，会圣宫二十二人。[2] 英宗在治平三年下诏，濮安懿王园庙，柏子户定额五十人。[3] 孔庙在熙宁变法前洒扫户五十人、看林户五人。[4] 陵户服役于诸陵或宗庙，其管理机构比较特殊。《宋会要辑稿》职官志下"宗正寺"条记载："陵台令，以京朝官一员知永安县，兼令事。又诸陵有副使、都监，以内臣充。"[5] 这里陵台令与永安县知县的关系值得注意。太祖乾德二年（964），"以巩县令兼安陵台令"，[6] 此时永安县仍称巩县，陵寝也只有太祖父亲的安陵，这里安陵台令由巩县县令兼任。但到真宗景德四年，专门下诏，选官充知陵台令兼永安县事，并特别指出："仍令有司就陵令公署增修县廨。"[7] 可见，陵户服役管理机构虽为永安县，但实际是陵台公署。陵台令兼知永安县，不是专官，但其下

1　徐松辑《宋会要辑稿》礼三七，第 1574 页。

2　徐松辑《宋会要辑稿》礼三七，第 1574 页。

3　《宋史》卷 123《礼志二十六·濮安懿王园庙》，第 2876 页。

4　李焘：《续资治通鉴长编》卷 389，哲宗元祐元年十月丙戌，第 9450 页。

5　徐松辑《宋会要辑稿》职官二十，第 3563 页。

6　李焘：《续资治通鉴长编》卷 5，太祖乾德二年戊辰，第 123 页。

7　《宋大诏令集》卷 161《选官充知陵台令兼永安县事诏》，第 609 页。

有专门的陵台副史和都监。都监管理守陵兵士，实际管理陵户的是副史，如景德元年（1004）六月二十一日，"诏永安县诸陵园松柏，宜令守当使臣等督课奉陵柏子户，每年以时收柏子，于滨河隙地布种，俟其滋茂，即移植以补其阙"。[1] 这里的守当使臣应该就是副史。对此，景德四年七月二日诏说得更为清晰："访闻诸陵使、副常遣人出入兆域，芟薙草木，神道贵静，甚非便也。自今令遵典故，每岁春秋二仲巡陵，春除枯朽，秋芟繁芜，自余非时薙剪悉罢之。"[2]

畦户服役于解州解、安邑两池。从嘉祐六年"诏三岁一代"来看，宋初畦户身份是终生的，到此时才改为三年一代，说明畦户服役有周期。畦户免除其他役，是因为担任畦户本身就是一种役。但畦户"岁出夫二谓之畦夫，岁给户钱四万，日给夫米二升"。[3] 可知畦夫有口粮，每年还有四万户钱。这笔钱使畦户性质变得复杂起来，因为四万户钱带有雇佣的性质。不过，既然畦户是"籍州及旁州民给役"[4] 或是"差人户充应"，[5] 都有强差的痕迹，故宋初畦户的服役性质类似匠户的差雇。

宋初的俸户制度来自五代，但官员所发俸钱多数情况下会被折支为物品，也就是说官员并未得到实钱，为了弥补这一不足，于是设置俸户。其职责是据"本处所请料钱，折支物色。每一贯文给与两户货卖，逐户每月输钱五百文。除二税外，与免余役"。[6] 对于俸户的性质，冻国栋在《中国俸禄制度史》中言："这种办法类似于唐前期的公廨本钱之法：由官府出本，以高户主之，月取息以给官俸。显然此时所谓'俸户'制亦沿此。充当俸户之后，可以免除县司的其他差役。"[7] 冻先生所

1　徐松辑《宋会要辑稿》礼三七，第 1572 页。

2　徐松辑《宋会要辑稿》礼三七，第 1572~1573 页。

3　李焘：《续资治通鉴长编》卷 97，真宗天禧五年，第 2260 页。

4　李焘：《续资治通鉴长编》卷 97，真宗天禧五年，第 2260 页。

5　赵抃：《清献集》卷 9《奏札乞检会张席奏状相度解盐》，《景印文渊阁四库全书》，第 1094 册，第 876 页。

6　《宋大诏令集》卷 178《复置俸户诏》，第 639 页。

7　黄慧贤、陈锋主编《中国俸禄制度史》，第 232 页。

言俸户的前身实际上是捉钱户。这些捉钱户在唐代属于色役户，如唐宪宗时曾要求："五坊色役户及中书门下两省纳课陪厨户及捉钱人，并归府县色役。"[1] 李春润也认为唐代捉钱户"是色役户，隶名于一定部门，有免徭役和不受州县拘治等特权"。[2] 对比唐五代捉钱户，从制度因袭角度来看，宋初的俸户也具有色役性质。

　　关于佃种官田户的性质，宋真宗天禧五年（1021），前福建提刑王文震的上奏值得注意："福州佃官田户，虽系屯田名目，只依二税催科。产钱不计少多，例免门役差遣。臣管见屯田户既特免租课，又不追田价，即与平产人户田业无殊。欲乞削去屯田名目，割归税簿催科，止当门役。"结果："省司议，名目依旧，屯田不得充为永业，其差遣宜依平产人例，有旨依。"[3] 这里指出佃官田户系屯田名目，意思是佃官田户像屯田户的屯丁那样为官府服役。既然属于服役，就应该免除户役和其他差遣。屯田中的屯丁在唐代属于色役，如唐长孺曾专门论述唐代屯丁的色役化。[4] 那么，宋初与屯田类似的佃种官田户也应该具有独立色役的身份。而且从孔庙赐田，"其佃户并免差徭、夫役"[5] 的规定来看，佃种官田户的色役身份比较普遍。唐代屯丁类色役实际上是从正丁正役转化而来，这种情况并非唐代个案。前述登州沙门岛土户运送女真上贡马，也应属于夫役性质，但从他们被固定充役，并免除其他役来看，其也属于色役范畴。

　　农师和医人在宋代役制中等同于州县差役。如农师，太平兴国七年诏称："两京诸州，择郡民有练土地之宜、明种树之法者，补为农师，县一人。令相视田亩沃瘠及五种所宜，指言某处土田宜植某物，某家有

---

1 《旧唐书》卷 14《宪宗纪上》，第 421 页。

2 李春润：《唐代的捉钱制》，《中南民族学院学报》1982 年第 4 期。

3 梁克家：《（淳熙）三山志》卷 11《版籍类二·官庄田》，《景印文渊阁四库全书》，第 484 册，第 213~214 页。

4 唐长孺：《唐代色役管见》，《山居存稿》，第 177~179 页。

5 程颢、程颐：《二程文集》卷 9《修立孔氏条制》，《景印文渊阁四库全书》，第 1345 册，第 686 页。

种，某户有丁男，某人有耕牛。即令乡三老、里胥与农师同劝民分于旷土种莳，俟岁熟共取其利。为农师者，蠲租外，免其佗役。"[1] 由此能够看出，农师属于县役，与乡官一起有劝民归农之责。医人在《（淳熙）三山志》中也与解子、杂职、栏头、斗子、盐仓子等同列为县役人，选派医人不能影占州色役，说明医人本身就是色役。由此推之，医人应该有免其他役的权利。哲宗元祐时恢复差役，医人以第四等户轮给，反映出募役法改革前医人的轮差等级。与农师、医人类似，前述义勇指挥使所在户免州县役，应该也属于州县役人身份。

（三）基于募役法改革前的特殊户役对宋初役制的检讨

前面例举了北宋募役法改革前的特殊户役，它们在《宋史·食货志》中根本未被提及，在《文献通考·职役考》中也仅有农师记载，其他户则湮没无闻。只能就文献本身推断具属于差役、色役、州县役人等。鉴于募役法改革前有特殊户役的存在，有必要对宋初役制进行检讨。

首先，关于宋初职役结构。关于宋代役法，前引《宋史·食货志》称：

> 役出于民，州县皆有常数。宋因前代之制，以衙前主官物，以里正、户长、乡书手课督赋税，以耆长、弓手、壮丁逐捕盗贼，以承符、人力、手力、散从官给使令；县曹司至押、录，州曹司至孔目官，下至杂职、虞候、拣、掏等人，各以乡户等第定差。京百司补吏，须不碍役乃听。[2]

《文献通考·职役考》关于宋役的记载与此基本相同。上述这些役与地

1　李焘:《续资治通鉴长编》卷23，太宗太平兴国七年闰十二月庚戌，第533页。
2　《宋史》卷177《食货志上五·役法上》，第4295页。

方行政相关，分别被役使于州、县、乡各个层次。也就是说，可以称它们为"州役""县役""乡役"，但它们绝非职役的全部。《（嘉定）赤城志》将"州役""县役""乡役"隶属"吏役门"下，这实际上透露出这些役仅是与吏相近的吏役。值得注意的是，《（淳熙）三山志》"版籍类"在"州县役人"后附有"海船户"和"炉户"。当然，《（淳熙）三山志》属于南宋地方志，同时，其记载有地方特征。但是，将这些特殊户放在州县役人后并非偶然，反映出两者之间的连带关系。前述特殊户中的陵户、俸户、佃种官田户以及登州沙门岛土户，都与州县役人一样，役职特殊，人数额定，服务于固定部门，都属于职役范畴。宋初特殊户役跻身职役行列实际上是唐代职役特征的延续。笔者曾有专文谈及唐代色役的职役性质。[1]关于唐代色役，唐长孺曾指出，"我们认为色役大致包括两大类。一类居于吏与役之间，有如业已确知的掌闲、幕士、门仆，以及可以推知的配给贵族官僚的亲事、帐内、防阁、白直等。这一类在律令上又是杂任或职掌，其渊源是汉代的少吏或小人吏，南北朝的僮干、吏力、杂任役。另一类是单纯的徭役，其中一部分本是杂徭或正役；一部分是专业性的特殊人户，如乐人、音声人、丁匠。他们不是吏，不能纳入杂任或职掌"。[2]虽然杂任在明钞本《天圣令》出现后已被确认属于吏而非役，[3]但唐先生关于色役组成的论述无疑是正确的。另外，唐后期按户差科，那些由单纯徭役转化而来的色役与专业性的特殊人户逐渐融合成特殊役户。因此，宋初职役并非只有州县乡役，也包括具有职役性质的特殊户役。

其次，力役与职役在宋初的演进趋势。从宏观角度来看，中国古代役制始终包含力役和职役两个类别系统。力役是国家、社会层面用役，

1　吴树国：《唐前期色役性质考辨》，《陕西师范大学学报》2013年第6期。已收入本书附录一。

2　唐长孺：《唐代色役管见》，《山居存稿》，第171页。

3　黄正建指出杂任并不是番役，也不纳资课；赵璐璐则更详尽地论述了杂任的选补、考课和迁转。参见黄正建《〈天圣令（附唐杂令）〉所涉唐前期诸色人杂考》，荣新江主编《唐研究》第12卷，第203~220页；赵璐璐《唐代"杂任"考——〈天圣令·杂令〉"杂任"条解读》，荣新江主编《唐研究》第14卷，第495~508页。

属于大系统，主体役种是正役和杂徭，这种用役带有公共性，但在皇权专制社会下，都带有"御中发征"[1]的私属色彩；职役是各个官府部门的小系统用役，目标是完成其应承担的行政职能。正常情况下，属于官府部门的工作人员应该有俸禄，或者说薪酬，但国家财政拿不出那么多钱，故只能通过强制征用的役形式。从这一角度来说，国家行政人员的役化是中国古代官府解决财政负担的手段，从唐宋以后职役日渐占据征役主体地位来看，这也是中国古代社会后期役制发展的方向。

宋初特殊户役的存在为重新审视宋代役制提供了切入点。从制度内容来看，特殊户役在唐宋之际的因循说明了唐宋之间役制的承续。不过，相对于唐前期来说，宋代特殊户役数量大为减少，整体呈现萎缩趋势。然而，马端临《文献通考·职役考》给人的感觉是宋代职役在增加，特别是乡官向乡役转变。这实际上是局部现象掩盖了整体面貌。仅就职役来说，唐代中央职役占有大量份额，包括众多特殊户役，但中唐以后，原有中央职役转向吏或雇佣，职役向府县色役倾斜，整体职役数量在减少。同时，地方职役中有一部分来自投充和推荐，已经超出役的范畴。故从整体上看，职役是呈回缩状态。这种情况在力役中也比较明显。力役在中唐以后逐步雇佣化，同时军队用役的增加使力役不断缩减，到宋代，以河上夫役为主。

最后，宋初役制中的差雇之分与吏役之别。宋代役制有时难以分辨，这是因为各役种都存在区分模糊的问题。相对于职役而言，吏与役的区别必须分清楚。如宋初特殊户役中的医人，翰林医官院或太医局也有一定数量的医人，但这些医人属于中央百司吏的性质，相比之下，州县医人则属于役的形式。同时，对《文献通考》中的宋役论述，漆侠总结认为：宋代的差役，或者如《文献通考》中所说的职役，大体上可以区分为四类，第一类是各州县的"吏"或"人吏"，第二类是所谓的衙

---

1 《秦律十八种释文注释》，睡虎地秦墓竹简整理小组编《睡虎地秦墓竹简》，文物出版社，1990，第47页。

前役，第三类职役是耆户长、弓手、壮丁等役，第四类职役极为繁杂，其中的承符、散从官、人力、手力等，或为官府"追催公事"或供州县官员"奔走驱使"，大都由第四、五等户承担，这些杂役中还有渡子、斗子、掏子、秤子、拣子、库子、仓子、拦头、轿番等。[1] 漆先生认为第一、二类属于吏的范畴。但马端临包括宋代一些地方志中往往称之为役或吏役，这反映出宋人在吏与役上认识的模糊。相对于力役来说，差与雇也要把握。在宋初特殊户役中，畦户"岁出夫二谓之畦夫，岁给户钱四万，日给夫米二升"。[2] 畦夫在口粮之外，每年还有四万户钱。按一户两夫来说，每个畦夫每年有 20 贯报酬，因而畦户有雇佣的性质，不能算作严格的使役。但这种雇佣背后不是自由应役，而是带有强制性，故又带有役的特征。宋人称之为差雇，实道出了其本质。因此，对宋代役制研究，不能拘泥于宋人的役制观，应该把握中国古代役制发展的总体趋势和方向，如此才能弄清楚宋代役制的整体结构以及具体役属性。

二 北宋白直的制度理路与历史内涵

白直是魏晋隋唐时期颇为常见的色役役种，但在唐玄宗整合役制后，遂趋泯没。然而北宋仁宗、神宗统治时期，白直记载突然增多。那么，北宋白直是何种之役？它与魏晋隋唐时期的白直有何关联？漆侠根据宋人论述指出，宋代散从官、手力等来自隋唐"白直"，而隋唐时的"白直"则来自魏晋南北朝。[3] 不过，漆先生旨在剖析宋代差役与魏晋隋唐役法的关系，并非直接针对北宋中后期的"白直"。对北宋白直进行专门研究的是陈瑞青，他通过俄藏黑水城宋代文献中的"白直人

---

1 漆侠：《关于宋代差役法的几个问题》，《宋史论集》，第 7~10 页。
2 李焘：《续资治通鉴长编》卷 97，真宗天禧五年，第 2260 页。
3 漆侠：《关于宋代差役法的几个问题》，《宋史论集》，第 5 页。

兵"，对宋代白直的历史渊源、服役状况和社会地位进行了梳理。[1] 但该文的重点是"白直人兵"，对宋代白直并未做更深入分析。鉴于此，本节基于北宋中后期白直突然增多的历史现象，将研究时段限定在北宋时期，旨在辨析北宋白直的属性、特征以及与唐代白直的区别，并挖掘北宋白直出现的历史内涵，特别是其背后蕴含的中国古代职役演进逻辑。

（一）在官当直人：北宋白直的属性

北宋太祖和太宗朝尚看不到有关白直的记载，宋人对役法的认识中亦没有白直，如《宋史·食货志》称："役出于民，州县皆有常数。宋因前代之制，以衙前主官物，以里正、户长、乡书手课督赋税，以耆长、弓手、壮丁逐捕盗贼，以承符、人力、手力、散从官给使令；县曹司至押、录，州曹司至孔目官，下至杂职、虞候、拣、掏等人，各以乡户等第定差。京百司补吏，须不碍役乃听。"[2] 上述众多役目，白直付之阙如。究其原因，白直早在唐玄宗整顿色役时已经被废除，如"天宝五载制，郡县白直计数多少，请用料钱，加税以充之，不得配丁为白直"。[3] 敦煌出现的天宝十载差科簿，其中已经没有白直。对此王永兴认为，敦煌差科簿中具体的事例与诏书完全相合。[4] 唐后期乃至五代文献中，也的确未见有关白直的记载。由此观之，北宋太祖、太宗朝白直缺载是唐中期白直被废止的结果。

但北宋中后期，有关白直的记载开始大量涌现。真宗时期王禹偁上书中有："臣比在滁州，值发兵挽漕，关城无人守御，止以白直代主开闭，城池既圮，器仗不完。"[5] 另一官员焦守节，"坐以白直假枢密院副承

1　陈瑞青：《俄藏黑水城宋代文献所见差破"白直人兵"文书考》，杜建录主编《西夏学》第5辑，上海古籍出版社，2010，第65~69页。

2　《宋史》卷177《食货志上五·役法上》，第4295页。

3　杜佑：《通典》卷35《职官十七》，第967页。

4　王永兴：《敦煌唐代差科簿考释》，《历史研究》1957年第12期。

5　李焘：《续资治通鉴长编》卷47，真宗咸平三年十二月壬申，第1037页。

旨尹德润治第，免所居官"。[1]《宋史·职官志》中谈到兵部职掌有"文武官白直、宣借"，[2]而兵部掌文武官白直当是宋仁宗庆历年间范仲淹建议州兵充当白直后的事情。宋神宗熙宁三年（1070），"军头司言：'备军元额千九百六十人，今阙千一百九十八人。'诏以千人为额，如阙白直，以步军司剩员代之"，[3]这是宋代诏敕文书中有关白直的最早记载。由此可见，白直的确存在于北宋中后期。白直在唐代被取消以后，为何在北宋中后期又突然出现呢？对此，南宋吴曾在《能改斋漫录》中认为："今世在官当直人谓之'白直'。"[4]吴曾著此书时虽在南宋初期，但其"今世"不仅指南宋，也应包括北宋中后期。吴曾对白直"在官当直人"的揭示，为认识北宋白直提供了思路。

"当直人"在北宋是个较为宽泛的称谓。地方州县中就有当直人存在，《续资治通鉴长编》卷4称："（乾德元年，963）秋七月辛亥朔，诏定州县官当直人数。"[5]但《宋史》作："定州县所置杂职、承符、厅子等名数。"[6]可见州县官当直人包括杂职、承符、厅子等。又开宝五年（972）"省吏诏"中称："应诸道州县吏及当直人力，令等第减省。"[7]此处出现当直人力。在哲宗元祐元年（1086），监察御史孙升曾谈道："（蔡）京又尝违法差开封府判官王得臣、当直散从官替名人李福于河阴县追欠百姓私债张岷及阿苏等至开封。"[8]这里则提及当直散从官。北宋上述当直人的情况，在南宋赵彦卫《云麓漫钞》中也有清晰表述："散从官：初诸州有承符直、散从直、步奏官追催公事，又有人力当直，并差税户或坊郭有行止人，二年替。咸平编敕三万户以上，节院散从、步奏官，并杂

1　《宋史》卷261《焦守节传》，第9044页。

2　《宋史》卷163《职官志三·兵部》，第3855页。

3　李焘：《续资治通鉴长编》卷218，神宗熙宁三年十二月戊辰，第5303页。

4　吴曾：《能改斋漫录》卷2《白直之称》，上海古籍出版社，1979，第41页。

5　李焘：《续资治通鉴长编》卷4，太祖乾德元年秋七月辛亥，第97页。

6　《宋史》卷1《太祖纪一》，第14页。

7　《宋大诏令集》卷160《省吏诏》，第606页。

8　李焘：《续资治通鉴长编》卷369，哲宗元祐元年闰二月庚戌，第8912页。

职一百人。嘉祐八年（1063），百人外，置杂职。熙宁三年，改人力承符，并为散从官。"[1]文中出现承符直、散从直和人力当直，说明他们都是重要的在官当直人。

在上述北宋在官当直人中，白直指哪类当直人呢？《（淳熙）三山志》载："崇宁二年（1103），增诸县丞，增白直手力总七十七人。"[2]这里明确称增加了白直手力，说明手力属于白直。又熙宁四年实行募役法，条例司称："及承符、散从官等诸重役远接送之类，旧苦烦费偿欠，今当改法除弊，使无困。"[3]承符、散从官属于远距离接送之类的重役。元丰八年（1085），司马光上疏称："其州、县吏所给白直迎送之人，皆如《嘉祐编敕》以前之数。"[4]此处称白直为迎送之人，这与承符、散从官承担远距离接送重役相吻合。南宋《庆元条法事类》亦可对此提供补正："诸命官，白直、承符、散从官，差出接送而阙人当直者，听以所阙人数权差厢军。"[5]这里白直又包含当直之意。因为同卷亦记载："诸官司差当直接送、担擎之类，不依名次差使，及不依令差兑致越过应交替人者，禁军，以违制论，厢军，杖一百。"[6]可见承符和散从官都属于白直。另外当直军士也可称作白直，如熙宁五年（1072）诏称："白直人，前任宰臣、使相、枢密使二十人；参知政事、枢密副使、签书枢密院事十五人；（在京、在外同，并兵士、剩员中半差。）致仕官曾任宰臣、使相、枢密使二十人；参知政事、枢密副使、签书枢密院事、节度使十五人；宣徽使、（已上兵士、剩员中半差。）诸行尚书、留后、观察使十人；枢密直学士以上七人；待制以上、防御、团练、刺史四人。（已上全差

1　赵彦卫：《云麓漫钞》，傅根清点校，中华书局，1996，第216~217页。

2　梁克家：《（淳熙）三山志》卷13《版籍类四·州县役人》，《景印文渊阁四库全书》，第484册，第228页。

3　李焘：《续资治通鉴长编》卷227，神宗熙宁四年冬十月壬子，第5521页。

4　李焘：《续资治通鉴长编》卷355，神宗元丰八年四月庚寅，第8502页。

5　谢深甫：《庆元条法事类》卷11《职制门·差破当直》，戴建国点校，杨一凡、田涛主编《中国珍稀法律典籍续编》，黑龙江人民出版社，2002，第1册，第199页。

6　谢深甫：《庆元条法事类》卷11《职制门·差破当直》，杨一凡、田涛主编《中国珍稀法律典籍续编》，第1册，第196页。

剩员。)"[1] 此处白直由兵士和剩员差充。剩员是从禁军中老弱病残士兵降退而来，身份本质上是士兵，足见士兵充当白直非常普遍。上文所言为前任和致仕官，因"前此致仕，白直未有定制，枢密院以为言，故有是诏"。[2] 由此推知，非前任和致仕官白直应该有定制。对此，宋真宗天禧五年七月规定："给宰臣、枢密使杂役军士三十人，参知政事、枢密使副二十人，皆以雄武兵充，著为常例，若指抽外州兵亦听。"[3] 这里给现任宰相、枢密使等人的都是兵士，联系致仕官白直兵士可以发现，当直军士也可以称为白直。

从上文观之，当直的手力、承符、散从官以及士兵都可以称为白直，故白直的本质属性是在官当直人。但非所有在官当直人都可以称为白直。叶梦得在宋徽宗宣和时期谈到部分弓手被差承办尉司公事和充当狱子，称："凡在官者，皆有白直，而县尉独不破白直，止称当直，盖防拘占之弊。"[4] 不破白直而只称当直，说明白直和当直存在区别。之所以这样，是防止"拘占之弊"。白直何以会形成拘占？应该是白直易与所服务官员之间形成某种人身隶属关系。因此，白直尽管具有当直人的属性，但并不是普通的当直人，而是与所属官员具有人身隶属关系的那类当直人，说明白直具有自己的特征。

（二）供身指使：北宋白直的特征

1. 白直供官员个人使用

目前文献中出现的北宋白直，都属于职官白直，换句话说，都为具体官员个人服务。如前述《宋史·职官志》谈到兵部职掌中"文武官白直、宣借"，[5] 这里白直就属于文武官，而不是机构。元丰八年，司马光

1　徐松辑《宋会要辑稿》仪制四，第 2370 页。

2　李焘：《续资治通鉴长编》卷 235，神宗熙宁五年秋七月丙申，第 5709~5710 页。

3　李焘：《续资治通鉴长编》卷 97，真宗天禧五年秋七月壬辰，第 2250 页。

4　曾枣庄、刘琳主编《全宋文》卷 3165《叶梦得四·奏乞弓手免他役及教阅激赏状》，上海辞书出版社，2006，第 147 册，第 70 页。

5　《宋史》卷 163《职官志三·兵部》，第 3855 页。

上疏称："及有差使，量留羸弱下军及剩员，以充本州官白直及诸般差使。"[1] 此处明确是州官白直。《（淳熙）三山志》中，县手力的分配，"建隆四年（963）敕，县手力一千户以上，令二十人，簿十人"，[2] 可见手力直接分配给县令、主簿。致仕官有白直也说明这一问题。致仕官已经脱离官府机构，但仍然享受白直待遇，足见这些白直完全服务于其个人。

"供身"最能体现这一特征。如宋真宗咸平二年（999）八月诏："诸路节镇知州、都监给供身当直军士各七十人，通判十五人。防团军事知州、都监各五十人，通判十人；河北、河东、陕西有驻泊兵处，节镇知州、都监各百人，防团军事知州、都监各七十人。"[3] 这里明确称供身当直军士。又北宋人宋庠也谈道："伏睹唐制，凡在京文武职官，自一品至九品，皆给防阁、庶仆，州县官僚皆有白直、执衣。今来外任自知州以下至簿尉，并给兵士、散从官、承符、手力之类，品位至卑，犹给七人。名虽不同，其于供身指使，犹用律文白直、执衣之法。国朝稽若古道，备众官，惟在京臣僚仆从无准。"[4] 文中亦谈及供身指使。另外，接送官员是白直的重要职责。史称："其州、县吏所给白直迎送之人，皆如《嘉祐编敕》以前之数。"[5] 又"未助役已前，凡官员迎送，并不计程涂远近，每散从官、承符、手力一名，出备盘缠多者至四十贯，少者亦三十贯。助役以后，每程只破二百文。今若每程量添一百，则迎送五十程者，只计五贯"。[6] 之所以由白直迎送，渊源在于白直供官员个人役使，故不限于在衙门中，官员来去行程中白直也必须担当接送职责。也正是由于这一特征，官员有时还役使白直做一些属于官员个人的杂务。如为官员养马，"未助役已前，凡官员养马多至五七匹，少亦二三匹，只差

1　李焘：《续资治通鉴长编》卷 355，神宗元丰八年四月庚寅，第 8500 页。
2　梁克家：《（淳熙）三山志》卷 13《版籍类四·州县役人》，《景印文渊阁四库全书》，第 484 册，第 228 页。
3　徐松辑《宋会要辑稿》仪制四，第 2367 页。
4　宋庠：《元宪集》卷 31《乞差当直兵士札子》，《景印文渊阁四库全书》，第 1087 册，第 645 页。
5　李焘：《续资治通鉴长编》卷 355，神宗元丰八年四月庚寅，第 8502 页。
6　李焘：《续资治通鉴长编》卷 376，哲宗元祐元年四月乙卯，第 9135 页。

白直二人打草，日买数担供纳，每担直五七十文或百文，十日一替，谓之草番"。[1]

2. 官员与白直类若主仆的关系

北宋白直虽然供官员个人使用，但就白直本身而言，属于服役当差，不存在私属的人身占有关系。但在实际社会生活中，官员与白直却类若主仆。这一方面体现在宋人的思想意识中。如前述宋真宗时期，王禹偁上书中有："臣比在滁州，值发兵挽漕，关城无人守御，止以白直代主开闭，城池既圮，器仗不完。"[2] 文中"白直代主"就透露出主仆关系的认识。宋徽宗政和八年（1118），针对官员迎送频繁下诏指出："部曲有迎送之劳，官司有馈送之费。"[3] 部曲属于中古时期私人占有的家仆，这里用部曲指代白直，也说明在宋代时人眼中官员与白直之间的主仆之份。另一方面，官员与白直的关系也体现在法律监管与连带责任上。如宋真宗时期的焦守节，"坐以白直假枢密院副承旨尹德润治第，免所居官"。[4] 这种因白直犯法而遭连坐处罚的事例到南宋仍然存在，如孝宗时期江朴，"坐遣白直持书越境，罢去"。[5] 另外，北宋仁宗时期的蔡襄谈道："天下州县有长吏，京师百司有长官，有罪之人可归于长吏、长官，则不敢妄刑也。律有监临主司不合行罚，敕许执衣、白直得施小杖。臣窃谓天下州县官司、京师百司，唯执衣、白直令依敕科罚，其余公事，各随所属长吏、长官行之。一岁计之，可减妄刑千万人矣。"[6] 文中谈到，除执衣、白直外，有罪之人都应由部门长吏、长官处罚。其隐含的信息是执衣、白直可以由所属长官科责，之所以如此，也是因为执衣、白直人身隶属固定官员。

---

1 李焘：《续资治通鉴长编》卷 376，哲宗元祐元年四月乙卯，第 9135 页。

2 李焘：《续资治通鉴长编》卷 47，真宗咸平三年十二月壬申，第 1037 页。

3 《宋大诏令集》卷 164《监司郡守自今三载成任不许替成资阙诏》，第 628 页。

4 《宋史》卷 261《焦守节传》，第 9044 页。

5 晁补之：《鸡肋集》卷 66《夔州录事参军江君墓志铭》，《景印文渊阁四库全书》，第 1118 册，第 971 页。

6 赵汝愚：《宋名臣奏议》卷 148《正刑》，《景印文渊阁四库全书》，第 432 册，第 911 页。

供身役使，进而与官员形成类若主仆之份是北宋白直的特征。不过需要指出的是，北宋官员供身役使的仆从除了白直，还有其他类别。如《宋史·职官志》称："中书、枢密、宣徽院、御史台、开封府、金吾司皆有常从。景德三年（1006）诏：'诸行尚书、文明殿学士、资政殿大学士，给从七人；学士、丞郎，六人；给事、谏议、舍人，五人；诸司三品，四人。于开封府、金吾司差借，每季代之。'中书先差金吾从人，自今亦令参用开封府散从官。"[1] 常从也属于供官员役使的仆从人员。此外，宋代官员俸禄里还有傔人衣粮，具体类别包括随身、元随和傔人，这些人是俸禄的组成部分，但是否服现役，不得而知。[2] 那么，这些仆从人员是否与白直类散从官、士兵重合呢？哲宗元祐元年，文彦博赴阙仪制诏称："出入仪制依见任宰臣。签赐令客省依例赐十日人从，大程官二十人，从人二十人，散从官一十人，权差宣武兵三十人。"[3] 这里从人、散从官和士兵分开，说明这些常从与白直有区别，属于另一类仆从人员。

（三）表象回归与内在差距：北宋白直与唐代白直的区别

北宋白直的出现，从表面上看似乎是唐代白直的回归，但实际上并非如此。北宋白直与唐代白直相比，内在差距较大。

1. 北宋白直不是单一性职役，而是复合性职役的称谓

白直在唐代属于州县官员某类职役的特殊称谓，它具有单一性、固定性。《通典·职官》中称："诸州县之官，流外九品以上皆给白直。"[4] 唐代白直专门给州县之官，但除白直外，州县供官力役的还有执衣，折冲府官员有仗身，而中央官员则有防閤、庶仆、亲事、帐内等，故白直在唐代仅是单一性官供力役。然而通过前述对北宋白直属性和特征的检讨

---

1 《宋史》卷170《职官志十》，第4074页。

2 《宋史》卷171《职官志十一》，第4123～4124页。

3 李焘：《续资治通鉴长编》卷374，哲宗元祐元年夏四月癸巳，第9075页。

4 杜佑：《通典》卷35《职官十七》，第965页。

能够发现，北宋白直是多种官供力役，如事力、承符、散从官，甚至包括兵力。相较而言，宋代白直范围要比唐代范围广，白直既包括役力，也包括兵力，是广义上官供力役的称谓。唐代白直从白丁中征派，如唐天宝五载制，"郡县白直计数多少，请用料钱，加税以充之，不得配丁为白直"，[1] 说明在停征白直之前都是征发白丁。但北宋白直包含多种役目，不仅征派户等存在差异，而且服役者身份各异，甚至将当直士兵都称为白直。

2. 北宋白直非公廨白直，仅指官人白直

唐代白直有官人白直和公廨白直的区别。如《唐六典》称："凡州县官僚皆有白直，二品四十人，三品三十二人，四品二十四人，五品十六人，六品十人，七品七人（七品佐官六人），八品五人，九品四人……凡州、县有公廨白直及杂职（其数见州、县中），两番上下；执衣，三番上下。边州无白直、执衣者，取比州充。"[2] 此处前面州县官白直是官人白直，后面还有公廨白直。关于公廨白直，李春润较早指出公廨白直属于杂职。[3] 赵璐璐《唐代"杂职"考》中专门区分了公廨白直与官人白直，认为："官人白直作为唐代外官的随身役使人员，主要是为官员个人服务的，属于地方官的一项待遇；而公廨白直则主要是供州县差使，为公家服务和效力。"[4] 从《唐六典》记载能够看出，州县官人白直供给按官品，公廨白直则与此不同，是按州县等级。赵璐璐据《旧唐书》和《唐六典》做了地方公廨白直数量表，根据该表，京兆、河南、太原府白直24人，大都督府22人，中都督府、上州20人，下都督府、中州、下州16人，万年、长安等京县18人，三府诸县、上县10人，中县、中下县、下县8人。[5]

1　杜佑：《通典》卷35《职官十七》，第967页。

2　李林甫等：《唐六典》卷3《尚书户部》，第78页。

3　李春润：《杂职和两税法后的代役纳课》，《中南民族学院学报》1985年第2期。

4　赵璐璐：《唐代"杂职"考》，《文史》2010年第3辑，第119页。

5　赵璐璐：《唐代"杂职"考》，《文史》2010年第3辑，第120页。

北宋白直包括县手力、州承符、散从官以及白直兵士。在《（淳熙）三山志》中，县手力征派虽然有六千户、五千户、三千户和一千户的县等级差别，但手力则明确给令和簿。[1]《宋大诏令集》"州县官吏当直人诏"中手力也是如此，[2]故手力属于官人白直无疑。兵士作为白直，前引史料中分别被派给现任或前任以及致仕宰相、使相、枢密使、参知政事、枢密副使等官员。史载："（神宗熙宁五年）诏前任及致仕宰相、使相、枢密使并给白直二十人，前任及致仕参知政事、枢密副使、签书枢密院事十五人，致仕节度使、宣徽使准此，致仕诸部尚书、留后、观察使十人，枢密直学士以上七人，待制以上、防御、团练、刺史四人。前此致仕，白直未有定制，枢密院以为言，故有是诏。"[3]致仕官明显已经脱离官僚机构，故这些兵士属于官人白直。前述承符、散从官作为白直，重合点在重役远接送方面，但也确有按官员职任分配的例子。如《（淳熙）三山志》载："咸平编敕，州三万户以上，节院散从、步奏官并杂职总一百人，两使判官人力十五人，节察推官，各七人。"[4]这里设置在州级官府的节院有散从、步奏官和杂职总共一百人，其中两使判官十五人，节察推官各七人。从节察推官分别有散从官来看，此处散从官属于官人白直。值得注意的是，宋代按官员差遣职任来分配白直，而唐代按官品，这可能是因为北宋官制中官职差遣的区别。

对上述问题，苗书梅认为散从官或分配给官员，或分散于官府。[5]笔者爬梳史料后发现，的确有不属于官员个人的散从官存在。如北宋开封府"先有散从官马千、马清，善督察盗贼，累功至班行，府中赖之"。[6]从散从官马千、马清督察盗贼来看，属于开封府公务，而非个人

1　梁克家：《（淳熙）三山志》卷13《版籍类四·州县役人》，《景印文渊阁四库全书》，第484册，第228页。

2　《宋大诏令集》卷190《州县官吏当直人诏》，第695页。

3　李焘：《续资治通鉴长编》卷235，神宗熙宁五年秋七月丙申，第5709~5710页。

4　梁克家：《（淳熙）三山志》卷13《版籍类四·州县役人》，《景印文渊阁四库全书》，第484册，第224~225页。

5　苗书梅：《宋代州级公吏制度研究》，《河南大学学报》2004年第6期。

6　司马光：《涑水记闻》卷10，邓广铭、张希清点校，中华书局，1989，第198页。

事务。又"庚辰，诏诸行尚书、文明殿学士、资政殿大学士，给从人十人，学士、丞郎六人，给谏、舍人五人，诸司三品四人，于开封府金吾差借，每季代之。中书先差金吾从人，自今亦令参用开封府散从官"。[1]上述从人可参用开封府散从官，说明这些散从官的职任已经超出了服务官员个人范畴。但能否说明北宋时期散从官犹如唐代白直，公廨与官人皆有呢？笔者认为下此结论似嫌武断，因为北宋手力也有这种情况，《（淳熙）三山志》称："建隆以来差第二、第三等户，掌追催公事，兼催城郭征科，二年替。（建隆四年敕，县手力一千户以上，令二十人，簿十人。）"[2]虽然这里手力也服务于公事，但后面手力的设置还是按令和簿。同时，目前北宋尚未出现按州县等级配给白直的史料。因此，上述现象更有可能是官人白直服务官员活动的推衍，而不是公廨白直的再现。

3. 北宋白直都是现役，无专门纳资代役规定

唐代官人白直最大的特征是不役纳资。《通典》中称："（白直）初以民丁中男充，为之役使者不得逾境；后皆舍其身而收其课，课入所配之官，遂为恒制……其防阁、庶仆、白直、士力纳课者，每年不过二千五百，执衣元不过一千文。"[3]唐代白直作为官人禄力，纳资后成为官员收入的组成部分，这部分白直更多体现为官员收入的物质形式，官府并非强制役使，官员也不会足额役使；故唐代白直财政化以后，便不复存在。但宋代白直都是现役，这是因为尽管唐代官给力役是作为官员禄秩存在，但同时也有现役需求。唐前期是在保留部分现役的基础上尽可能不役纳资，从而使官员获得更大财富。两税法以后，诸如白直等役完全税化，再使用必须雇佣，因而地方为规避这类费用，采取其他役种代替原有的用役需求，像手力、承符、散从官等。它们在唐后期、五代

1　《续资治通鉴长编》卷 62，真宗景德三年二月庚辰，第 1386 页。
2　梁克家：《（淳熙）三山志》卷 13《版籍类四·州县役人》，《景印文渊阁四库全书》，第 484 册，第 228 页。
3　杜佑：《通典》卷 35《职官十七》，第 965~966 页。

就有存在，至宋初仍然被沿用。如"手力，五百十六人。建隆以来差第二、第三等户，掌追催公事，兼催城郭征科，二年替"。[1]《宋史》中称："（乾德元年）定州县所置杂职、承符、厅子等名数。"[2]散从官诸州定额在宋太宗雍熙三年（986）就出现了。

王安石变法以后，手力、承符、散从官等白直役也相应变成纳役钱，但与唐代白直役纳课相比，宋代不是某类役的特殊纳课，而是把所有现役都变成雇役，针对所有服役人而不是役种平均纳役钱。同时，宋代白直作为官员地位的象征，始终作为现役存在，即使王安石变法差役变为雇役以后，白直名色仍然存在。如吕陶在元祐元年上疏称："一、未助役已前，凡官员迎送，并不计程涂远近，每散从官、承符、手力一名，出备盘缠多者至四十贯，少者亦三十贯。助役以后，每程只破二百文。今若每程量添一百，则迎送五十程者，只计五贯。一、未助役已前，凡官员养马多至五七匹，少亦二三匹，只差白直二人打草，日买数担供纳，每担直五七十文或百文，十日一替，谓之草番。每番一次，倍钱约五七贯。助役以后，逐官每有支打草钱四贯文。今若量添数目，则养马不多，遂无草番之费。诸处有差打柴烧炭者，亦仿此。"[3]此处谈及募役法以后的费用，这些费用产生的途径无疑通过雇役，说明宋代这部分役职始终存在。除雇佣以外，士兵充役越来越普遍。由士兵代替百姓充役始自范仲淹的建议："十曰减徭役。户口耗少而供亿滋多，省县邑户少者为镇，并使、州两院为一，职官白直，给以州兵，其不应受役者悉归之农，民无重困之忧矣。"[4]神宗熙宁三年诏，"（备军）以千人为额，如阙白直，以步军司剩员代之"。[5]又如哲宗元祐五年（1090），尚书省言：

1　梁克家：《（淳熙）三山志》卷13《版籍类四·州县役人》，《景印文渊阁四库全书》，第484册，第228页。

2　《宋史》卷1《太祖纪》，第14页。

3　李焘：《续资治通鉴长编》卷376，哲宗元祐元年四月乙卯，第9135页。

4　《宋史》卷314《范仲淹传》，第10274页。

5　李焘：《续资治通鉴长编》卷218，神宗熙宁三年十二月戊辰，第5303页。

"桂州奏，官员差役人充白直不足，乞依旧例差铺兵士。"[1]这些都说明兵士充白直之役的经常性。除士兵外，弓手也被用来充白直。如熙宁八年（1075）诏："河北路诸县弓手，依河东路留十五人或二十人充白直外，余以上蓄保甲充数。"[2]可见白直现役比较突出，即使募役法以后仍然保持，这与唐代白直纳资普遍化后役种消失截然不同。

（四）北宋白直出现的历史内涵

北宋白直属于在官当直人中供官员个人使役的人群称谓。相较于唐代白直，仅有用役内容相似性，却无直接制度关联。北宋中后期在已有清晰役种的制度形式下，之所以再次出现白直这一模糊性称谓，其背后隐藏着多重历史内涵。

1. 白直称谓再现是北宋稽古行道思想在役制上的反映

北宋士大夫政治思维中具有鲜明的稽古行道特征，即通过取法先王成就君德帝业，这种政治理念在神宗、哲宗时最为明显。如《鸡肋集》中有："神宗稽古，出百王上。"[3]朱熹亦曾谈道："神宗皇帝稽古立法，以教宗子，此万世之大虑也。"[4]范祖禹也劝哲宗："陛下圣学稽古，不必远师，前世之事，唯是仪刑。仁宗法则太皇太后，使天下熙熙然。"[5]稽古行道也反映到制度建设上，如北宋晁补之称："国家稽古建官，凡郡县之任，其选盖已慎矣。"[6]

就本章涉及的白直类官人役力而言，同样不乏稽古设制之意。如宋真宗时期，知制诰杨亿称："又睹唐制内外官奉钱之外，有禄米、职田，

1　李焘：《续资治通鉴长编》卷449，哲宗元祐五年冬十月庚戌，第10795页。

2　李焘：《续资治通鉴长编》卷267，神宗熙宁八年八月乙未，第6545页。

3　晁补之：《鸡肋集》卷64《资政殿学士李公墓铭》，《景印文渊阁四库全书》，第1118册，第940页。

4　朱熹：《晦庵集》卷82《跋东坡与赵德麟字说帖》，《景印文渊阁四库全书》，第1145册，第708页。

5　范祖禹：《范太史集》卷25《听政札子·第二札子》，《景印文渊阁四库全书》，第1100册，第299页。

6　晁补之：《鸡肋集》卷37《策问一十九首》，《景印文渊阁四库全书》，第1118册，第692页。

又给防阁、庶仆、亲事、帐内、执衣、白直、门夫，各以官品差定其数，岁收其课以资于家。本司又有公廨田、食本钱，以给公用……窃见今之结发登朝，陈力就列，其奉也不能致九人之饱，不及周之上农；其禄也未尝有百石之入，不及汉之小吏。若乃左、右仆射，百僚之师长，位莫崇焉，月奉所入，不及军中千夫之帅，岂稽古之意哉？欲乞今后百官奉禄杂给，并循旧制，既丰其稍入，可责以廉隅。官且限以常员，理当减于旧费，乃唐、虞之制也。"[1] 这里谈到唐代俸钱之外有执衣、白直等，批评宋初禄薄非稽古之意，主张恢复百官俸禄杂给旧制。杂给中是否包括白直，史料中隐含这一信息，但不明确。不过，宋仁宗时期宋庠在《乞差当直兵士札子》中明确有这方面主张，史载："伏睹唐制，凡在京文武职官，自一品至九品，皆给防阁、庶仆，州县官僚皆有白直、执衣。今来外任自知州以下至簿州，并给兵士、散从官、承符、手力之类，品位至卑，犹给七人。名虽不同，其于供身指使，犹用律文白直、执衣之法。国朝稽若古道，备众官，惟在京臣僚仆从无准。"[2] 文中认为北宋州县官给兵士、散从官、承符、手力，犹如唐代执衣、白直，国家备众官，是稽若古道。从这一层面理解，北宋中后期白直称谓的出现是这种稽古思想在役制上的表现。不过，北宋稽古设制并非真正恢复先朝旧制，仅仅是形式而已，[3] 北宋白直充分体现了这一点。

2. 白直在唐宋间延续实质上是中国古代官僚等级社会的内在要求

虽然北宋白直和唐代白直制度迥异，但其性质具有相似性，即都属于官人役力范畴。但北宋白直中士兵较多，已非百姓职役。为什么唐代白直财政化后，新的官人役力在北宋再次衍生？为什么北宋募役法后原有官人役力的现役形式还被保留，甚至由大量兵士、弓手充当？这些问题都说明官人役力不仅仅是官员待遇或经济利益，其背后还有政治的象

1　《宋史》卷 168《职官志八》，第 4005~4006 页。

2　宋庠：《元宪集》卷 31《乞差当直兵士札子》，《景印文渊阁四库全书》，第 1087 册，第 645 页。

3　刁培俊：《从"稽古行道"到"随时立法"——两宋乡役"迁延不定"的历时性考察》，《中国社会经济史研究》2008 年第 3 期。

征意义，其实质上是中国古代官僚等级社会的内在要求。

首先，白直存在是官仪的体现，关乎对朝廷统治的尊重。前述宋庠《乞差当直兵士札子》中谈到剩员充当官人役力时称："其剩员又多是年老疾病，加以本营迁远，每分番上下，尚只得一人指使，非独不任驱走，亦且亏替官仪，非所谓尊朝廷，重台阁也。"[1] 认为剩员有亏官仪，影响到社会对朝廷、台阁的尊重。王安石更是直接批评先朝待制只破两人剩员的问题："官人所以治人，既治人，须用人当直……待制，朝廷近官，职任已高，入则论议朝廷政事，出则镇抚一路，只破两人剩员当直，恐非先朝善政。且今士大夫已或不自贵重，朝廷更贱薄之，则愈自贱薄，恐非国体。"[2]

其次，白直存在能够提高朝廷威望和官员地位，进而威服吏民。前述杨亿提到官员俸禄时称："若乃左、右仆射，百僚之师长，位莫崇焉，月奉所入，不及军中千夫之帅，岂稽古之意哉？"[3] "位莫崇焉"透露出当时士大夫等级地位认识的根深蒂固。白直的存在恰恰可以提高朝廷威望和官员地位，有助于维护统治。如元丰八年司马光谈道："又顷岁以来，自转运使、知州以下白直及迎送之人，日朘月减，出入导从，本为萧条，供承荷担，有所不给，观望削弱，无以威服吏民。"[4] 认为白直及其他人员减少，无以威服吏民。王安石对吕夷简做官当直只有三人，也批评道："人主尊如堂，群臣如陛，上下有等威，乃可临正庶民，若甚削弱，曾不如富人，不知何以为堂陛之势。当时果如此，亦未可为法。且今日官员所被役兵，皆有常数，未见过当，所患在非其人而已。如吕夷简为大臣，纳货赂，废坏朝廷百事，便与一人当直，亦不消得。"[5]

1　宋庠：《元宪集》卷31《乞差当直兵士札子》，《景印文渊阁四库全书》，第1087册，第645页。
2　李焘：《续资治通鉴长编》卷221，神宗熙宁四年三月辛丑，第5384页。
3　《宋史》卷168《职官志八》，第4005页。
4　李焘：《续资治通鉴长编》卷355，神宗元丰八年四月庚寅，第8500页。
5　李焘：《续资治通鉴长编》卷248，神宗熙宁六年十二月乙亥，第6054页。

3. 白直的存在丰富了对宋代职役范围的理解，也反映出中国古代职官、职吏和职役的秩序格局

关于宋代职役，2004 年刁培俊《20 世纪宋朝职役制度研究的回顾与展望》做了全面深入的评述。[1] 2010 年包伟民《唐宋转折视野之下的赋役制度研究》再次从唐宋转折视野谈及宋代役法的研究。[2] 应该说，迄今有关宋代役法的研究已经相当充分，然而并不能说该领域研究已无拓展空间。实际上，有关宋代役制研究受到两方面影响：其一是马端临的宋代职役观，它催生了宋代乡官与乡役的研究；其二是唐宋转折时期，差雇在役制中尤为凸显，这也导致差役和雇役占据着宋代役制的主流。但宋代役制在整体上还有诸多认识空间。如北宋募役法改革前存在众多特殊户役，包括陵户、庙户、柏子户、畦户、俸户、佃种官田户以及家有农师、医人的农户等。这些特殊户役在《宋史·食货志》"役法"中并不存在，但存在于北宋实际社会生活中。故宋代职役内容远比《宋史》和《文献通考》中归纳得丰富。

本章对北宋白直的分析，进一步呈现了宋代职役内容的丰富性。就目前研究可知，宋代职役亦可以分为服务于公廨的职役和服务于官员个人的职役。前者按中央机构或州县等级，后者按官员的职任分派，因隶属官员个人，故带有私属色彩。另外，以往多注意到宋朝军队，特别是厢军在传统大型力役上的使用，从而导致宋代力役，包括夫役规模的缩小。然而军队士兵亦置身于宋代职役中，兵士充当职役大大减轻了百姓的负担。在中国古代的行政体制中，除了职官以外，职吏和职役也是重要组成部分。由于中唐以后至宋代，雇役渐趋发达，吏役界限逐步模糊。除了乡官向乡役的特殊吏役转化外，多数还是职役向职吏的转化，这使职官、职吏和职役的秩序格局受到冲击，兵士充当职役更加剧了这一秩序格局的松动。不过，北宋白直的存在以及发展趋向说明，职役和

1　刁培俊：《20 世纪宋朝职役制度研究的回顾与展望》，《宋史研究通讯》2004 年第 1 期。

2　包伟民：《唐宋转折视野之下的赋役制度研究》，《中国史研究》2010 年第 1 期。

职吏之间的确存在此消彼长的波动，但中国古代社会的财政局限和地方
行政机构的用役独立权，使官府机构使用人力完全雇佣化很难实现，厢
军作为北宋特殊的军事制度也不具有普遍性。由此观之，尽管北宋职役
向职吏转化形式较为炽烈，但中国古代职官、职吏和职役秩序格局依然
稳定存在。

结　语

　　本书以唐代色役为研究对象，对色役概念、特征与性质、番期与役期、纳课与纳资、色役在唐后期的嬗变、色役个案以及色役在唐宋之际的关联等问题进行了探讨，并具体分析了唐代色役与力役的二元结构、色役的职役性以及与职官、职吏的行政组织体系特征，总结了唐代色役嬗变的原因，从而在整体上对唐代色役面向与实质形成了一种认识。在尽可能全面、客观地考察分析基础上，在此将前面各章节所讨论的内容总结为以下结论。

一　本书的结论

　　第一，唐前期色役是独立于力役之外的其他各类有职掌役的总称。分番供役、不役纳资和身份性的确是色役区别于正役、杂徭的特征，但它们属于色役的细节性特征，而不是非此即彼的独有性特征。因为分番供役在唐前期所有役中都有体现，不役纳资亦很普遍。虽然色役的身份性比较典型，但唐代正役中也有身份之别。分番供役、不役纳资和身份性作为色役的特征主要在其细节性的差异。色役能够作为独立役种，还取决于其免役、职掌和役身特征，具体是服色役者要免除正役和杂徭，与中国古代官僚系统设官分职类似，色役服役"羁身官府"，且服役内容呈现出专职性。与色役概念和特征相关联，唐前期色役具有职役性质。故唐前期的色役无论在役的承担对象、服役内容，还是征派单位上都有别于正役、杂徭，是独立的役种。

第二，唐前期色役存在番期与役期的差异。番期是官府派役的管理周期，而役期是色役人的实际服役天数。番期有总番期和具体番期之分，役期也有月番内役期和总役期之别。月番是官府派役的最基本形式，道路遥远或有官品的色役人也可以采取几个月合上的倍番或再倍番形式。色役承担者在月番内并非一直服役，而是再细化为十天或十五天的具体役期。十天来自唐前期要月征派杂徭力役的最高期限，十五天是府兵当番上下的传统，都与农业生产相关。除此之外，官府还允许服色役者在一定时期后变更身份，进而形成以年为基本单位的服役期限。对白丁身份色役者而言属于更代期，有官资身份色役者则为累资期，它们是有别于番期和役期的其他色役时间断限。色役番期与役期设立的制度理念，一方面是勿夺农时和均平赋役的中国古代传统的赋役思想，另一方面也反映出唐前期律令制为法精密和简而易行的总体特征。

第三，唐前期色役的纳资和纳课有别。纳资是不役纳资，属于色役的代役金；而纳课是舍身纳课，具有免役税性质。色役纳资与纳课在唐玄宗开元末期走向合流，这既是官吏利益诉求的结果，同时也有皇权对维护秩序的助推作用。色役的资课合流对兵役完全走向募兵和力役普遍纳庸具有牵引作用，最终在开元末期和天宝初年形成人身依附关系解放的趋势。其对唐宋社会经济结构变迁具有开启意义，主要表现为赋役合

一、金属货币财政、中央财政统一和军事财政等。这种变革趋势是商品经济发展推动使然，但唐宋以降社会经济体制的重构是政治、社会等多重因素作用的结果。故这种变革绝非一蹴而就，必然经历跌宕与反复，一直到明末清初，在内外社会环境的共同作用下，才最终成形。

第四，唐后期色役嬗变呈现出颇为矛盾的运行轨迹。一方面色役因资课和战争时期人口逃亡而表现出减省趋势，另一方面又因财政困难和部门利益而出现色役增加、伪滥的局面。与此同时，色役在国家政策下被要求免差与和雇，而地方则是习惯性派征。其中既有中央财政与诸军、诸使、诸司财政的博弈，也有中央对地方州县赋役规制的弱势与失灵。

其具体表现为：早在开元、天宝时期色役向资课转化过程中就已经开始大规模减省。这一时期色役现役与纳资课的结构特征表现为人员与用役双固定下长上现役与明资的互补、人员固定而用役不定下短番现役不足与不役资课、人员不定而用役稳定下的短番现役盈余与制度性纳资课以及役名空壳化下色役现役虚象与完全纳资课。其财政收入性特征要多于其赋役使役性特征。因为色役役名空壳化在不断加剧，很多色役不断走向长上和雇役，这意味着纳资课者在增加，相应的现役在不断萎缩。最终，纳资课者成为色役的主体，这也是色役不断被中央政府减省的原因。比较典型的是官员俸料钱制度的改革促使大量色役向赋税转变。这种格局在肃、代时期因战争和人口流亡被进一步推进，色役减省后国家财政倾向于通过雇役来保证役制的运行。然而由于战争后的财政拮据，以及诸司、诸军与诸使各自利益的膨胀，唐后期新的色役不断衍生，并成为避役的渠道。其中各级机构的捉钱人、京师诸军的影庇户以及诸使的茶盐油商等最为凸显。对此，唐中央一方面对这些新衍生的色役不断进行裁减，控制名额；另一方面从法律和制度上规范色役的蠲免条件，如有司蠲牒的发放程序和依据等等。但唐后期中央直辖地区只有京兆府和两京，由此形成的"府县色役"，中央还可以进行规制，但在此之外的地方州县，中央的政策多难以推行或被曲解和变通，这促使色役在地方走向自我发展。尤其是唐后期色役不断杂糅杂徭和其他杂差遣，并在地方不断回归现役，从而形成实际上新的差役。

第五，唐代色役人群反映出色役结构的复杂性以及等级和身份制对其的重要影响。以陵户为例，在唐代陵户问题中，唐玄宗在开元十七年拜谒定、献、昭、乾四陵后，为每陵设置三千户百姓供役。三千户脱胎于六乡百姓，属于专门服务特定帝陵的奉陵户，其中包含了"四百人"或"三百人"的陵户。陵户隶属诸陵署管理，从事守卫、洒扫和筑坟等日常劳作，免除课役；而其他奉陵户则被州县征派，服杂徭力役，但蠲免陵寝之外的其他正役与杂徭。唐代陵户身份并非以开元十七年为界分为贱民与良人，谒五陵大赦诏中陵户放良仅针对五陵中贱民身份的官户，不具有普遍性。事实上，贱民身份的官户与百姓良人一直都是唐代陵户的组成部分。随着中唐以后役制变迁，陵户在中央管理层面一度失去役的特征，但地方实际用役逐步恢复了陵户的职役本质。总体上看，唐代陵户问题凸显了唐代役制的复杂性和唐宋役制变迁的整体趋势。

唐代陵户设置既存于法，又寓于礼，在一定程度上是礼仪的外在表现形式。唐代前期陵户设置严格区分帝陵、追封的帝陵、先代帝陵、太子陵以及亲王、公主墓等，每一等级通常都有具体的标准。这些礼制规范在唐后期也基本得到因循，但陵户设置上的尊崇逾制在有唐一代经常出现。唐代陵户设置的等级差别和变化反映出唐代礼制与政治的紧密关联。一方面，其等级差别是唐代政治地位和尊卑等级的体现，其调整变化则鲜明地带有为现实政治服务的特点。另一方面，唐代陵户设置在唐后期乃至五代宋初的因循说明，礼制在为中国古代政权提供统治依据、提高君主地位以及调节各阶层政治关系上不可或缺。不过，唐代统治者在陵户设置上也经常有任情之举，这反映出君主凌驾于礼制规范之上的特殊权力。

第六，北宋特殊户役与白直反映出唐代色役在宋代的存续与变迁。北宋募役法改革前存在众多特殊户役，包括陵户、庙户、柏子户、畦户、俸户、佃种官田户以及家有农师、医人的农户等。这些特殊户役具有免杂役差科、专门役籍或由中央派出机构管理服役等特征。就其性质而言，陵户、庙户、柏子户属于差役；畦户可归入差雇范畴；俸户、佃种官田户则为色役户；农师、医人属于州县役人。在宋代职役与夫役的赋役解释框架下，除畦夫外的特殊户役，都接近职役。北宋募役法改革前特殊户役的职役性质不仅体现出唐宋制度的连续性，同时也提醒学术界需要重新检讨宋代役制。宋代职役结构中并非只有州县乡役人员，也包括具有职役性质的特殊户役。尽管乡官向乡役转变使宋代地方职役有所增加，但整体上看，北宋募役法改革前无论是职役还是力役都呈回缩状态。宋代役制中差雇的含混与吏役的模糊，也需要学术界在宋代役制研究中不能拘泥于宋人的役制观，应该把握中国古代役制发展的总体趋势和方向，如此才能弄清楚宋代役制的整体结构以及具体役属性。

白直称谓在北宋中后期大量出现。北宋白直属于在官当直人，主要包括手力、承符、散从官以及当直军士等。由于白直专门配给官员，供身指使，因而形成类似主仆的私属关系。北宋白直虽然也属于官人役力性质，但并非唐代白直制度的简单回归。相较于唐代白直，北宋白直不是单一性职役，而是复合性役；它亦非公廨白直，仅是官人白直，且无专门纳资代役规定，皆是现役。北宋白直的出现是稽古行道思想在役制上的表现；作为官人役力，白直在唐宋间延续除了官员待遇和经济利益动因外，更主要的是其政治功能。作为官仪的体现，白直的存在能够提高朝廷威望和官员地位，进而威服吏民，故实质上它是中国古代官僚等级社会的内在要求。白直的存在丰富了对宋代职役范围的理解，也反映出中国古代职官、职吏与职役的秩序格局。

上述对唐代色役的研究基本勾勒出唐代色役的基本面向及其在唐后期与宋代的演进趋势，而且在研究中也能发现唐代色役面向与中国古代社会演进中的共性特征。色役与秦汉胥徒、南北朝吏役、宋代以降职役性质相同，是中国古代行政管理系统中的特殊人群，在完成行政管理职责中不可或缺。唐代色役在中晚唐发生变化，体现出中国古代赋役合一的趋势，这体现了资课性的职役税化与中国古代赋役合一的发展规律。

同时，唐代色役重心由中央向地方转变，这也与中国古代财政定额管理趋势相一致。另外，色役与中国古代等级身份制社会的权利特征关系密切，唐代色役身份区别与纳资课等级差异从另一侧面反映出中国古代等级身份制社会的权利特征。

二　延展的讨论

唐代色役是指官府指派人丁服务于行政或事务部门，役使承担某种职任或职事的役制形式。其发展到宋代则演变为职役，并被元、明、清等朝所承继。整体而言，中国古代役制前、后期之分野产生于唐代。唐前期役制承秦汉、魏晋役制之余绪，唐后期役制则开启五代、两宋乃至明清役制之先河。在这一役制变迁中，唐代色役尤为关键，其地位之升降、税化之盈缩以及结构之整合，不仅形塑了宋代役制的崭新面向，亦奠定了中国古代后期役制的基本格局。

（一）促成主体役种更迭

中国古代役制以唐代为变迁节点，总体上呈现出由以力役和兵役为主向以职役为主的嬗变。而唐代色役是促成主体役种更迭的重要因素。

事实上，唐前期色役地位已呈逐步上升态势，并开始侵蚀力役和兵役的主体役种地位。力役和兵役作为主体役种，这是秦汉以降徭、戍传统的继承。唐代法令中明确规定丁役为正役，每年役期为二十日，并将正役和杂徭作为唐代赋役之制的法定内容。同时强调"役莫重于军府"，征发府兵卫士承担兵役。与之相比，唐代有关赋役的律令中并没有色役的位置，色役被附于职官中的职掌之列。但因百姓服色役能蠲免租调、力役和兵役，故色役成为避役渊薮。随着色役人群体不断扩大，至唐玄宗时，"色役伪滥"成为社会问题，色役亦被纳入役制视野。《唐六典》收入开元二十三年减诸司色役敕，并将其列在杂徭之后，足以说明色役已对力役和兵役产生了冲击。

众多百姓投身色役，造成免役人丁剧增，而能服力役和兵役的丁口数相应下降，加之很多人户直接逃亡，最终致使力役和兵役的征发出现危机。对此，唐王朝最初采取派遣户口色役专使来加强治理的举措，如开元九年派宇文融急查"色役伪滥"和逃户等。但这种措施无法从根本上扭转危机，故最终转向财政改革，即役的全面税化和雇役。力役和兵役在法定形式上走向雇役，为色役上升为主体役种准备了条件。值得注意的是，色役同时亦被赋税化，但色役属于复合型役种，拥有众多役目，因而纳资课形式比力役纳庸更为复杂。具体可分为长上现役与明资的互补、短番现役不足形成的不役纳课、短番现役盈余下的制度性纳课以及色役现役缺失导致的完全纳课等。故在色役税化过程中，有些色役完全与役分离，像力役纳庸一样彻底变为单纯赋税。但也有些色役有明确职掌，在行政运行中不可或缺，因而这类色役采取长上现役与明资或纳课并列的形式。也就是说，大部分色役人变为交纳税收的明资或纳课人，而小部分成为专门服役人，在完成本人役期外，延长时间替人服役并领取雇资。故色役即使被赋税化后仍保留了一部分现役，这为其以后在法理意义上的存在留下了空间。

安史之乱特别是两税法后，色役演变为诸司色役和府县色役，并成为唐后期诏敕的通常用语，昭示了色役主体役种地位的确立。而正役纳庸后，中央层面的强征力役已失去合法地位。两税法中还强调"租庸杂徭悉省"，这意味着地方层面的力役征派亦属于非法行为。然而唐后期地方州县往往非法派役，致使"随户杂徭"等力役事实上仍然存在。但杂徭毕竟属于减省之列，故它更多地被包含在色役名下，"杂差遣"、"差科色役"或"府县色役"等诸多"用语差互"现象亦体现出这一点。

值得注意的是，唐后期中央诸司色役与地方府县色役在向五代、宋过渡中呈现出新的面向。中央诸司色役渐趋吏化，逐步被"诸司人吏"取代，而地方府县色役则走出色役与杂徭的裹杂状态，最终形成宋代职役与夫役的二元格局。在宋代役法中，职役已完全成为主体役种，其役制格局被元、明、清诸朝所承续，形成中国古代社会后期的职役时代。然而若究其主体役种更迭的肇端，开天之际的唐代色役实为重要枢纽。

（二）奠定征役税化路径

中国古代役制由纳资代役向纳税免役的转变亦开启于唐代。其中色役走在税化前沿，它牵动着力役完全纳庸，并在上升为主体役种之际，奠定了征役税化的发展路径。

纳资代役在中国古代社会前期颇为常见。秦汉更赋即有代役钱性质，而西汉景帝时出现"用其资以雇庸"，说明庸作为力役代役金在汉代就有成例。魏晋南北朝时，南朝的塘丁、埭丁及城直之役，北朝的运丁和工匠，都曾纳资代役。但纳资代役都产生在派役环节，属于征役形式的调适，而且需对役进行补偿，或用来雇役，或维持役的运转。故从本质上看，代役纳资尚属代役金，而不是税。但发展至唐代，纳资则发生质变，唐长孺曾指出："就整个徭役制度而论，唐代较之过去不同的一点，就是纳资的普遍化。"唐代纳资普遍化在性质上已非代役钱，而是免役税。这是因为通过财政的统收统支，免役税作为财政收入已脱离对具体役的补偿关系，雇役之费由总体财政支出，故现役的财政收支一体特征被改变，免役税体现了役作为财政收入的税化状态。

关于唐前期役的税化，色役最为激进。如防阁、庶仆、胥士、亲事、帐内等中央机构色役，作为官僚特权很早就演变为免役税。仗身、白直、执衣等地方色役也渐趋"舍身纳课"，成为单纯的税收。这一变迁趋势影响到其他色役，开元二十三年"因纳资课，取便公私"，色役走向全面赋税化。而色役的免役纳课和用役雇佣之法，对兵役、力役起到牵引作用。如开元二十四年李林甫推行长行旨符后，力役亦转向普遍纳庸；开元二十五年普遍实行募兵化，"州郡再无征发之役"。

然而前已谈到，色役在税化上不如力役彻底。力役税化后，中央层面的法定力役便消失。但色役属于官府行政或事务部门用役，有明确的职任和职掌，故这部分色役即使在税化后，也需要确定专门的人员。虽然在给予雇资上与自由雇役类似，可是在管理上还是采取长上役的模式，这使现役形式得以保留。其结果，一方面新的色役类目会在旧制度躯壳上衍生；另一方面财政雇役能力也会从中央到地方逐层递减，造成地方因财政能力不足重新恢复某些色役。同时地方基层组织亦习惯于采取以往直接征派色役的形式。所以，色役在开天之际税化后并没有消失，反而在唐后期特殊的政治环境和财政体制下复现，甚至衍生出新的色役。

色役的税化路径在宋以后的职役税化实践中亦被不断重演。如王安石募役法改革后，职役在基层被重新差派；明一条鞭法改革后，亦"条外有条，鞭外有鞭"，足见旧职役始终无法彻底剪除，而新职役又重新滋长，事实上形成税化、再生、再税化的"积累莫返"。故中国古代社会后期开启的职役税化路径，自唐代色役时就已经奠定。

（三）推动役制结构重组

中国古代役制中包含众多役种，各役种之间彼此并非界限分明，而是交叉组合为特定的役制结构。唐代色役凸显，致使主体役种出现更迭，同时亦形成役制向地方的下移，而这些变化也相应地推动了役制结构的重组。

唐代前期赋役之制包括中央正役和地方杂徭，另有专门的府兵之役，这是中国古代社会前期"兵徭"役制结构的延续。秦汉时期兵徭合一，适龄男子既要服力役，也要服兵役。魏晋南北朝时期力役与兵役走向双轨。力役始有正役与杂徭之分野，而兵役上则出现户籍有别、兵民分离的世兵制度。尽管职业性世兵与"役"存在距离，但"徭役性兵役"特征反映出兵徭结合的惯性。与此同时，中央"御中发征"性质的正卒、正役构成"兵徭"役制的主体，它背后是原始贡赋"以下献上""以供天子"的制度理路。而作为中央部门或地方行政机构用役的胥徒、吏役、服役吏、杂徭，也包括色役，都处于从属地位。

伴随着唐开天之际正役普遍纳庸和府兵制变为募兵制，原有"兵徭"役制结构逐渐向"差役"役制结构转变，其主要表现是色役地位的凸显，力役和兵役地位的下降。"差役"役制结构不再强调"以供天子"的中央义务，而是着眼于地方实际征派。唐前期"差役"属派役方式，后逐渐变为专门役称。由于力役和兵役都走向雇役，故唐后期法定的差役只有色役，或称"差科色役"。同时因色役有固定职掌和额定役期，所以又可理解为正额定差，从而与来自杂徭的"杂差役"相区别。在唐后期"差役"役制结构中，色役既具有法定地位，又有固定役职，因而成为役制主体。色役还不断杂糅其他役类，如在特殊役户下将个别夫役固定化；或将属于"吏职"的里正、户长纳入乡役，从而生发新的色役形式，扩大色役内涵。

唐后期"差役"役制结构为宋以降各朝代所继承，定差和杂差始终是役制的宏观分类，只不过役制主体已由色役变为职役，而凸显在役法中的职役主要由乡职之役和州县职役构成。又因乡职在差役征发中的管理职能，故在中国古代后期"差役"役制结构中居于更为核心的地位。马端临职役概念生发于乡职之役，明代乡职中的里甲甚至被称为"正役"都反映出这一点。

总之，以唐代为分水岭，以唐玄宗开天之际为节点，中国古代役制呈现力役、兵役与职役的时代变换。唐代色役在此变迁过程中发挥了重要作用。它不仅促成了主体役种由力役、兵役向职役的更迭，奠定了中国古代社会后期税化的变迁路径，还推动了中国古代社会后期役制结构的重组。如果放宽研究视野亦能够发现，中国古代役制的变迁过程又与唐宋社会经济变革以及中国古代社会前后期分野相契合，由此可见唐代色役具有更深层的政治、经济联动意义。

附录一 唐前期色役性质考辨[*]

色役是唐代赋役研究中的重要问题。因唐代史籍对色役概念缺乏界定，故学术界对其性质一直存在争议。[1]

---

* 原载《陕西师范大学学报》2013 年第 6 期。此文是笔者对唐代色役问题的早期探索，因文中部分观点后来有了新的认识，故未纳入正文（参见本书第一章）。现附赘于此，供读者参详。

1 有些学者质疑色役的独立役种地位。如日本学者曾我部静雄比较班田收授法下的赋役制度后认为，色役是一种杂徭，无论在唐或在日本，都包括在杂徭之中。(『均田法とその税役制度』、227 页）唐长孺也认为"在最广泛的意义上，所有色役不管哪一类都属杂徭"，但他也指出唐代前期杂徭与色役存在区别（《唐代色役管见》，《山居存稿》，第 171、180 页）。杨际平认为，色役不是独立于正役、杂徭之外的另一种徭役，而只是正役或杂徭的一种使用形式（《唐前期的杂徭与色役》，《历史研究》1994 年第 3 期）。但多数学者还是承认色役的独立役种地位，如王永兴指出了色役的"分番供役，不役纳资"以及身份性特征（《敦煌唐代差科簿考释》和《唐天宝敦煌差科簿研究——兼论唐代的色役制及其它问题》，《陈门问学丛稿》，第 21~44、45~133页），张泽咸对色役与杂徭、杂任、职役、差科都做了尝试性剖析（《唐五代赋役史草》，第 335~377 页）。

由于色役性质不仅关涉到对唐代赋役结构的整体认识，也是厘清汉唐役制承续与唐宋役制变迁的关键节点，所以本文尝试在前人研究的基础上，对唐代色役性质问题重新加以诠释。鉴于唐后期色役已经趋向与正役、杂徭的融合，本文将研究时域放在唐前期。偏颇之处，还望批评指正。

一　杂色役：色役由杂色身份人承担

唐中宗即位赦文称："其诸司官员，并杂色役掌〔闲〕[1]、幕士、门役之徒，兼音声之人及丁匠等，非灼然要籍，并量事减省，所司速为条制。"[2] 其中将掌闲、幕士、门役、音声之人及丁匠都称为"杂色役"。色役被冠以杂色役称谓，并非偶然，它实际反映出色役的"杂色役"性质。

色役中"色"为"类"之意，即类别和种类。唐前期色役种类很多，因而它又经常被称为诸色役。如唐中宗敕文中有："立部伎舞人，以后更不得改补入诸色役。"[3] 唐玄宗敕文亦表达出相同认识："其杂匠及幕士，并诸色同类有番役合免征行者，一户之内，四丁已上，任此色役，不得过两人。三丁已上，不得过一人。"[4] 色役综合了诸类役，由此显得繁杂，这是色役复合型役种特征的反映，即由类型相同、性质相近的多类役种构成。与其相比，正役、杂徭就属于单一型役种。但仅此特征尚不能决定其"杂色役"的性质。实际上，"杂色役"性质的关键不是"杂"，而是在"杂色"，进一步讲是唐前期承担色役的"杂色人"

1　吴宗国认为"杂色役掌"是一种提法（见《隋唐五代简史》，福建人民出版社，2006，第165页），但明刻本《文苑英华》中补充为"杂色役掌闲、幕士"。学术界也多认为掌后脱"闲"字，故本文从后者。

2　宋敏求编《唐大诏令集》卷2《中宗即位赦》，第7页。这一赦文是唐代色役在史籍中出现的较早证明，杨际平在《唐前期的杂徭与色役》（《历史研究》1994年第3期）中有所考证。

3　王溥：《唐会要》卷33《宴乐》，第609页。

4　王溥：《唐会要》卷83《租税上》，第1533页。

身份。

　　关于唐前期杂色人，典籍多有记载，但其概念并不一致。选官领域有相对科举士人的杂色人含义。唐太宗在设定文武官员数额时说："朕设此官员，以待贤士。工商杂色之流，假令术逾侪类，止可厚给财物，必不可超授官秩。"[1]此处杂色人明显指称工商业者。唐高宗执政之初，黄门侍郎刘祥道针对选举时弊，抨击杂色入流："吏部比来取人，伤多且滥。每年入流数过千四百人，是伤多；不简杂色人即注官，是伤滥。经学时务等比杂色，三分不居其一。"[2]《通典》对杂色的注释为三卫、内外行署、内外番官、亲事、帐内、品子任杂掌、伎术、直司、书手、兵部品子、兵部散官、勋官、记室及功曹、参军、检校官、屯副、驿长、校尉、牧长。此外，还有相对国家编户农民的其他杂色人。陈子昂在《上军国机要事》中即云："即日江南、淮南诸州租船数千艘，已至巩、洛，计有百余万斛。所司便勒往幽州纳充军粮。其船夫多是客户、游手墮业、无赖杂色人。"[3]文中杂色为不专心农业生产人员。

　　虽然史籍中杂色概念不一，但派役领域的杂色人还有规律可循。敦煌写本《唐开元水部式》中载："都水监渔师二百五十人，其中长上十人，随驾京都。短番一百廿人，出虢州，明资一百廿人，出房州。各为分四番上下，每番送卅人，并取白丁及杂色人五等已下户充，并简善采捕者为之，免其课役及杂徭。本司杂户、官户并令教习，年满廿补替渔师。其应上人，限每月卅日文牒并身到所由。"[4]此都水监渔师由白丁及杂色人五等以下户充，说明杂色人有别于白丁。又唐前期诸牧监补牧长时要求，"以六品已下子、白丁、杂色人等为之"，[5]足见杂色人与品官有别。武则天时期针对浮逃户、寄住户还规定："卫士、杂色人等，并限

---

1 《旧唐书》卷177《曹确传》，第4607页。
2 杜佑：《通典》卷17《选举五》，第403页。
3 董诰等编《全唐文》卷211《上军国机要事》，第2136页。
4 王永兴：《敦煌写本唐开元水部式校释》，《陈门问学丛稿》，第288页。
5 李林甫等：《唐六典》卷17《太仆寺》，第486页。

百日内首尽，任于神都及畿内怀、郑、汴、许、汝等州附贯。给复一年，复满便依本番上下。其官人百姓，有情愿于洛、怀等七州附贯者亦听。"[1] 从中还可以发现，除官员、百姓外，卫士也不属杂色人。

　　根据上面给杂色人划定的范围来分析前述杂色人的各种指称，能够发现客户、游手、隳业、无赖杂色人应排除在役事征派杂色人之外，因为他们毕竟还属于百姓、白丁。倒是《通典》中定义的杂色人如三卫、内外行署、勋官、品子任杂掌等，有别于官员和百姓，应是杂色人的主体。所幸在敦煌吐鲁番差科簿文书中也出现了这类杂色人，对此结论可做补正。贞观时期的《唐令狐鼠鼻等差科簿》文书载：

　　1 ▢▢▢▢十八年请送妹入京未还

　　2 ▢▢▢▢廿六 父相怀年五十二 白丁 中下户

　　3 ▢▢▢▢见在应过

　　4 ▢▢▢卅五人杂色

　　5 八 人 　勋 官

　　6 二人昆丘道征给复

　　7 　武骑尉令狐鼠鼻廿七 兄智达年卅二 外侍 下上户

　　8 　武骑尉张智觉廿八 兄智相卅六 白丁 下上户

　　9 六 人 不 行

　　10 武骑尉石服屯年卅五 男贺婆年十九 中男 下中户

　　11 云骑尉魏隆护年廿八 弟隆柱年廿四 白丁 下上户

　　……（节略）

　　20 七人里正[2]

又《唐年次未详（八世纪前半）西州高昌县宁昌乡差科簿》亦载：

1 董诰等编《全唐文》卷95《置鸿宜鼎稷等州制》，第982页。
2 《吐鲁番出土文书》第6册，第212~214页。

```
1 宁昌乡
2  合当乡据籍杂色 ☐☐☐☐
3    九 十 九 ☐☐☐☐
4    六 十 ☐☐☐☐
5     侯进感弟☐素卅八 ☐☐☐☐
6     氾逸之廿二五品子☐我？ ☐☐☐☐
```

（后欠）[1]

上述杂色记载，令狐鼠鼻等差科簿中有杂色人 45 人，其中的勋官 8 人和里正 7 人应属杂色人之列。高昌县宁昌乡差科簿中有"当乡据籍杂色"字样，说明下面人员也与杂色有关，特别是出现了"五品子"。对照《通典》中杂色的定义，勋官属于其中，里正虽不在其中，但可归入外行署，五品子也与其中品子任杂掌相关。由此可以推断，《通典》中定义的杂色人属于派役杂色人范围。不过，唐代杂色人不仅仅是这些人。前述杂色人中还有工商业者，史籍中记为工匠，《唐律疏议》中有"丁谓正役，夫谓杂徭，及杂色工匠，诸司工、乐、杂户"，[2] 透露出杂色工匠也属于役事中的杂色人。另前面提及的由白丁和杂色人五等以下户担任的渔师也应属于杂色人，这是因为渔师属于职掌，诸色职掌人按规定可免除白丁的课役负担。[3] 而在令狐鼠鼻等差科文书中，杂色之上有某人十八年请送妹入京未还，既然本人不在，就无从谈及课役，而下面又出现"见在应过"和"卅五人杂色"，联系勋官和里正都免除课役，则可以推断其意为杂色人虽然见在，但属于免课役人。从这一角度观之，渔师既然"免其课役及杂徭"，在服役人身份上也就有别于白丁。渔师不属于白丁，又不可能是品官、卫士，那只能属于杂色人之

1　池田温：《中国古代籍帐研究》，录文与插图部分，第 237 页。

2　长孙无忌等：《唐律疏议》卷 28"丁夫杂匠亡"条，第 534 页。

3　《唐六典》在逃到丁户优复蠲免之制时指出下列人群："诸皇宗籍属宗正者及诸亲，五品已上父祖、兄弟、子孙，及诸色杂有职掌人。"见李林甫等《唐六典》卷 3《尚书户部》，第 77 页。

列。值得注意的是，杂色人可补充的渔师属于杂色人，而在《通典》注解中属于杂色人的牧长也可由杂色人充，这是否意味着有杂色人可充当的役种承担者也是杂色人呢？暂存疑。补充渔师人中有杂色人，而都水监杂户、官户可以补充，不惟从免役角度而言，仅就杂户、官户身份来说就有别于白丁，应属杂色人行列。充渔师条件中还有"善采捕者"规定，最有条件的是水手。水手不属于服正役白丁，那他也应归入杂色人。由此来看，渔师由白丁和杂色人补充就不是虚言。白丁充任渔师后其服役身份已经发生变化，即由白丁服役身份变成了杂色人，王永兴在分析唐天宝差科簿时已经注意到在差科簿第二部分第三段都有色役役称或某人身份，如白丁（土镇）等。[1]若从杂色人角度看，这些标注应是区别白丁而服色役的杂色人身份的标志。由此可见，唐前期杂色人既包括那些职事官以下的胥吏阶层，主要身份是流外官和杂任，这一点已有学者指出；[2]除此之外，还包括一些工匠、渔师、官户、杂户等特殊人户。虽然杂色人中不包括卫士，但《通典》中注释的杂色人包括"兵部品子、兵部散官、勋官、记室及功曹、参军"等，这些人的原有身份不能排除由卫士转化而来，故卫士不属于杂色人，但有些杂色人会由卫士担当。

需要明确的是，不是所有的杂色人都承担色役。有些杂色人常年在官府中任职，不属于服役，但色役却都是由杂色人来承担。其中有些人一开始就与白丁有别，属于杂色人，如吏的阶层、工匠、官户、杂户，可能是因为自南北朝以来他们就属于特殊人群。多数杂色人原来属于白丁，但承担色役以后变为免课役群体，其身份也进入了杂色人行列。从赋役理论上分析，决定一种役的性质关键在于役的承担对象。唐前期色

1　王永兴：《唐天宝敦煌差科簿研究——兼论唐代色役制和其他问题》，《敦煌吐鲁番文献研究论集》，第121~122页。

2　参见曾我部静雄「我が古代の雑任と雑色人と入色者について」『律令を中心とした日中關係史の研究』（上下）、吉川弘文館、1970；张广达《论唐代的吏》，《北京大学学报》1989年第2期。

役在服役对象上既区别于正役的丁，也有别于杂徭的丁夫和中男，它是由一个特殊的杂色人群体组成。也正因为如此，不仅色役表现为相对于正役、杂徭的杂类役性质，其杂色人身份也进一步增加了其杂色役的属性。

在唐前期有关色役的史料中，也经常出现"本色"和"本色人"的记载。如《唐律》中对犯徒刑者加杖刑后，规定"还依本色者，工、乐还掌本业，杂户、太常音声人还上本司，习天文生还归本局，给使、散使各送本所"。[1]可以看出"本色"是对单类色役役种的表述。与其相近的还有亲事、帐内，"皆限十周年，则听其简试。文理高者送吏部，其余留本司，全下者退还本色"。[2]对于不是本色者，一般称为非本色。如唐玄宗时期，"国忠恃权宠，又邀名称，多征诸州县农人令铸钱，农夫既非本色工匠，被所由抑令就役，多遭棰罚，人不聊生"。[3]农民不是铸钱工匠，被称为非本色工匠。而铸钱内作使判官韦伦认为"铸钱须得本色人"。[4]又天宝四载（745）敕称："将作监所置，且合取当司本色人充直者，宜即简择发遣。内作使典，亦不得辄取外司人充，其诸司非本色直，及额外直者，亦一切并停。"[5]这是主张以本色工匠担任作监直官，排除"非本色"人员。从上述诏敕行文来看，"本色"、"本色人"和"非本色"是在色役内部相对单个具体役种的称呼习惯。而"杂色"和"杂色人"是色役作为整体相对于官员、白丁和卫士的称谓。

二　职役：色役与职事官、职掌的关联

《唐六典》"兵部郎中员外郎"条关于卫士选取规定："皆取六品已

1　长孙无忌等：《唐律疏议》卷3"工乐杂户及妇人犯流决杖"条，第75页。
2　《旧唐书》卷43《职官志二》，第1833页。
3　《旧唐书》卷138《韦伦传》，第3780页。
4　《旧唐书》卷138《韦伦传》，第3780页。
5　王溥：《唐会要》卷66《将作监》，第1156页。

下子孙，及白丁无职役者点充。"[1] 此处提及职役。关于职役，学术界通常认为是宋代役种，但宋代文献像《宋大诏令集》和《续资治通鉴长编》中实际很少用职役称谓，多称差役，包括元人所修《宋史》也是如此。职役是马端临在《文献通考》中对宋代乡长、里正等前代乡官入役的定性。张泽咸也论证过《唐六典》"兵部郎中员外郎"条中职役与宋代职役不同，但他将此役归于对诸色职掌的驱役。问题是职掌是否都需服役？职掌与职役有何区别？

在唐代文献中，职掌被列于文武官之后，如《通典》中记载：

> 右内外文武官员凡万八千八百五。（文官万四千七百七十四，武官四千三十一，内官二千六百二十，外官州县、折冲府、镇、戍、关、庙、岳、渎等万六千一百八十五。）内职掌：斋郎、府史、亭长、掌固、主膳、幕士、习驭、驾士、门仆、陵户、乐工、供膳、兽医、学生、执御、门事、学生、后士、鱼师、监门校尉、直屯、备身、主仗、典食、监门直长、亲事、帐内等。外职掌：州县仓督、录事、佐史、府史、典狱、门事、执刀、白直、市令、市丞、助教、津吏、里正及岳庙斋郎并折冲府旅帅、队正、队副等。总三十四万九千八百六十三。（内三万五千一百七十七，外三十一万四千六百八十六。）都计文武官及诸色胥史等，总三十六万八千六百六十八人。制为九品，各有从。[2]

文中的内外文武官是流内九品职事官，因为后面有"制为九品，各有从"，流内品官有正、从之分，流外官无从品。此处职掌与流内九品职事官相对，这种称谓习惯在唐代诏令中经常出现，如"文武百官及有

1　李林甫等：《唐六典》卷 5《尚书兵部》，第 156 页。
2　杜佑：《通典》卷 40《职官二十二》，第 1106 页。

司职掌""文武百官及有职掌"等。[1] 职掌既属非流内九品官，只能由有
流外品和无品供事官府的人员组成。那么，职掌是否都具有役的性质
呢？根据学者对杜佑《通典》中内外职掌人待遇的研究，流外品中的行
署人员有官服、食贮粮、有菜钱，由国家供给俸料。非行署和番官也有
俸料，长上的使典和无品直司都有粮料，可能也有厨食。只有轮番的斋
郎、主膳、幕士、驾士、习驭以及州县的执事、问事、典狱、白直等上
番日给粮。[2] 从役的无偿性、固定性、强制性来观察，只有轮番的诸色
职掌（不包括流外番官）具有服役性质，故职掌与役之间交集比较小，
而《唐六典》中卫士取人条件中"职役"范围会很大，否则就没有强调
的必要。这说明职役人不限于职掌。

　　唐代官府部门在具体运行中，除了职事官和职掌外，的确还有部分
隶属人员。如前述诸工、乐、杂户及太常音声人等特殊人户，"此等不
同百姓，职掌唯在太常、少府等诸司"。[3] 虽称职掌在太常、少府，但并
非真正意义上的职掌，因为在《通典》职掌中并没有他们。《通典》中
有乐工，不过疑为"乐正"之讹。[4]《唐六典》对乐人及音声人的记述
为："凡乐人及音声人应教习，皆著簿籍，核其名数而分番上下……皆
教习检察，以供其事。（若有故及不任供奉，则输资钱以充伎衣、乐器
之用。）"[5] 它们分番上下，不役纳资，实为服役人员。这些不是职掌的服
役人身份，应该就是职役人。如果这些还仅仅停留在字面解析的话，那
么唐代工部水部司及都水监大量使役人员的存在为本文留下进一步分析
的空间。它们被保存在敦煌写本《唐开元水部式》中，现根据王永兴的
录文和校释，将所涉人员撮略如表附 −1。

表附-1　敦煌写本《唐开元水部式》中的职掌和职役人

人员名称	人员来源	身份及人数	是否分番	免役规定
龙首泾等堰守堰人	所在州县	中男廿人，匠十二人	分番看守	
蓝田新开渠斗门长		一人，有水槽处置二人	恒令巡行	
扬子津开闭斗门人	扬州所管三府兵	三府兵及轻疾	分番守当	
沧、瀛等十州水手	沧、瀛等十州	三千四百人海运，二千人平河	宜二年与替	仍折免将役年及正役年课役，每夫一年各帖一丁，人出二千五百文资助
都水监渔师	短番一百廿人，出虢州，明资一百廿人，出房州	二百五十人，其中长上十人。取白丁及杂色人五等已下户充。本司杂户、官户并令教习，年满廿补替渔师	各分为四番上下，每番送三十人。其应上人，限每月卅日文牒并身到所由	免其课役及杂徭
胜州转运水手	均出晋、绛两州	一百廿人取勋官充，不足兼取白丁	并二年与替	其勋官每年赐勋一转，赐绢三匹、布三端，以当州应入京钱物充。其白丁充者，应免课役及资助，并准海运水手例，不愿代者听之
河阳桥、大阳桥水手	河阳桥水手于河阳县取一百人，余出河清、济源、偃师、氾水、巩、温等县。大阳桥水手出当州	河阳桥置水手二百五十人，陕州大阳桥置水手二百人，仍各置竹木匠十人，在水手数内。并于八等以下户取白丁灼然解水者	分为四番。一补以后，非身死遭忧，不得辄替	并免课役，不在征防、杂抽使役及简点之限
都水监三津守桥人	都水监三津所在州县	卅人，于白丁、中男内取灼然便水者充	分为四番上下	仍不在简点及杂徭之限

续表

人员名称	人员来源	身份及人数	是否分番	免役规定
三津木匠	都水监三津所在州县		四番上下	
蒲津桥水匠	本州	水匠十五人，并于本州白丁便水及解木〔作〕者充	四番上下	免其课役
孝义桥运笼水手		船别给水手一人	分为四番	

资料来源：本表依据王永兴《敦煌写本唐开元水部式校释》(《陈门问学丛稿》，第283~290页)中有关水部式录文制作而成。

表附-1中，渔师在《通典》中明确为内职掌，斗门长虽不见于《通典》记载，但与外职掌津吏相似，接近外职掌。除此之外就是守堰人、水手、供桥木匠、水匠、守桥人等非职掌人，下面具体分析这类人的服务性质。

首先，该类人员都具有职的性质。从开元水部式的相关记载来看，他们有这样一些共性。第一，有各自固定员额。多到3400人的海运，少到每船仅给1人的水手，都规定得非常详细。第二，有各自固定名称。守堰人、水手、供桥木匠、水匠、守桥人，都是专属名称，并在一段时期内保持稳定。像沧、瀛等十州水手，胜州转运水手都两年一替，说明在两年周期里，其服役身份一直是水手。而河阳桥、大阳桥水手非身死遭忧，不得辄替，几乎终生属于此类。第三，都隶属水部司和都水监的职事范围。这类人员被列入水部式后，就从法律上固定了他们被水部司和都水监驱使的角色。虽然具体活动中都有县司或检校官勾当检查，但都水官司、专当官司、津司具体负责，说明他们都在水务部门的管理之下。同时，尽管这些人附贯于州县，但也会像乐人、音声人那样"皆著簿籍，核其名数而分番上下"，因为水部式中有不役纳资课的规定，如供桥杂匠，"如当年无役，准式征课"。该资课被纳入水部司或都水监，作为公廨财源的补充。这样，哪些人以式上番，哪些人追番不到，准式纳课，水部司或都水监作为利益部门不会不掌握具体情况。尽管囿于史料，尚看不到中央和地方水务部门的管理名簿，但日本宁乐美术馆藏吐鲁番文书中有都督府和折冲府管理上番烽子和镇人的各种簿籍，如《唐蒲昌府承帐、随番、不役、停番等名簿》《唐蒲昌府番上、不番上等名簿》《唐蒲昌府支配诸所人等名簿》《唐蒲昌府番上烽、镇人名簿》，[1] 蒲昌府的这些名簿应该是上一年制定的。但在实际执行中人员有变化，如有死亡、差替、服丧、逃亡等，故负责基层派役的蒲昌府要向上一级西州都督府申牒，并形成执行中的辅助名簿，如《唐蒲昌府军行不回、没落等名簿》《唐蒲昌府终服、没著及现支配诸所等名簿》，根据上述名簿最终形成《唐蒲昌府来月应当番名簿》。[2] 这些簿籍反映了唐前期军事部门在地方差科基础上更细密化的管理，由此反观唐前期地方水务部门，肯定对各色当番人有全面的掌握。这实际上意味着守堰人、水手、供桥木匠、水匠、守桥人与中央水部司、都水监和地方都水官司、津司存在人事隶属关系。

守堰人、水手等非职掌人所表现出的共同特征与中国古代职官系统具有某种契合之处。这是因为中国古代是因事设官，官都有固定员数。如《唐律疏议》"置官过限"条称："'官有员数'，谓内外百司，杂任以上，在令各有员数。"[3] 而且 "'署置过限及不应置而置'，谓格、令无员，妄相署置。注云'谓非奏授者'，即是视六品以下及流外杂任等。所司判补一人杖一百，三人加一等，十人徒二年"。[4] 尽管唐代法律特别指出是杂任役上，起码职掌人有固定员数，但从开元水部式来看，僚属所驱使的人员数也是固定的。同时，中国古代设官分职，因事设名。《周礼》中设官分职，郑玄注云："各有所职，而百事举。"[5] 指因事设官，因官存

1　陈国灿、刘永增编《日本宁乐美术馆藏吐鲁番文书》，第 94、100、102、105 页。

2　陈国灿、刘永增编《日本宁乐美术馆藏吐鲁番文书》，第 99、97、106 页。

3　长孙无忌等：《唐律疏议》卷 9 "置官过限"条，第 182 页。

4　长孙无忌等：《唐律疏议》卷 9 "置官过限"条，第 182 页。

5　《周礼注疏》卷 1《天官冢宰第一》，阮元校刻《十三经注疏本》，中华书局，2009，第 1374 页。

名，在行政管理上有其优点。开元水部式中各类人员名称不一，供事各异，也是行政管理的需要。除此之外，开元水部式中各类人员是唐中央水部司与都水监行政职能系统的延伸。也就是说，唐中央水部司与都水监要完成管理水务的职责，这些人员是必不可少的。正如前文所言，这些人之所以被列入水部式中，也是从法律上将他们与水部司和都水监绑定在一起。因此，虽然这些人没有职官、职掌的管理权力，却是行政运行中的具体执行者，也是整个水务系统履职的部分。

其次，上述人也具有役的性质。像沧、瀛等十州水手，胜州转运水手，河阳桥、大阳桥水手，都水监三津守桥人，孝义桥运笼水手，都有免课役，或免杂徭、征防、杂抽使等，说明他们属于课户。之所以免除课役，是因为他们本身正在服役。同时，入役之前多为白丁身份，且分番供役。《唐六典》"工部水部郎中"条还记载各地渡船所设渡子的分番供役："渡子并须近江白丁便水者充，分为五番，年别一替。"[1]白丁身份和分番说明这些人属于均田农民，其治生之本为务农，分番是使其不误生产。役的特征是强制性、固定性和无偿性。上述人员可能在服务内容上有所选择，但为官府无偿服务却是无法更改的义务，带有强制性。

综上观之，唐代工部所属水部以及都水监中管理的守堰人、水手、供桥木匠、水匠、守桥人等实际上与前面的工乐音声人一样属于职役人。而且水部以及都水监的行政结构比较清晰，即职事官—职掌—职役人三个层面。职事官居官任事，享禄食俸；职掌成分复杂，无流内品的流外官仍然具有部分官的待遇，无品职掌大部分通过长上谋得治生之资，属于胥吏阶层，职掌人都有机会跻身下层品官之列；而职役人本质上属于各行各业的劳动者，通过分番供役得以免除白丁类课役。在唐前期役制结构中，这些职役人分番供役、不役纳资，属于色役范畴。由此可见，若从职事官、职掌的角度分析，色役还具有另一种性质——职役。当然，色役作为职役，与职掌和职官的界限并非完全分明。唐长孺

1　李林甫等：《唐六典》卷7《工部尚书》，第227页。

就曾指出职掌中幕士、门仆都属于色役，并进而认为："内职掌中与幕士同属殿中省、同一类型的执驭、驾士等亦当是色役。其他如内职掌中的鱼师、亲事、帐内，外职掌中的白直，虽未见明标色役的记载，一般都认为是色役。"[1] 说明有些色役是职役与职掌兼而有之，换句话说，有些职掌本身也是职役人。另还有一些流内官也需要分番供色役，他们主要是无职事的低级散官和勋官，通过色役获得职资，从而进入职掌或职事官行列。他们虽然身份是官，但也属于职役人，也要服色役。

三　部门役：色役服务于官府专门机构

前文谈及唐代色役的杂色役和职役性质，其中都隐含着色役为专门机构，包括机构中的特定等级官员服务的因素。不论是杂色人脱离白丁的免课役，还是职役人附于职事官、职掌之下的分番供役，都与此密切相关。由此，凸显出色役的第三个性质，即部门役。实际上从宏观角度来看，中国古代南北朝至唐前期官府用役系统具有层次性。一种是国家、社会层面用役，属于大系统，主体役种是正役和杂徭，这种用役带有公共性，但在皇权专制社会下，都带有"御中发征"[2]的私属色彩；另一种是各个官府部门的小系统用役，目标是完成其应承担的行政职能。正常情况下，属于官府部门的工作人员应该有俸禄，或者说薪酬，但国家财政拿不出那么多钱来，故只能通过强制征用役的形式。从这一角度来说，国家行政人员的役化是中国古代官府解决财政负担的手段，从唐宋以后职役日渐占据征役主体地位来看，这也是中国古代社会后期役制发展的方向。部门用役的杂和职源于官府的分类设官，层层分职，它作为一个职能系统的末梢和最基础部分，最终发挥了不可替代的作用。

1　唐长孺：《唐代色役管见》，《山居存稿》，第170页。
2　《秦律十八种释文注释》，《睡虎地秦墓竹简》，第47页。

色役部门役性质为分析色役与正役、杂徭的区别提供了更深层次的视域。关于唐代官府部门的用役，中央六部各司以及寺、监的色役情况，史籍记载非常清晰，本文不再赘述。地方官府部门的色役反倒值得注意。地方官府机构人员少、规模小，可其行政职能却面面俱到。唐代中央有六部，地方官府则相应设置六曹，如州一级有司功参军、司仓参军、司户参军、司兵参军、司法参军和司士参军，到县一级，则有功、仓、户、兵、法、士六部门，对应州的六判司，每一个分支机构要完成行政职能都需要一定的职掌或职役人。就色役来说，除了白直、执刀、问事、门仆等，可能还有一些尚不为人熟知的色役形式。张玉兴曾搜罗《唐六典》中未载的县级胥吏，有五百（伍伯）、捉不良或不良人、县门卒、县医工、手力、游徼、散手、县厅吏等。[1]其中较为明确为色役人的是县医工和不良。《太平广记》记载："高邮县医工王攀，乡里推其长者，恒往来广陵城东。每数月，辄一直县。"[2]王攀作为医工，每数月到县当值，实为色役的分番和上番。关于唐代的不良人，清孙承泽在《春明梦余录》中称："缉事番役，在唐称为不良人。"[3]将这类役称为番役不乏清人立足清代役状的理解，但这类役也不排除在唐代就是轮番服役的色役形式。由此不难发现，唐前期地方州县官府是具有部门役性质色役的深厚土壤，其色役种类远比史籍记录的复杂得多。

唐前期的官府部门还包括军事部门，如中央各卫、地方都督府和折冲府等，这也是色役作为部门役亟待厘清的领域。军事机构的色役，史籍中常见的有三卫、烽子和仗身，折冲府旅帅、队正、队副等也属色役范畴。

三卫的概念出自《唐六典》"兵部郎中员外郎"条："凡左、右卫亲卫、勋卫、翊卫，及左、右率府亲、勋、翊卫，及诸卫之翊卫，通谓之三卫。"又称："凡诸卫及率府三卫贯京兆、河南、蒲、同、华、岐、

1 张玉兴：《唐代县官与地方社会研究》，天津古籍出版社，2009，第156~158页。
2 李昉等编《太平广记》卷355《王攀》，中华书局，1961，第2814页。
3 孙承泽：《春明梦余录》卷63《锦衣卫》，《景印文渊阁四库全书》，第869册，第195页。

陕、怀、汝、郑等州，皆令番上，余州皆纳资而已。"[1] 三卫不纳资需要番上，这就涉及具体部门。虽然三卫的考核、纳资在兵部，但其具体所属部门是中央各卫，管理者为各卫大将军以及中郎将。史载："中郎将掌领其府校尉、旅帅、亲卫、勋卫、翊卫之属以宿卫，而总其府事；左、右郎将贰焉。若大朝会及巡幸，则如卤簿之法，以领其仪仗。凡五府之亲、勋、翊卫应番上者，则以其名簿上大将军，配于所职。"[2] 三卫的服役内容是防卫皇帝、太子或宫城、皇城。从府兵设置角度，张国刚论证了三卫与外府折冲府相对的内府性质，[3] 这意味着三卫在本质上属于府兵卫士。由于三卫由五品以上官子弟担任，又具体供职于中央军事管理部门，因而具有职役色彩。由此能够发现，色役由白丁转化而来并非特例，卫士人群的特殊使役也能形成色役。无独有偶，部分烽子之役也有卫士承担的现象。《唐六典》"兵部职方郎中员外郎"条中谈到置烽候之法，"大率相去三十里，其逼边境者，筑城以置之。每烽置帅一人、副一人。"[4] 将烽候放在兵部，说明其隶属军事部门，而且烽帅与烽副的设置更体现了这一特征。对烽子的征派，《烽式》中规定："每烽置烽子六人，并取谨信有家口者充。副、帅往来检校。烽子五人，分更刻望视，一人掌送符牒，并二年一代。代且［日］须教新人通解，始得代去。如边境用兵时，更加卫兵五人兼收［守］烽城，无卫兵则选乡丁武健者给仗充。"[5] 烽子两年一代，说明由白丁充当，但在边境地区，烽子可以由卫士或乡丁充任。因此，吐鲁番文书中上烽烽子包括卫士人员并不奇怪。

旅帅、队正、队副等则属于地方折冲府色役。旅帅、队正、队副在《通典》中属于外职掌，但在《天圣令·杂令》中却不见于"杂任"

1　李林甫等：《唐六典》卷5《兵部尚书》，第154~155页。
2　李林甫等：《唐六典》卷24《诸卫》，第618页。
3　张国刚：《唐代府兵渊源与番役》，《历史研究》1989年第6期。
4　李林甫等：《唐六典》卷5《尚书兵部》，第162页。
5　曾公亮等：《武经总要·前集》卷5《烽火》，《中国兵书集成》第3册，第205页。

条，而"杂任"条中所列为"折冲府录事、府、史"。[1] 个中原因是杂任
属于长上人群，而旅帅、队正、队副需要分番供役，属于色役。新发
现《唐永徽五年九月西州诸府主帅牒为请替番上事》[2] 文书反映出这一情
况。文书中称某人应当在今月一日番上，但值秋收时忙，请求更替，下
面是"永徽五年九月一日岸头府旅帅张口"，说明张姓人是岸头府旅帅，
应在九月一日上番服役。与其相连还有"蒲昌府队正张元相"，因后有
"依替"字样，说明队正张元相与旅帅张某类似。另《唐永徽六年某月
西州诸府主帅牒为请替番上事》[3] 文书中也有"身当今月十六日番"、"种
麦时忙"和"蒲昌府队副康护"字样。王永兴在天宝差科簿研究中曾谈
到队副属于色役的问题，从这些文书记载的分番供役也能发现其色役属
性。值得注意的是，旅帅、队正、队副供职于地方折冲府，同时属于卫
官身份，也就是说，其本身就是卫士。由此，在进一步呈现色役部门役
性质的同时，也再次说明卫士服役中还有色役产生。

在官府军事机构的色役中，还有对军事机构长官个人的配役，即
仗身。《唐六典》中谈到镇戍之官配仗身："上镇将给仗身四人，中下镇
将、上镇副各三人，中下镇副各二人，仓曹、兵曹、戍主副各一人。其
仗身十五日一替，收资六百四十文。"[4]《新唐书·食货志》中则分别记载
了折冲府官、都护府官、宿卫官置仗身的规定，特别是规定都护府官仗
身"皆取于防人卫士，十五日而代"，宿卫官仗身"取于番上卫士，役
而不收课"。[5] 仗身由卫士和具有军事性质的防人来承担非常明确。黄惠
贤认为，仗身均为临时性派遣，包含在原色役和兵役之内，并不构成另
一种役。[6] 如果从卫士派役文书来看，充仗身、戍守或上烽，的确杂乱

1　天一阁博物馆、中国社会科学院历史研究所天圣令整理课题组校证《天一阁藏明钞本天圣令
　　校证（附唐令复原研究）》，第433页。
2　荣新江、李肖、孟宪实主编《新获吐鲁番出土文献》，第114页。
3　荣新江、李肖、孟宪实主编《新获吐鲁番出土文献》，第118页。
4　李林甫等：《唐六典》卷6《尚书刑部》，第195页。
5　《新唐书》卷55《食货志五》，第1398页。
6　黄惠贤：《唐代前身仗身制的考察》，唐长孺主编《敦煌吐鲁番文书初探二编》，第265页。

无章，但实际征派未必如此。前已谈到，日本宁乐美术馆藏吐鲁番文书中有都督府和折冲府管理上番烽子和镇人的各种簿籍，说明烽子上番管理非常严密。同时，仗身纳资也不会随意，不可能想纳资就纳资，想现役就现役，至少有个周期，估计不会少于一年，因为卫士上番一年也就三四次。所以，仗身在本质上和派给其他官员的防阁、庶仆、幕士、白直一样都是色役，只是它来自卫士、防人而已。

　　总之，在唐代前期，官府各机构用役已经自成系统。由于服役者在本部门之内附于职事官、职掌之后，人数固定，职责分明，因而具有职役性质。同时，承役者有别于官员、白丁、卫士等，归于特定的杂色人群体。故唐前期的色役无论在役的承担对象、服役内容，还是征派单位上，都有别于正役、杂徭，是独立役种之一。色役之所以没有被列入《唐律疏议》或《唐六典》等法律文献的赋役之制中，是因为色役所具有的部门役性质，资课充公廨，不像正役、杂徭的"庸"被纳入国家"支度国用"计划中，从而被凸显。这一点与户税被地方支用因而没有与租、调、地税并列类似。所以不能说法律文献中没有色役，就将其归入杂徭。关于色役与杂徭的区别，在承役者、服役内容以及派役机构上都有明显差别，而且杂徭与正役一样，是国家财政"支度国用"的重要内容。[1] 色役作为部门性役充斥着官府的各个机构，包括重要的军事机构。而色役人的来源更为复杂，有散官、勋官等流内品官，有官户、杂户等奴婢贱民，特别是还有一些色役从府兵的卫士身份中产生。这些流内品官、部曲奴婢以及卫士是不课户，本身就没有白丁的课役负担，故不能因为有些色役的免课役特征就认为它是正役、杂徭的替代形式。另外，分番供役与不役纳资的确是色役区别于正役、杂徭的典型特征，但不构成色役的性质。因为分番供役是唐前期所有役的共性，包括府兵。尽管正役的二十日役期较短，但也是分番供役。正如《隋书》所称的

1　吴树国:《试论唐前期"支度国用"中的杂徭》,《求是学刊》2007 年第 3 期。已收入本书附
　　录二。

"仍依周制，役丁为十二番，匠则六番"，[1]足见分番供役的渊源。至于不役纳资，在唐前期诸役中也都很普遍，正役、杂徭不役纳庸，而且色役中课与庸之间有直接的关联。至于色役纳资用铜钱而非用绢，公廨钱以钱为本应是其直接诱因，这恰恰应和了色役的部门役性质。

---

1 《隋书》卷24《食货志》，第680页。

附录二 试论唐前期"支度国用"中的杂徭*

学术界对唐前期杂徭的研究已经取得了一定的成果，[1]但对杂徭与唐前期国家财政的关系问题尚未澄清。因为在唐前期各项赋役中，不仅租、调处于"支度国用"[2]的严格财政预算之列，正役和色役也通过庸和资

---

* 原载《求是学刊》2007年第3期。

1 关于杂徭的研究，日本学者在20世纪30年代便开始了。滨口重国最早探讨了杂徭的地位、服役人的年龄和役期等问题。（系列文章收录在『秦漢隋唐史の研究』上卷、東京大学出版会、1966）此外，宫崎市定的《唐代赋役制度新考》（《日本学者研究中国史论著选译》第4卷，第378~404页）和曾我部静雄的『均田法とその税役制度』也对杂徭问题进行了重点阐述。我国学者最早对唐前期杂徭进行专文研究首起于辜燮高［《略论唐代之杂徭役》，《新中华》（复刊）第4卷第24期，1946年）］。此后，唐耕耦（《唐代前期的杂徭》，《文史哲》1981年第4期）、张泽咸（《关于唐代杂徭的几个问题》，《中国社会经济史研究》1985年第4期;《唐五代赋役史草》）和杨际平（《唐前期的杂徭与色役》，《历史研究》1994年第3期）也都对杂徭问题着重加以探讨。

2 李林甫等:《唐六典》卷3《尚书户部》，第80页。

课形式被纳入国家财政计划之中。那么，杂徭是否也处于"支度国用"之内？如果它属于"支度国用"范畴，又是以何种形态和程序纳入财政收入？"支度国用"中的杂徭与其他杂徭役、临时别差科有什么区别？有鉴于此，笔者在前人研究的基础上，尝试从财政角度对上述问题加以解析。

一　唐前期杂徭的不役纳庸

杂徭，顾名思义是指国家正役之外其他名目繁杂的劳役。早在汉魏两晋史籍中，就屡见"众役""百役"的记载，主要指的就是这类杂徭。至南北朝时期，杂徭开始向统一的役种发展。"杂徭"作为固定役名出现于北魏孝文帝延兴三年（473），诏书称："其有鳏寡孤独贫不能自存者，复其杂徭。"[1] 将杂徭作为蠲免对象，说明它不是临时加役，已变成了稳定的役种。南朝虽无杂徭称谓，但存在杂役的记载。南齐萧道成曾下令："建元以来战亡，赏蠲租布二十年，杂役十年。"[2] 隋朝统一以后，享国日短，未见杂徭的制度更张，估计沿袭了南北朝的制度模式。

至唐代，杂徭开始走向法制化和规范化。《唐六典》卷 3《尚书户部》称："凡赋役之制有四：一曰租，二曰调，三曰役，四曰杂徭。"[3] 可见，唐前期法定的徭役项目除正役外包括杂徭。杂徭也被称为充夫，即"夫谓杂徭"。[4] 正役仅由丁男担任，杂徭的征役对象则包括丁男和中男。关于丁男和中男的划分，唐代法律规定，16~20 岁为中男，21~59 岁为丁男。[5] 正役与杂徭的关系体现在丁男对服正役和杂徭的不同折免上。如《白氏六帖事类集》卷 22《征役门》载："户部式：诸正丁充夫，

1　《魏书》卷 7 上《高祖纪上》，中华书局，1974，第 139 页。

2　《南齐书》卷 2《高帝纪下》，中华书局，1972，第 38 页。

3　李林甫等：《唐六典》卷 3《尚书户部》，第 76 页。

4　长孙无忌等：《唐律疏议》卷 28"丁夫杂匠亡"条，第 534 页。

5　李林甫等：《唐六典》卷 3《尚书户部》，第 74 页。

四十日免〔役〕[1]。七十日并免租，百日已上，课役俱免。中男充夫，满四十日已上，免户内地租，无他税，折户内一丁，无丁，听旁折近亲户内丁。"[2]《通典》也称："诸丁匠岁役工二十日，有闰之年加二日。须留役者，满十五日免调，三十日租调俱免（从日少者，见役日折免）。通正役并不过五十日（正役谓二十日庸也）。"[3] 从上述史料来看，丁男法定服正役天数为 20 天，若服 40 天杂徭则正役就不再征派，说明杂徭与正役是替代关系，而非兼纳关系。[4] 再者，丁男服正役的义务天数为 20 天，超过 15 天免调，30 天免租和调。而前述丁男充夫达到 40 天免役，70 天免租，100 天免课役。这里面有一个对应关系，即丁男服正役一天可抵服杂徭两天。[5] 因此，丁男服 40 天杂徭免正役不是偶然的，40 天可以看作丁男采取杂徭形式服役的法定服役天数。

杂徭和正役法定服役天数的差异与二者服役的强度有关。虽然同为一般性的力役，但正役属于中央直接征派的徭役，其服役范围超出了州县管辖的地域，且多是大型的力役，如修宫殿和陵墓、军事运输等。杂徭则是在州县境内服役，一般都是较轻的劳动。唐前期《无夫修堤堰判》称："河南诸州申无夫修理堤堰，请与之平价，仍免外徭。"[6] 文中修理堤堰的夫役为杂徭，"仍免外徭"是指免正役。外徭的用法来自汉代，指远离郡县之役。[7] 因此，从外徭的提法可以看出正役与杂徭的区别。另外，文中尽管通过雇役征派杂徭，但"仍免外徭"，这也透露出服杂徭可以免正役，即正役与杂徭具有替代关系。正因为杂徭劳动较轻，又

1　宫崎市定在《唐代赋役制度新考》中认为此处脱"役"字，笔者同意这一说法。见《日本学者研究中国史论著选译》第 4 卷，第 383 页。

2　白居易：《白氏六帖事类集·帖册五》卷 22《征役七》，文物出版社，1987，第 67 页。

3　杜佑：《通典》卷 6《食货六》，第 109~110 页。

4　杨际平：《唐前期的杂徭与色役》，《历史研究》1994 年第 3 期。

5　亦参见滨口重國「唐に於ける两税法以前の徭役劳働」『東洋学報』第 20 卷第 4 期、第 21 卷第 1 期、1933 年；宫崎市定《唐代赋役制度新考》，《日本学者研究中国史论著选译》第 4 卷，第 378~404 页。

6　李昉等编《文苑英华》卷 527《无夫修堤堰判》，第 2700 页。

7　高敏：《秦汉的徭役制度》，《中国经济史研究》1987 年第 1 期。

在州县境内服役，故服杂徭两天抵正役一天。

如果不服正役，则需要纳庸。20日的法定正役，标准是每日绢三尺，布加五分之一。[1] 前已谈到，丁男若服杂徭则法定天数为40天，杂徭两日合正役一日。既然正役不役收庸，而杂徭和正役又是替代关系，那么，杂徭不役收庸也就可以理解了。杂徭不役纳庸符合唐前期国家诸役的整体特征，即这些役具有"税"的性质，都能形成国家财政收入。除正役按绢每日三尺、布加五分之一的标准收庸外，不服色役则要纳资课。资课的标准不一样，防阁、庶仆、白直、士力纳课为每年不过2500文，执衣不过1000文；[2] 仗身"十五日一时，收资六百四十"，门夫"若番上不到应须征课者，每番闲月不得过一百七十，忙月不得过二百文"。[3] 亲事和帐内不上番"岁纳钱千五百，谓之'品子课钱'"。[4] 诸色丁匠有愿意纳资代役的，"每月每人任纳钱二千文"。[5] 杂徭在形成国家财政收入上没有被明确记载，正是因为它与正役在构成国家财政收入上形式相同。也就是说，庸不仅是正役的代役金，也是杂徭的代役金，因而没有被特殊强调。

对杂徭形成财政收入的情况，正史缺乏记载，但吐鲁番出土的一些文书有所反映。阿斯塔那189号文书登录了《唐刘定师等率皮名籍》，该文书第2行记有："康小定，已上九计十日，日率皮一张。"还有《唐令狐建行等率皮名籍》，在该文书的第1行令狐建行下旁注有"已上各一日，户别一张"，第11行苟贞胜下旁注"十张"。[6] 由于第14行有"索君贞"的名字，而该人出现在《武周证圣元年（695）前官阴名子牒为官萄内作夫役频追不到事》中，[7] 由此推知，刘定师和令狐建行等人所服

1　李林甫等：《唐六典》卷3《尚书户部》，第76页。

2　李林甫等：《唐六典》卷3《尚书户部》，第78页。

3　杜佑：《通典》卷35《职官十七》，第966~967页。

4　《新唐书》卷55《食货志五》，第1397页。

5　王钦若等编《册府元龟》卷487《邦计部·赋税一》，第5832页。

6　《吐鲁番出土文书》第8册，第255~257页。

7　《吐鲁番出土文书》第7册，第444页。

的是杂徭。对上述"率皮"的记载，程喜霖认为是以皮代役，并引用了
日本《令集解》中"其收庸者，须随乡土所出"的例证。[1]这种看法颇
具见地。不过程先生将"已上九计十日，日率皮一张"解释为已上九人
应役十日，每日纳一张皮代役。对此，笔者认为值得商榷。因为纳役标
准应该统一，不能这个人服一天役就行而另一个人却要服十天的役。故
文书中纳皮所代之役并不是这个人应纳几天役所交代役金。若按前述杂
徭形成国家财政收入的形式看，这里的一天和十天是应服杂徭法定天数
减去已服杂徭天数的剩余额再折成正役后的天数，即：

（杂徭法定义务天数 – 已服杂徭天数）/2 = 率皮名籍中的天数

　　吐鲁番地区所在的西州各项经济制度地方性特征比较显著，这里将
"日率皮一张"看作正役一日而非杂徭一日的代役金是以该地区绢、皮
价格比对为基础的。吐鲁番地区的毛皮有多种，最贱的鹿皮，一张上等
值钱 130 文，次等 120 文（大谷文书第 3074 号）。绢布种类也很多，仅
取生绢和当地的缦布价。生绢一匹，上等值钱 470 文，次等 460 文，下
等 450 文（大谷文书第 3097 号）；细缦布一尺，上等值钱 45 文，次等
44 文，下等 43 文；次缦布，上等值钱 30 文，次等 25 文，下等 20 文（大
谷文书第 3051 号、第 3057 号）。[2]如果按照国家的统一标准，正役不役
收庸，日为绢三尺，按上面的上等生绢价，每日庸值仅 35 文。但西州
地区的调是缦布二丈，[3]可见在西州缦布与绢类似，如果按上等细缦布价
计算，每日庸值为 135 文；用上等次缦布价格计算，每日庸值为 90 文。
而按前述皮价格，若正役一日纳皮一张，也在 120~130 文。由此推之，
文书中"日率皮一张"中的日应为正役一日，不能是杂徭一日，前面率
皮折纳算式是正确的。

　　吐鲁番地区处于西北边陲，在庸物种类上有别于中原地区，中原地

1　程喜霖：《对吐鲁番所出四角萄役夫文书的考察——唐代西州杂徭研究之一》，《中国史研究》
　　1986 年第 1 期。

2　王仲荦：《金泥玉屑丛考》，郑宜秀整理，中华书局，1998，第 201~202 页。

3　杨际平：《北朝隋唐均田制新探》，岳麓书社，2003，第 357 页。

区正役和杂徭收庸为绢，而这里随乡土所出。不过，除以皮代役外，当地的缲布也被用来充庸。吐鲁番出土的《唐西州蒲昌县户曹牒为催征逋悬事》文书中有："今年输丁庸缲，长史判十二千，到，检讫，言余限十五日申。"[1] 根据学者考证，缲布是西州调的纳税形态。[2] 如大谷文书3272号记载："计缲布二丈，［计］［租］六斗。"[3] 由于该文书的时间难以考证，因此还不能妄下结论。不过可以推测，唐前期庸调逐步合流，吐鲁番地区纳庸也经历了一个由率皮到纳缲布的过程。总之，通过吐鲁番地区率皮文书的记载能够推断，在唐前期，杂徭也存在不役纳庸的制度规范，并和其他役种一样被纳入"支度国用"范围。

二 唐前期杂徭的上报、料功和计功

杂徭通过不役纳庸形式与中央财政结合，因此中央严格控制杂徭的使用。尽管杂徭在州县境内服役，但其征派并非由地方官随意兴作，需上报中央批准。《唐律疏议》称："修城郭，筑堤防，兴起人功，有所营造，依《营缮令》：'计人功多少，申尚书省听报，始合役功。'"[4] 这里的"申尚书省听报"分为"大事则听制、敕"和"小事则俟省符"两种情况。[5] 所谓大事指超出日常修缮的大规模兴造，这类情况必须经中央批准，否则官员将被治罪。《文苑英华》记载："（开元）三年（715）秋大水，河堤坏决，诸郡有闻，皆俟诏到，莫敢兴役，害既滋甚。"[6] 修河堤之役为地方杂徭，从"皆俟诏到，莫敢兴役"可以看出唐代法令对地方杂徭兴役要求非常严格。也许鉴于上述情况，《营缮令》要求："近河及大水有堤防之处，刺史、县令以时检校。若须修理，每秋收讫，量功多

---

1 《吐鲁番出土文书》第9册，第237页。
2 杨际平：《北朝隋唐均田制新探》，第357页。
3 小田義久『大谷文書集成』第二卷、釈文62頁。
4 长孙无忌等：《唐律疏议》卷16"兴造不言上待报"条，第312页。
5 李林甫等：《唐六典》卷23《将作都水监》，第594页。
6 李昉等编《文苑英华》卷775《唐济州刺史裴公德政颂》，第4082页。

少，差人夫修理。若暴水泛溢、损坏堤防、交为人患者，先即修营，不拘时限。"[1]除大规模兴造外，就是日常规模的杂徭用功。因每年用功相差不多，故这部分杂徭经地方官府通过状的形式上报尚书省后，获得批准即形成惯例，以后计帐送省，经度支处理，形成金部旨符，因而《唐六典》对营造称"小事则俟省符"。该程序可以从吐鲁番出土有关杂徭的文书中得到证明。如《唐开元二十二年（734）西州高昌县申西州都督府牒为差人夫修堤堰事》中载：

1　高昌县　为申修堤堰人 ▢▢▢

2　　新兴谷内堤堰一十六所，修塞料单功六百人。

3　　城南草泽堤堰及箭干渠，料用单功八百五十人。

4　　　右得知水官杨嘉恽、巩虔纯等状称：前件堤堰

5　　　每年差人夫修塞。今既时至，请准往例处分

6　　　者。准状，各责得状，料用人工数如前者。依检案

……

12　▢督府户曹件状如前，谨依录申，请裁，谨上

……

16　　　　　　录事 ▢▢▢

17　　　下高昌县为修新兴谷内及 ▢▢▢ [2]

这是一件有关差人夫修堤堰的文书，从役种来看属杂徭无疑。在申报程序上，高昌县得到知水官杨嘉恽、巩虔纯等状以后，经检对上报西州都督府，可见杂徭派役需要层层上报。但到都督府这里还需不需要再上报呢？从文书的第16、17行看，都督府录事参军审核后就批准了。不过，这并不意味着都督府对地方杂徭有批准权。高昌县申请兴派杂徭是

1　长孙无忌等：《唐律疏议》卷27"失时不修堤防"条，第504~505页。

2　《吐鲁番出土文书》第9册，第107~109页。

根据"督府户曹件状如前，谨依录申"，即西州都督府在这件事上有过指挥。此处需注意的是督府件状，尽管前面知水官申高昌县也称状，但这里的状却是地方督府向中央呈报的状。《唐六典》卷8《门下省》记载："凡下之通于上，其制有六：一曰奏抄……五曰表，六曰状。"[1]可见，都督府已经向中央申请过这项杂徭，并获得批准，而地方兴役是根据惯例和以前被批准的件状。实际上，这项杂徭已经被列入支度计划的旨符之中，具体的兴役则地方有权批准。可见，唐前期地方杂徭的兴派处于中央的严格管理之下，那种认为杂徭属于地方权力范围的看法值得商榷。

上文《唐律疏议》谈到在上报时需要计人功多少，这被称为"料功"。"料"，《说文》："料，量也。"[2]料功多由最基层的兴役管理者执行，如前引高昌县申请修新兴谷内、城南草泽堤堰及箭干渠，分别料单功六百人和八百五十人，这次负责料功的是知水官杨嘉悻、巩虔纯。而在《武周圣历元年（698）前官史玄政牒为四角官萄已役未役人夫及车牛事》中，对官园葡萄的抽枝、覆盖、踏浆、整枝、埋柱等劳作料功为"总料得夫玖拾陆人，人各役单功，各合伍日"，料功者是管理官葡萄园的前官史玄政。[3]基层具体管理者料功以后，县还要核对是否准确，然后才能上报。料功不实会获罪的，《唐律疏议》规定："料请财物及人功多少违实者，笞五十……或已费人功，各并计所费功、庸，准赃重者，坐赃论减一等。"[4]之所以如此严格，是因为地方所需役使的杂徭料功上报中央后，要纳入中央的支度财用计划，不役者需要纳庸。《通典》云："诸课役，每年计帐至尚书省，度支配来年事，限十月三十日以前奏讫。"[5]在出土发现的"仪凤三年度支奏抄"中有："□不役□（庸）

1　李林甫等：《唐六典》卷8《门下省》，第241~242页。

2　许慎：《说文解字》，徐铉等校，上海古籍出版社，2007，第717页。

3　《吐鲁番出土文书》第7册，第448页。

4　长孙无忌等：《唐律疏议》卷16《兴造不言上待报》条，第313页。

5　杜佑：《通典》卷6《食货六》，第108页。

丁（并）计”和“□应支配丁租庸调数”。[1]可见，地方每年都要把可能占用的人功数量和不役所应交纳的庸数上报中央，列入下一年的财政支出，其中包括杂徭的使用情况。

　　杂徭的料功、上报和度支列入支用计划都是国家财政的预算阶段。对具体实施情况还要进行统计，这就是计功。对此，唐代法律有详细的规定。一般来说，唐代的一日指今天的昼夜二十四个小时，古代以铜漏计时，将其分为百刻。因此，《唐律疏议》记载：“诸称‘日’者，以百刻。”但统计服役的人功和计庸却是白天的十二个小时，即“计功庸者，从朝至暮”。这符合古代日出而作，日落而息的习惯。所以，《唐律疏议》解释为：“从朝至暮，即是一日，不须准百刻计之。”同时，“役庸多者，虽不满日，皆并时率之”，也就是说，如果多人参加劳动，又不满十二个小时，则按时计算。对此，《唐律疏议》中举例称：“计庸多者，假若役二人，从朝至午，为一日功；或役六人，经一辰，亦为一日功。纵使一时役多人，或役一人经多日，皆须并时率之。”[2]每人一日功是从早晨到晚上，两个人从早上干到中午，累计也为一日功。如果六人劳作从七点至九点的一个时辰时间，累计也为一日功。其余的以此类推。可见，唐代在计功方面的法律规定是相当成熟的。

　　由于计功涉及每个人的纳庸数量，故每次役讫，组织派役的机构和执行者都要详尽地将料功数、实际用功数、具体服役人、应服役而不到者上报州县。这方面无论是服正役还是杂徭都属必需程序。吐鲁番出土的《武周圣历元年（698）前官史玄政牒为四角官萄已役未役人夫及车牛事》文书为我们展示了杂徭的派役和执行情况。对官园葡萄的抽枝、覆盖、踏浆、整枝、埋柱等劳作料功为“总料得夫玖拾陆人，人各役单功，各合伍日”，但实际执行结果是“七十七人役讫，一十九人未役”。[3]

1　大津透「唐律令国家の予算について：儀鳳三年度支奏抄・四年金部旨符試釈」『史学雑誌』第 95 編 12 号、1986 年。

2　长孙无忌等：《唐律疏议》卷 6 “称日年及众谋” 条，第 140~141 页。

3　《吐鲁番出土文书》第 7 册，第 448 页。

在该文书背面有《武周圣历元年（698）四角官萄所役夫名籍》，计有七十八人的姓名，由于"张达子"出现两次，实是上面文书中所说已服役的七十七人。另外，还发现了《武周证圣元年（695）前官阴名子牒为官萄内夫作役频追不到事》的文书，记载了逃避官葡萄园杂徭，频追不到的索君贞、令狐磨埋、张小仁、翟安智和猪苟仁等五人。[1] 根据这些上报的实际服役情况，州县统计出各丁男和中男的已服役天数和未服役天数，然后计算应纳庸的数字。

三　唐前期杂徭与杂徭役、临时别差科的区别

杂徭的"支度国用"特征对认识杂徭和区别类似的杂徭役、临时别差科具有重要作用。多数学者认为杂徭是地方性临时之役。对此，杨际平在《唐前期的杂徭与色役》中有所驳正，但仍认为杂徭"既有临时的，也有相对固定的"。[2] 如果将杂徭纳入"支度国用"的财政视野就能够发现，地方征派杂徭是否合法不在于杂徭固定与否，关键在于其是否纳入国家的财政计划，是否得到国家的允许。因此，国家"支度国用"计划中的杂徭与非法的临时性杂徭役不同，特殊情况下的临时别差科也与杂徭性质迥异。

前述"修城郭，筑堤防，兴起人功，有所营造，依《营缮令》：'计人功多少，申尚书省听报，始合役功。'"已经充分说明杂徭不是地方临时的、随意的征派。此外，唐朝法律对非法和非时征派杂徭也加以禁止，如《唐律疏议》规定："诸非法兴造及杂徭役，十庸以上，坐赃论（谓为公事役使而非法令所听者）。"《唐律疏议》的解释是：

> "非法兴造"，谓法令无文；虽则有文，非时兴造亦是，若作

1　《吐鲁番出土文书》第 7 册，第 444 页。

2　杨际平：《唐前期的杂徭与色役》，《历史研究》1994 年第 3 期。

池、亭、宾馆之属。"及杂徭役",谓非时科唤丁夫。驱使十庸以上,坐赃论。既准众人为庸,亦须累而倍折。故注云"谓为公事役使而非法令所听者"。因而率敛财物者,亦并计坐赃论,仍亦倍折。以其非法赃敛,不自入己,得罪故轻。[1]

可以看出,唐前期对役使人功要求非常严格,不但要有国家的批准,而且还必须严格按照规定时间派役。对于"非时科唤丁夫"的杂徭役,唐代法律将其列入擅兴的范畴,是被禁止的对象。在其他的法律条文中,也有禁止"私役使"的规定。如丁夫、杂匠在服官役役期内被监临官私役使的,要"各计庸准盗论";不在役期内,则根据"日满不放"笞四十,一日加一等,罪止杖一百。[2]因此,被列入国家财政收支计划的充夫类杂徭是有征派依据的,不是临时的摊征。不过,国家法律规定了特殊情况下的杂徭征派,如需要修筑的堤防,倘若"暴水泛溢、损坏堤防、交为人患者,先即修营,不拘时限"。[3]从这条特殊的规定中也能发现法律是禁止临时性杂徭的。

特殊情况下必须派役时,地方官员则诉诸临时别差科。[4]《唐律疏议》的"户婚"条称:"每年以法赋敛,皆行公文,依数输纳;若临时别差科者,自依临时处分。"[5]差科在唐前期是赋役的代名词,着眼于赋役派发的顺序,最初并不是独立的税种或役种,这里的差科也是指赋役。但从内容来看,可以分为法律公文规定的差科和临时的别差科。临时别差科和非法的杂徭役又有所不同。杂徭役是"非时科唤丁夫",是地方没有按照中央的规定非法、非时地派役。因为地方若兴起杂徭,则需要依据金部下发地方的旨符。神龙元年《中宗即位赦》中说:"自今

1 长孙无忌等:《唐律疏议》卷16"非法兴造"条,第313~314页。
2 长孙无忌等:《唐律疏议》卷16"私使丁夫杂匠"条,第318页。
3 长孙无忌等:《唐律疏议》卷27"失时不修堤防"条,第505页。
4 唐耕耦在《唐代前期的临时别差科问题的提出》(《中国古代史论丛》1982年第3辑,福建人民出版社,1982,第222~235页)一文中对临时别差科进行了论证。
5 长孙无忌等:《唐律疏议》卷13"差科赋役违法"条,第252页。

以后，租庸准符配定。"[1]《通典》亦言："诸色旨符，承前每年一造。"[2] 而
临时别差科则是中央根据实际需要"别敕"要求的差役。如唐武德时
《简徭役诏》称："自今以后，非有别敕，不得辄差科徭役，及迎送供
承。"[3]《禁止迎送营造差科诏》也谈道："犹恐所在州县，未称朕怀，道
路送迎，廓宇营筑，率意征求，擅相呼召。诸如此类，悉宜禁断，非有
别敕，不得差科。"[4]

　　上文中的"道路送迎"属于临时别差科，由于是地方私自派役，故
唐廷屡次下诏禁止。然而，如果这些临时别差科是中央"别敕"要求
的，尽管是"支度国用"计划之外，也是正当的。所谓别敕，是皇帝在
特定时间对特定的人和事临时发布的诏令。如府兵制是唐前期的法定
军事制度，但开元八年八月下敕，"宜差使于两京及诸州，拣取十万人，
务求灼然骁勇，不须限以蕃汉，皆放番役差科"，[5] 这是临时别敕的例子。
具体在临时差役方面，如唐玄宗封泰山，在开元十二年十二月下诏，
"可以开元十三年十一月十日，式遵故实，有事泰山，所司与公卿诸儒，
详择典礼，预为备具，勿广劳人，务存节约，以称朕意"。[6] 为了"预为
备具"，势必征发力役，但此时地方要征发力役已经超出了"支度国用"
的范围。因为唐前期各地计帐和来年所需钱物、人力必须在八月以前申
报度支，称为"八月都帐"。度支在八月到十月三十日期间编制来年的
支用计划。这是法律的规定，即"诸课役，每年计帐至尚书省，度支配
来年事，限十月三十日以前奏讫"。[7] 由于颁诏时间是十二月，度支来年
支用计划已经完成，金部旨符已下，故这种差役就是临时别差科。由于
支用财政计划具有固定性，不能因临时别差科改变，因此，必须对服役

1　宋敏求编《唐大诏令集》卷2《中宗即位敕》，第7页。
2　杜佑:《通典》卷23《职官五》，第637页。
3　宋敏求编《唐大诏令集》卷111《简徭役诏》，第578页。
4　宋敏求编《唐大诏令集》卷111《禁止迎送营造差科诏》，第578页。
5　王溥:《唐会要》卷26《讲武》，第503页。
6　宋敏求编《唐大诏令集》卷66《开元十三年封泰山诏》，第370页。
7　杜佑:《通典》卷6《食货六》，第108页。

百姓给予其他的优惠。如唐玄宗对封泰山期间的用役之人给予补偿，在开元十三年十一月十三日下敕："其行过州县，供顿勤劳，并帖顿百姓，有杂差科并车马夫役者，并免一年租税，兖州免二年租税。"[1] 所免的租税应该在开元十五年的财政年度施行，因为按正常规定，开元十四年的支用计划已经完成。但也有免当年税收的，如前述开元十九年（731）十一月的《巡幸东都赐赉从官敕》中言："供顿州百姓，所据缘顿差科，及充夫匠杂役供应等人，宜放今年地税。"[2] 由此可见杂徭与临时别差科在财政上的区别。

　　总之，唐前期杂徭以正役为参照对象，通过与正役建立两日抵一日的关系，超役蠲免和不役纳庸都具有了法定的参照；并通过严格的上报、料功和计功程序，实现了"支度国用"目的。表明这一时期国家财政"支度国用"具有高度的严密性和整体性，不仅税收被纳入支用计划，各种役包括杂徭也都被归入财政体系。同时，唐前期杂徭处于"支度国用"计划中也是中国古代政府对地方非法徭役在制度上长期规范的结果。对中央来说，临时征役缺少法律依据，"名不正"必然"言不顺"；而地方的无序征役对国家的稳定也会造成影响。因此，需要一个新的役种将杂役统一起来，既可以使国家和地方派役时有法可依，又能对地方私自派役加以约束，"杂徭"的出现正是这一状况的反映。唐代是杂徭制度的重要发展时期，不仅在《唐六典》中将杂徭与正役一样作为法律明文规定的税种，而且将其列入中央国家财政的"支用计划"，这提高了杂徭在各役种中的地位，也使杂徭更加规范化和征派有序。因此，唐前期"支度国用"中的杂徭反映了南北朝以降中央政府对地方杂徭法制化和规范化的逐步成熟。

1　宋敏求编《唐大诏令集》卷 66《开元十三年东封赦书》，第 372 页。
2　宋敏求编《唐大诏令集》卷 79《巡幸东都赐赉从官敕》，第 454 页。

附录三　试论唐前期中男服杂徭的法定役期*

关于唐前期中男需要服杂徭之役，学术界已经形成共识。不过在中男服杂徭的法定役期方面，分歧较大。主要有以下几种观点：一些学者认为中男服杂徭的法定役期是 39 天以内；[1] 另有一些学者主张中男服杂徭的义务天数为 10 天；[2] 此外，日本学者宫崎市定坚持认为中男服杂徭的法定役期为 50 天。[3] 笔者不揣谫陋，试对这一问题重新梳理，同

* 原载《晋阳学刊》2008 年第 6 期。

1 李春润、朱淑瑶：《略谈唐代中男的徭役负担》，《广西师范学院学报》1981 年第 4 期；唐耕耦：《唐代前期的杂徭》，《文史哲》1981 年第 4 期；张泽咸：《关于唐代杂徭的几个问题》，《中国社会经济史研究》1985 年第 4 期；宫崎市定：《唐代赋役制度新考》，《日本学者研究中国史论著选译》第 4 卷，第 378~404 页。

2 杨际平：《唐前期的杂徭与色役》，《历史研究》1994 年第 3 期。

3 宫崎市定：《唐代赋役制度新考》，《日本学者研究中国史论著选译》第 4 卷，第 386 页。

时，对中男服杂徭法定役期的财政内涵以及该制度的解体也试做解析。

一　中男服杂徭的法定役期为二十日

唐前期法定的徭役项目包括正役和杂徭。《唐六典》卷 3《尚书户部》称："凡赋役之制有四：一曰租，二曰调，三曰役，四曰杂徭。"[1]正役由丁男担任，《通典》卷 6《赋税下》载："诸丁匠岁役工二十日，有闰之年加二日。须留役者，满十五日免调，三十日租调俱免（从日少者，见役日折免）。通正役并不过五十日（正役谓二十日庸也）。"[2]关于丁男和中男的划分，唐代法律明确规定："凡男、女始生为'黄'，四岁为'小'，十六岁为'中'，二十有一为'丁'，六十为'老'。"[3]可见，中男被排除在正役之外。不过，中男要服杂徭。杂徭又被称为充夫，所谓"夫谓杂徭"。[4]《白氏六帖事类集》卷 22《征役门》载：

> 户部式：诸正丁充夫，四十日免〔役〕[5]。七十日并免租，百日已上，课役俱免。中男充夫，满四十日已上，免户内地租，无他税，折户内一丁，无丁，听旁折近亲户内丁。又谓男女三岁已下为黄，十五已下为小，二十已下为中男，二十一成丁也。[6]

这条史料是中男服杂徭的最直接记载，也是中男服杂徭法定役期的重要佐证。目前，关于中男服杂徭法定役期上存在的分歧与对该史料的不同

1　李林甫等:《唐六典》卷 3《尚书户部》，第 76 页。
2　杜佑:《通典》卷 6《食货六》，第 109~110 页。
3　李林甫等:《唐六典》卷 3《尚书户部》，第 73~74 页。
4　长孙无忌等:《唐律疏议》卷 28 "丁夫杂匠亡"条，第 534 页。
5　宫崎市定在《唐代赋役制度新考》中认为此处脱"役"字，笔者同意这一说法。见《日本学者研究中国史论著选译》第 4 卷，第 383 页。
6　白居易:《白氏六帖事类集·帖册五》卷 22《征役七》，第 67 页。

理解有直接关系。主张中男法定杂徭义务期限为 39 天之内的学者认为，中男充夫 40 天以上就要免地租或一丁之役，所以，39 天以内是中男服杂徭的法定期限。另一种看法是：丁男 40 日免役，70 日免租，相差 30 天；而中男 40 日免地租，除去 30 天的折租役，中男充夫的义务天数是 10 天。

首先，需要注意的是中男属于不课口，这意味着中男没有租调的负担。因此，丁男充夫"七十日并免租"和中男"满四十日以上，免户内地租"中的租并不相同。丁男所免的为每丁粟两石的租，中男所免的地租是亩税二升的义仓地税。由此推之，中男充夫的义务天数为 10 天的说法就值得商榷了。由于中男没有租的负担，地税与租又无法形成等量关系，因此，按正丁免租需服 30 天杂徭的标准，将中男服杂徭 40 天中减去 30 天，得出中男充夫的义务天数为 10 天的结论是难以成立的。

其次，丁男充夫，达到 40 日免役，70 日免租。这里面有一个基础，即丁男若服杂徭，法定期限为 40 天。在此基础上，若增加 30 天，则免租。如果不足 30 天，按丁男服正役折庸的办法即"从日少者，见役日折免"[1] 进行计算。然而，中男没有正役义务，故服 40 天杂徭需要折免地租或一丁之徭。如果按中男义务天数为 39 日之内的说法，中男服 1 天杂徭和服 39 天杂徭一样，服 40 天杂徭就免地租，服 39 天杂徭就没有折免，很明显存在不合理性。这与丁男服杂徭的规定形式也不吻合，因而这种说法值得商榷。在中男免地税之前，应该有一个基础，即中男服杂徭义务天数的基点，超过这一基点才开始折免地租。

笔者认为，中男服杂徭的义务天数应该是 20 天。

先比较一下正丁服役的折免规定。《唐六典》卷 3《尚书户部》称："凡丁岁役二旬，（有闰之年加二日。）无事则收其庸，每日三尺；（布加五分之一。）有事而加役者，旬有五日免其调，三旬则租、调俱免。（通正役并不得过五十日。）"[2] 丁男服正役义务天数为 20 天，超过 15 天免调，

---

1 杜佑：《通典》卷 6《食货六》，第 110 页。

2 李林甫等：《唐六典》卷 3《尚书户部》，第 76 页。

30 天免租和调。而前述丁男充夫 40 天免役，70 天免租，100 天免课役。这里面有一个对应关系，即丁男服正役一天可以当作服杂徭两天。[1] 因此，丁男如果以杂徭形式服役，那么，其法定服役天数为 40 天。杨际平还注意到，杂徭与正役是替代关系，而不是兼纳关系，诚是中肯。

　　明确了丁男服杂徭的法定义务天数为 40 天，就可以探讨中男服杂徭的法定义务天数了。在南北朝时期，存在半役、半丁和半夫的记载。宋文帝元嘉中，王弘上言："旧制，人年十三半役，十六全役，当以十三以上能自营私及公，故以充役……今皇化惟新，四方无事，役名之宜，应存消息。十五至十六，宜为半丁，十七为全丁。"[2] 东晋孝武帝时，豫章太守范宁疏云："今以十六为全丁，则备成人之役矣；以十三为半丁，所任非复童幼之事矣……今宜修礼文，以二十为全丁，十六至十九为半丁，则人无夭折，生长滋繁矣。"[3] 孝文帝太和九年颁行均田令，"诸男夫十五以上受露田四十亩，妇人二十亩……诸有举户老小癃残无授田者，年十一已上及癃者各授以半夫田"。[4] 北魏十五岁即为成丁，半夫乃是指十一至十四岁的男人，即中男。由此可见，中男在南北朝时期已经存在授半夫田、征半夫役的传统。隋唐时期，中男授田已经与丁男相同了。那么，在征役上是否也发生改变了呢？从前面《征役门》的记载来看，并没有变化。丁男服杂徭的法定期限为 40 天，如果中男服半役，则为 20 天。

　　将中男服杂徭的法定日期认定为 20 天，可以解开《征役门》里中男服杂徭的记载谜团。《征役门》规定："中男充夫，满四十日已上，免户内地租，无他税，折户内一丁，无丁，听旁折近亲户内丁。"[5] 由于中

1　亦参见滨口重国「唐に於ける两税法以前の徭役劳働」『東洋学報』第 20 卷第 4 期、第 21 卷第 1 期、1933 年；宫崎市定《唐代赋役制度新考》，《日本学者研究中国史论著选译》第 4 卷，第 378~404 页。
2　杜佑：《通典》卷 7《食货七》，第 154 页。
3　《晋书》卷 75《范宁传》，中华书局，1974，第 1987~1988 页。
4　《魏书》卷 110《食货志六》，第 2853~2854 页。
5　白居易：《白氏六帖事类集·帖册五》卷 22《征役七》，第 67 页。

男服杂徭的法定期限为 20 天，当服役达到 40 天，已是两个中男的役期了。因此，就要考虑折免问题。唐前期的折免特点是先考虑服役主体本身赋役的折免，不够再临及旁丁。中男本身没有租调役的负担，不过，若存在土地则需要纳地税。所以，《征役门》中首先规定对地税的折免。在没有地税的情况下，就要免户内一丁或近亲户内一丁，这里的一丁可以是中男，也可以是丁男，因为从法律上讲中男服 20 天杂徭和丁男服 20 天正役或 40 天杂徭是同样性质。

那么，中男法定役期在 50 天的认识又是如何得出的呢？主要依据《通典》卷 35《禄秩》中关于"门夫"的记载，"取年十八以上中男及残疾……满五旬者，残疾免课调，中男免杂徭"。[1] 认为中男的杂徭义务天数正好是 50 日，这和丁男所有租庸调义务换算为力役也是 50 日相吻合，只是杂徭两日合正役一日，说明丁男具有半役特征。[2] 然而，这种认识忽略了"免杂徭"这句话，既然可以免杂徭，就说明门夫所服的不是杂徭，实际上是色役。由此推之，门夫的 50 日役期不可能是杂徭的法定日期。

二　中男服杂徭的二十日役期与半庸

中男服杂徭的法定二十日役期作为一个恒定值，不仅方便派役，而且更重要的是还有财政上的功能。唐前期国家的诸役都具有"税"的性质，因为这些役除了国家为派役主体和利用政权强制征派以外，都能形成国家的财政收入。这一点正役体现得最清晰，如果不去服役或服役天数不够，都要按照绢每日三尺、布加五分之一的标准来收庸。色役也是这样，它是特殊劳动的役，每种役番数不同，纳钱标准也不一样。例如，防阁、庶仆、白直、士力纳课为每年不过 2500 文，执衣不过 1000

---

[1] 杜佑:《通典》卷 35《职官十七》，第 967 页。
[2] 宫崎市定:《唐代赋役制度新考》，《日本学者研究中国史论著选译》第 4 卷，第 384 页。

文；仗身"十五日一时，收资六百四十"，门夫"若番上不到应须征课者，每番闲月不得过一百七十，忙月不得过二百文"。[1] 亲事和帐内不上番"岁纳钱千五百，谓之'品子课钱'"。[2] 诸色丁匠有愿意纳资代役的，"每月每人任纳钱二千文"。[3]

　　杂徭在形成国家财政收入上缺乏记载。个中原因，与它和正役在构成国家财政收入上形式相同有关，也就是说，庸不仅是正役的代役金，也是杂徭的代役金。因为杂徭与正役同为一般性的力役，区别在于正役是中央直接征派的徭役，其服役范围超出了州县管辖的地域，且多是大型的力役，如修宫殿和陵墓、军事运输等；杂徭则是在州县境内服役，一般都是较轻的劳动。由于杂徭类的力役较轻，所以，服杂徭两天抵正役一天。丁男服正役的法定天数为 20 天，杂徭则需 40 天。正役不役纳庸，杂徭不役也必须纳庸。由于正役与杂徭是替代关系，因此服正役 20 天就不需要再服杂徭了。如果服正役 10 天，服杂徭 10 天，那么，就需要将杂徭按两天为正役一天的比例折算为 15 天，剩余五日则需按每日绢三尺的标准收庸。由此可见，中男 20 天杂徭役期的后面是半庸的代役税。如果中男不去服役，则按杂徭两日折一日的标准，折成正役 10 天，每日绢三尺，则总为绢三丈。

　　关于杂徭形成财政收入的情况，正史缺乏记载。不过从吐鲁番出土的一些文书中可窥其端倪。阿斯塔那 189 号文书中登录了《唐刘定师等率皮名籍》，该文书第 2 行记有："康小定，已上九计十日，日率皮一张。"另有《唐令狐建行等率皮名籍》，在该文书的第 1 行令狐建行下旁注有"已上各一日，户别一张"，第 11 行苟贞胜下旁注"十张"。[4] 对上述记载，程喜霖认为是以皮代役，并引用了日本《令集解》中"其收庸者，须随乡土所出"的例证。笔者同意这种看法，不过程先生认为

1　杜佑：《通典》卷 35《职官十七》，第 966~967 页。
2　《新唐书》卷 55《食货志五》，第 1397 页。
3　王钦若等编《册府元龟》卷 487《邦计部·赋税一》，第 5832 页。
4　《吐鲁番出土文书》第 8 册，第 255~257 页。

"已上九计十日，日率皮一张"的意思是已上九人应役十日，每日纳一张皮代役。由于唐代吐鲁番地区的西州处于边陲，国家大规模的正役基本上不从该地征派，而且正役的时间一般都超出 20 天的规定天数，同时，《唐令狐建行等率皮名籍》第 14 行有"索君贞"的名字，而该人出现在《武周证圣元年（695）前官阴名子牒为官蒱内作夫役频追不到事》[1]中，由此推知，刘定师和令狐建行等人所服的是杂徭。但这里纳皮所代之役并不是这个人应该服几天的役所交的代役金，因为纳役标准应该统一，不能这个人服一天役就行而另一个人却要服十天的役。如果按照前述杂徭形成国家财政收入的形式，这里的一天和十天是应服杂徭法定天数减去已服杂徭天数的剩余额再折成正役后的天数，即：

（杂徭法定义务天数 − 已服杂徭天数）/2 = 率皮名籍中的天数

吐鲁番地区所在的西州各项经济制度地方性特征比较显著，如中原地区正役收庸为绢，而这里随乡土所出，以皮代役。由此产生一个问题，这里的"日率皮一张"是杂徭的一日还是正役的一日，所以需要价格的比对。皮有多种，吐鲁番地区的皮裘一领，上等值钱 400 文，次等 350 文，下等 300 文（大谷文书第 3067 号）；鹿皮一张，上等值钱 130 文，次等 120 文（大谷文书第 3074 号）。绢布种类也很多，仅取生绢和当地的缲布价。生绢一匹，上等值钱 470 文，次等 460 文，下等 450 文（大谷文书第 3097 号）；细缲布一尺，上等值钱 45 文，次等 44 文，下等 43 文；次缲布，上等值钱 30 文，次等 25 文，下等 20 文（大谷文书第 3051 号、第 3057 号）。[2] 如果按照国家的统一标准，正役不役收庸，日为绢三尺，按上面的上等生绢价，每日庸值仅 35 文。但西州地区的调是缲布二丈，[3] 可见在西州缲布与绢类似，如果按上等细缲布价计算，每日庸值为 135 文；用上等次缲布价格计算，每日庸值为 90 文。而前面的皮价格，比较贱的鹿皮一张，上等值钱 130 文，次等 120 文。

1　《吐鲁番出土文书》第 7 册，第 444 页。

2　王仲荦：《金泥玉屑丛考》，第 201~202 页。

3　杨际平：《北朝隋唐均田制新探》，第 357 页。

由此推之，文书中"日率皮一张"中的日应为正役一日，不能是杂徭
一日。

三　"人无丁中"：中男服杂徭二十日役期的解体

《通典》卷6《赋税下》记载："按天宝中天下计帐……课丁
八百二十余万，其庸调租等约出丝绵郡县计三百七十余万丁，庸调输
绢约七百四十余万匹，（每丁计两匹。）绵则百八十五万余屯，（每丁三
两，六两为屯，则两丁合成一屯。）租粟则七百四十余万石。（每丁两
石。）约出布郡县计四百五十余万丁，庸调输布约千三十五万余端。（每
丁两端一丈五尺，十丁则二十三端也。）"[1]此时的庸调输绢和庸调输布，
杜佑注为"每丁计两匹"和"每丁两端一丈五尺"，说明杂徭乃至正役
在收入统计上都被执行了二十天役纳庸的标准。也就是说，中男服杂徭
的二十日役期全面完成了赋税化。虽然此时并非取消了杂徭，杂徭实际
上仍然存在，但可以看出雇役取代杂徭的现役已经非常普遍。不过需要
指出的是，尽管庸在财政收入中的地位不断上升，但其仍属于代役金性
质。杂徭或正役的役种性质仍旧明显，只是不役纳庸的程度和广度加大
了而已。

两税法以后，"凡百役之费，一钱之敛，先度其数，而赋于人……
其租庸杂徭，悉省而丁额不废，申报出入如旧式"。杂徭和正役全部纳
庸并且融入两税，所以，法定意义上中男服杂徭的义务不存在了。同
时，"户无土〔主〕客，以见居为簿；人无丁中，以贫富为差"，[2]原来丁
的年龄和身份区别都淡化了。在丁的派役区别模糊的同时，户的重要性
凸显出来了。唐前期派役的先后要考虑户的贫富和丁口数量，而这正是
定户等考虑的因素。因此，户等在唐前期派役时已经出现。如在吐鲁番

1　杜佑：《通典》卷6《食货六》，第110页。
2　王溥：《唐会要》卷83《租税上》，第1536页。

文书《唐冯怀盛等夫役名籍》中，冯怀盛、李元顺、秦山子、李思定、袁弥等户被记为"已上第八户，各夫一人，役六日"，[1] 但此时仅是派役先后的标准。具体服哪种役还要看是白丁还是中男，抑或身份情况。安史之乱以后，派役时丁的年龄和身份区别下降了，两税法时丁的法定义务量则完全消失，致使户等逐步成为派役的标准。此时的户等不仅决定派役的先后，而且更重要的是关系着该民户服哪种役。如唐末的彭玕，"世为庐陵人，当唐末时，天下阻兵，以门籍为胥吏，有大志，常怏怏不乐于吏事，同曹多心厌之"。[2] 另如诸佑，被县令陈起"按户籍取佑为里正，不服"。[3] 彭玕和诸佑都是按户等被派服胥吏和里正之役。而唐前期的"诸里正，县司选勋官六品以下白丁清平强干者充"。[4] 县里的胥吏如仓督或市令也是"取勋官五品已上及职资九品者；若无，通取勋官六品已下，仓督取家口重大者为之"。[5] 可见，原来按身份派役转为按户等派役。唐廷正式确定这项制度在宣宗大中九年，诏书称："以州县差役不均，自今每县据人贫富及役轻重作差科簿，送刺史检署讫，锁于令厅，每有役事，委令据簿轮差。"[6]

　　户等派役的结果使差役由原来的征役原则和方法变成了新的役种。它的特征是：以户为征役对象；按实际需要派役，不存在固定的应役时数；轮差制。差役成为正式役种以后，实际上涵盖和超越了唐前期的正役、杂徭和色役，成为唐后期的主体役种。尽管在史籍中经常可以看到色役、杂徭的称呼，但此时的色役和杂徭已经不是按丁征派的役种，色役按户等征派，杂徭则变成了"随户杂徭"。由此可见，两税法中"人无丁中，以贫富为差"原则的确立已经宣布了中男服杂徭二十日役期制度的消亡，唐后期的杂徭仅仅是役名外壳的形式而已。　　　.

1　《吐鲁番出土文书》第 8 册，第 511 页。
2　吴任臣：《十国春秋》卷 73《彭玕传》，第 1005 页。
3　吴任臣：《十国春秋》卷 23《陈起传》，第 328 页。
4　杜佑：《通典》卷 3《食货三》，第 64 页。
5　李林甫等：《唐六典》卷 30《三府督护州县官吏》，第 748 页。
6　马端临：《文献通考》卷 12《职役考一》，第 340 页。

总之，中男服杂徭的二十日役期说明唐前期对中男保持了服半役的传统，在役期制定上与丁男服正役和杂徭形成对等关系。不仅如此，中男服杂徭的二十日役期还被列入中央财政的"支度国用"计划，不役纳庸，这是中国古代政府对地方非法徭役在制度上长期规范的结果，也使唐代对杂徭的征派进一步细化。随着唐宋之际赋役征收对象整体由人丁走向资产，"丁中"差别被资产差别代替，中男的法定役期遂告解体。中男服半役传统的消解，标志着中国古代的赋役制度迈入了一个新的历史阶段。

附录四 北宋前期役制变迁探析[*]

北宋役制以王安石变法为节点可分为前后两个阶段。北宋前期役制不仅是继承唐末五代役制遗产的结果，而且也是王安石变法后新役制嬗变的基点，因而地位极其关键。不过，以往对北宋前期役制的研究多将重点放在北宋的差役即职役层面，对此已有专文进行评析。[1]尽管也有学者著文强调唐宋之际役制变迁的长时段视野，但它们都是对个别役种的梳理，尚未发现把唐宋之际役制作为整体进行审视的研究成果。鉴于此，本文尝试选取北宋前期役制为研究对象，立足唐宋社会变革的观察视野，对北宋前期役制特征做宏观阐释，希望能加

---

* 原载《济南大学学报》2013 年第 1 期，第二作者为王雪萍。

1 参见刁培俊《20 世纪宋朝职役制度研究的回顾与展望》，《宋史研究通讯》2004 年第 1 期。

深对天水一朝役制的理解，并且把握中国古代社会后期役制的发展
趋向。

一　主体役种更迭：北宋前期职役的主体地位

　　中国古代役制主要包含两个层面。一种是力役。大型力役包括修
宫殿和陵墓、军事运输等，通常由中央组织派役，较轻的力役局限在州
县境内，被称为杂徭。另一种是职役。承担职役者从属于某一特定官员
或某一专门的官方机构，担任一定的职务或特定的官府劳役。固定性是
职役的明显特征，即服役人员、服役内容、管理机构在一定时期内保持
不变。职役在秦汉时期就已经出现，但尚处于次要地位，力役和兵役是
主体役种。此时的职役以供奔走驱使的侍从职掌为主，如"公卿以下至
县三百石长"都配有一定数量的职役人，如"武官伍伯，文官辟车。铃
下、侍阁、门阑、部署、街里走卒，皆有程品，多少随所典领"。[1]至魏
晋南北朝时期，职役开始由独立于州县编户之外的诸色专门人户来充
当，像吏户、乐户、驿户等。隋唐时期职役的范围进一步扩大，一些卑
官末秩沦为职役。如汉代官府的令史、书佐，乡官中的亭长、啬夫等，
尽管是月俸几百钱的斗食小吏，但在本质上还是官，[2]然而至隋唐时期
这些官职已经没有俸禄，改由职役人充当。[3]虽然秦汉以降职役范围有
逐步扩大的趋势，但在唐代法律中，《唐律疏议》和《唐六典》所提及
的役种都是正役和杂徭，如《唐六典》称："凡赋役之制有四：一曰租，
二曰调，三曰役，四曰杂徭。"[4]正役和杂徭也都属于力役。故唐两税法
以前，力役始终占据主导地位。

1　《后汉书·舆服志上·载车》，中华书局，1965，第3651页。
2　汉代以秩石多少为官吏的等级，但汉代官与吏的区别不明显，经常通用。一般将六百石作为
　　官与吏的实际区分标准。不过，由于他们都有俸禄，实际上还都是官。参见黄惠贤、陈锋
　　《中国俸禄制度史》，第43~44页。
3　谷更有：《唐宋国家与乡村社会》，中国社会科学出版社，2006，第38~50页。
4　李林甫等：《唐六典》卷3《尚书户部》，第76页。

然而，这种情况在宋以后发生了改变，职役上升为主体役种，力役反倒萎缩，成为次要役种。如《宋史·食货志》中的《役法》开篇即云："役出于民，州县皆有常数。宋因前代之制，以衙前主官物，以里正、户长、乡书手课督赋税，以耆长、弓手、壮丁逐捕盗贼，以承符、人力、手力、散从官给使令；县曹司至押、录，州曹司至孔目官，下至杂职、虞候、拣、掏等人，各以乡户等第定差。京百司补吏，须不碍役乃听。"[1] 文中的里正、户长、乡书手、押、录、曹司以及杂职、虞候、拣、掏等役名都是职役。而对宋代的力役，《宋史·食货志》和《文献通考》则缺而不载。之所以出现这种情况，是因为北宋前期国家的政策是用厢军来代替普通民众的力役，如《文献通考》中记载："宋朝凡众役多以厢军给之，罕调丁男。"[2] 又称："自五代无政，凡国之役，皆调于民，民以劳敝。宋有天下，悉役厢军，凡役作、工徒、营缮，民无与焉。故天下民力全固，至今遵之。"[3] 不过，北宋时期民众的力役还是存在的，这种力役被称为夫役。如宋太祖乾德五年（967），"分遣使者发畿县及近郡丁夫数万治河堤。自是岁以为常，皆用正月首事，季春而毕"，[4] 这被称为春夫。也有因战事或河防吃紧，临时调集人夫的，被称为急夫。《宋史·河渠志》记载熙宁时宋神宗曾问执政："闻京东调夫修河，有坏产者，河北调急夫尤多。"[5] 从应役范围来看，北宋前期力役承担的内容已经很少，主要集中在修缮黄河上。虽然也有修城、战时馈运等情况，但比较少，并多由厢军来完成。相较而言，职役成为日常必须征派的役种，而且随着乡官越来越多地由职役者承担，职役的范围不断扩大。因此，北宋前期主体役种已经整体上由原来的力役转向了职役。

---

1 《宋史》卷 177《食货志上五·役法上》，第 4295 页。

2 马端临：《文献通考》卷 12《职役考一》，第 341 页。

3 马端临：《文献通考》卷 156《兵考八》，第 4670 页。

4 李焘：《续资治通鉴长编》卷 8，太祖乾德五年正月戊戌，第 186 页。

5 《宋史》卷 92《河渠志二·黄河中》，第 2282 页。

二　征役对象迁移：北宋前期资产成为主要征役依据

　　中国古代的征役对象都是指向人头的。但唐中期以前，作为征役对象的人丁，官府注重的是人丁的年龄，因为年龄是区分人丁属于老、小、中或正丁的尺度，而老、小、中丁又是决定是否服役和服何种役的依据。唐武德七年（624）定令："男女始生为黄，四岁为小，十六为中，二十一为丁，六十为老。"[1]国家的主要力役由正丁承担，即21岁到59岁的男子。史称："凡丁岁役二旬，（有闰之年加二日。）无事则收其庸，每日三尺；（布加五分之一。）有事而加役者，旬有五日免其调，三旬则租、调俱免。（通正役并不得过五十日。）"[2]这里岁役两旬的丁就是指这一年龄段的男丁。除此之外，中男也要服役，但只是承担一些州县境内较轻的杂徭役。[3]至于老、小，则被免役。所以，唐代每年检校户籍时严防诈老诈小。人丁背后的资产在唐前期征役过程中虽然也被纳入考虑范围，但尚未成为直接派役的参考对象，仅是作为派役先后的因素。《唐律疏议》"差科赋役违法"条称，依令："凡差科，先富强，后贫弱；先多丁，后少丁。"[4]

　　唐两税法实施以后，派役方式发生改变，户内资产开始在派役中逐步占据主要地位。到唐宣宗大中九年，下诏："以州县差役不均，自今每县据人贫富及役轻重作差科簿，送刺史检署讫，锁于令厅，每有役事，委令据簿轮差。"[5]从内容来看，唐宣宗时期的差科簿也有派役先后的功能，但由于此时正丁力役已经从法律上消失，差科成为国家主要派役方式，故此时的差科簿不仅是派役先后的依据，也是区分派何种役的

1　杜佑：《通典》卷7《食货七》，第155页。
2　李林甫等：《唐六典》卷3《尚书户部》，第76页。
3　吴树国：《试论唐前期中男服杂徭的法定役期》，《晋阳学刊》2008年第6期。
4　长孙无忌等：《唐律疏议》卷13"差科赋役违法"条，第251页。
5　马端临：《文献通考》卷12《职役考一》，第340页。

关键因素。可见，原来征役中对人丁年龄的关注开始转向对人丁背后财产的考量，这一趋势在宋代享国后被继承下来。资产是通过户等体现的，宋代征役中资产不仅在职役中体现明显，就是在夫役中也是重要的征役依据。关于职役的具体派役方式，除了前述《宋史·食货志》中的记载外，《嘉定赤城志·吏役门》也载道："建隆初，里正、户长掌课输，里正于第一等差，户长于第二等差，乡书手隶里正，于第四等差；又有耆长，掌盗贼烟火，于第一等、第二等差，其属有壮丁，于第四、第五等差。"[1]另外，《云麓漫钞》卷12也谈到衙前役的征派条件："衙前入役，曰乡户，曰押录，曰长名；职次曰客司，曰通引；官优者曰衙职。建隆以来，并召募，惟乡户、押录主持管押官物，必以有物力者，其产业估可二百缗，许收系，更重难，日久有劳，至都知兵马使试验其才，遣赴阙与补官。"[2]从上面的史料记载能够看出，宋代是按不同的户等来安排不同的职役，也就是说，将户等的等级与某一类职役对应起来。而户等是按财产的多寡评定的。关于宋代户等的划分依据，宋史学者王曾瑜认为，宋代划分乡村五等户的财产标准并不整齐划一，而是五花八门、各行其是，但户等的高下却与各户人丁的多少完全无关，单单依据各户财产的多少。[3]

与职役相比，差调力役原则上还是按照州县的"丁籍""丁帐"或都水监的"夫帐"。如宋太祖开宝四年，"令河南府及京东、河北四十七军州，各委本州判官互往别部同令佐点阅丁口，具列于籍，以备明年河堤之役"。[4]关于上述帐籍的编制，这一年的诏书称："所抄丁口，宜令逐州判官互相往彼，与逐县令佐子细通检，不计主户、牛客、小客，尽底通抄，差遣之时，所冀共分力役。"[5]从诏令中将佃户身份的牛客、小

1　陈耆卿:《嘉定赤城志》卷17《吏役门》，中华书局，1990，第7419页。

2　赵彦卫:《云麓漫钞》卷12，第215页。

3　王曾瑜:《宋朝划分乡村五等户的财产标准》，邓广铭、程应镠主编《宋史研究论文集》，上海古籍出版社，1982，第33~56页。

4　李焘:《续资治通鉴长编》卷12，太祖开宝四年五月乙酉，第269页。

5　马端临:《文献通考》卷11《户口考二》，第296页。

客都尽数通抄，并且制造丁籍来看，力役是按丁派役，并非按户等和资产。但实际征发中，存在"无丁有税"和"计田出夫"的现象，说明不仅依据人丁征派力役，田地和户等也是主要考虑的内容。对此，已有学者进行了论述。[1] 笔者想补充的是，王安石变法以后，按户等资产派役已成为一种趋势。如元丰六年（1083）提举开封府界保甲刘琚言："诸县保甲每起夫役，不计家产厚薄，但以丁口均差，故下户常艰于力役。伏望令有司立法，诸县调夫不计丁之多少，而计户之上下，不惟国家力役之政大均，而臣所训保甲亦得安居就教。"[2] 从前述存在"无丁有税"和"计田出夫"现象来看，刘琚所说"以丁口均差"力役并不确切，但主张力役"不计丁之多少，而计户之上下"则说明了王安石变法以后力役按户、按资产征派的趋向。中央的役制动议基本上是地方实践的结果，由此观之，按户等和财产征派力役在北宋前期地方役制实践中已经具有了深厚的基础。

可见，北宋前期在征役对象上已经由人丁的年龄向资产迁移，只是在职役和力役征派中表现得并不同步。其中职役按户等资产征派较为彻底，而力役还有按人丁征派的成分，但在基层役制实践中按户等、资产征派则非常普遍。这种征役对象由人丁年龄向资产转变已经成为役制发展的趋向。

三 服役范围转变：北宋前期地方用役的凸显

职役在唐代分为中央诸司用役和地方州县用役。如唐玄宗开元二十三年下敕，天下无事，百姓徭役可以减省，"遂减诸司色役一十二万二百九十四人"。[3] 此处的色役即职役，可见唐代中央诸司用职役人非常多。但这种情况到宋代发生了改变。前述《宋史·食货志》

1　梁太济：《两宋的夫役征发》，徐规主编《宋史研究集刊》，第 25~29 页。

2　李焘：《续资治通鉴长编》卷 334，神宗元丰六年三月壬辰，第 8036 页。

3　王溥：《唐会要》卷 83《租税上》，第 1530 页。

中，职役被分为州、县两级。其中"县曹司至押、录，州曹司至孔目官，下至杂职、虞候、拣、掏等人，各以乡户等第定差。京百司补吏，须不碍役乃听"。[1]这里值得注意的是没有提及中央诸司用役。那么，唐代中央百司由职役者承担的职掌在宋初采用了何种方式替代呢？"京百司补吏，须不碍役乃听"一句已经透露出端倪。唐代中央诸司职役者的身份是"役"，而北宋中央诸司执行相同职掌的人员其身份是"吏"。正因为吏人充斥中央诸司，替代了职役者，最终促使服役范围转向地方。

关于唐宋之际中央诸司吏人替代职役者的情况，在此仅以乐工为例试做说明。实际上，唐宋中央诸司职掌非常相近。如宋代行吉礼、祀南郊时，"应执事、职掌、乐工、门干、宰手、驭马、驭车人，并均给脾、肫、胳、觳及肠、胃、肤之类"。[2]这里的诸职掌在唐代都是职役。只是除乐工外，其他的名称有所变化，分别为主膳、供膳、习驭、驾士、执御、门事（问事）、门仆、典食、监门直长等。[3]唐前期乐工属于职役范畴，其突出特点是需要轮番服役，《唐六典》称："凡乐人及音声人应教习，皆著簿籍，核其名数而分番上下。（短番散乐一千人，诸州有定额。长上散乐一百人，太常自访召。）"[4]如果不去服役，还需要纳代役钱，如"旧制之内，散乐一千人。其数各系诸州多少，轮次随月当番，遇闰月六番。人各征资钱一百六十七文"。[5]这反映出唐前期乐工鲜明的职役色彩。然而，经过唐后期和五代，至宋代乐工则完全采取招募的形式。在考选乐工时，"汰其椎钝癃老，而优募能者补其阙员，立为程度，以时习焉"。[6]又"其乐工，诏依太常寺所请，选择行止畏谨之人……皆召募

1　《宋史》卷177《食货志上五·役法上》，第4295页。
2　《宋史》卷98《礼志一》，第2431页。
3　杜佑：《通典》卷40《职官二十二》，第1106页。
4　李林甫等：《唐六典》卷14《太常寺》，第406页。
5　王溥：《唐会要》卷33《散乐》，第611~612页。
6　《宋史》卷128《乐志三》，第2985页。

补之"。[1] 另外，宋代乐工有俸廪，真宗咸平四年（1001），命翰林侍读
学士夏侯、判寺郭贽按试乐工，对"晓习月令者，悉增月俸，自余权停
廪给，再俾习学，以奖励之"。[2] 同时，乐工还可以免役，如同州中牟县
"富人隶太常为乐工，侥幸免役者凡六十余家，扬休请悉罢之"。[3] 而且
通过年劳法，乐工还可以补官，如"诸部应奉及二十年、年五十已上，
许补庙令或镇将"。[4] 正因为有上述优厚待遇，所以宋代乐工并不是通过
役的形式征招，而是来自投充和应募。这说明宋代乐工已经不是由乡村
户必须服的役，已经演变成了一部分人用以谋生的吏职。乐工在唐宋之
际由中央诸司的职役向吏职的转变较具有代表性。

　　关于中央诸司其他职掌的选择，景德四年诏也说得很详细："尚书
省诸司并寺、监、京百司，自今每收私名人，并须召有行止，无逾滥及
不碍本州县色役人责保试验，申牒御史台，候并及十人已上，令中丞、
知杂提点试验书札，得申牒本司收录，纰缪者退落，令别召人。其每年
就试补正名阙，一依元敕指挥，有额外者量减其数。"[5] 文中涉及宋代中
央诸司吏的入仕途径。对此，祖慧就其中的承袭、保引、投充以及考试
铨选等进行了研究。[6] 这里不再赘述。北宋中央诸司用役减少甚至废除
的直接结果是改变了唐代以来职役的服役范围，促使地方州县成为职役
的主要服务区域，宋代职役集中在州县乡里这一层面。

　　与职役相比，宋代力役是一个萎缩性的役种。不过从派役情况来
看，它也存在服役范围向地方集中的特征。北宋开国伊始，中央大范围
征派力役仍然存在，如开宝年间征服南汉，"岭道险绝，不通舟车，但
以丁夫负荷粮粮，数万众仰给无阙"。[7] 太平兴国五年，曹翰"部署修雄

1　《宋史》卷 130《乐志五》，第 3032 页。

2　李焘：《续资治通鉴长编》卷 48，真宗咸平四年正月甲子，第 1051 页。

3　《宋史》卷 299《石扬休传》，第 9930 页。

4　《宋史》卷 142《乐志十七》，第 3358 页。

5　李焘：《续资治通鉴长编》卷 65，真宗景德四年三月乙丑，第 1450 页。

6　祖慧：《宋代胥吏的选任与迁转》，《杭州大学学报》1997 年第 2 期。

7　李焘：《续资治通鉴长编》卷 12，太祖开宝四年五月丁酉，第 265 页。

霸州、平戎破虏乾宁等军城池。开南河，自雄州达莫州，以通漕运。筑大堤捍水势，调役夫数万人"。[1] 但这仅是在战争时期，平时这种役并不多，而且，北宋政府在以后的土木营建和运输上大规模使用厢军。如上供物品的运输一直调民，太平兴国二年（977）遂诏"西川、岭南、荆湖、陕西每岁上供钱帛，勿复调民负担，以传置卒代之"。[2] 在修建城池上，景德三年，"罢天雄军修城丁夫，以邻近州兵十指挥给役"。[3] 由于中央大规模兴役通常由厢军完成，故力役征发更多地用于地方。虽然宋代最大规模的河防之役受中央都水监统筹，但仍有地方用役的性质。如北宋在沿河军州设置了许多专使，管理本地河防。在乾德五年五月，"以河堤屡决，分遣使行视，发畿甸丁夫缮治。自是岁以为常，皆以正月首事，季春而毕。是月，诏开封、大名府、郓、澶、滑、孟、濮、齐、淄、沧、棣、滨、德、博、怀、卫、郑等州长吏，并兼本州河堤使，盖以谨力役而重水患也"。[4] 开宝五年二月，在此基础上又在开封府等十七州"各置河堤判官一员，即以逐州通判充，如阙通判，委本州判官兼领之"。[5] 从河堤使和河堤判官的设置来看，都是以各自州的长吏和判官来充任，说明中央要求各地方使用本地人力治理水患，各负其责。另外，从地域上看，差调春夫、急夫不是全国性的，仅限于沿河及附近地区。如开宝五年，黄河分别在澶州濮阳县、开封府阳武县决口，"即诏发开封、河南十三县夫三万六千三百人，及诸州兵一万五千人，修阳武县堤，澶、濮、魏、博、相、贝、磁、洺、滑、卫等州兵夫数万人，塞澶州河"。[6] 由此可见，宋代的河防力役也只限于沿河及附近地区。从全国范围来看，仍属于地方用役的性质。

1　李焘：《续资治通鉴长编》卷 21，太宗太平兴国五年十二月丁丑，第 483 页。

2　李焘：《续资治通鉴长编》卷 23，太宗太平兴国七年二月辛未，第 514 页。

3　李焘：《续资治通鉴长编》卷 63，真宗景德三年六月丙寅，第 1414 页。

4　《宋史》卷 91《河渠志一》，第 2257 页。

5　《宋大诏令集》卷 160《置河堤判官诏》，第 606 页。

6　徐松辑《宋会要辑稿》方域一四，第 9551 页。

四　北宋前期役制变迁的历史渊源

从唐宋变革的视野考察能够发现，北宋前期役制的变化实际起自中唐。开元、天宝之际已经出现役制变化的端倪，安史之乱作为重大历史事件可以被看作发生变化的一个节点，在此之后，历经唐后期的制度再造，五代时期开始新役制的中央化过程，到北宋前期得到国家的确认并普遍推行。倘若进一步研究其背后变化的原因，有几个方面的因素值得关注。

首先，中央与地方分权的政治背景。在中国古代社会的制度变化过程中，地方的制度实践处于核心地位。地方的制度实践为中央制定政策和法令提供经验和方法，进而形成新的国家政令，这些政令又在中央的强制力下得以推行，故中央与地方的互动是新制度确立的保证。唐安史之乱以后，中央与地方的关系出现了新动向，各地藩镇势力的崛起令中央集权遭到严重削弱。中央政府被迫赋予地方政府相对独立的行政权、军事权、财政权和经济管理自主权，中央与地方由此走向分权。这种分权状态对役制来说，影响最大的是人口的流动和户籍制度的紊乱。唐后期虽然中央也曾几次大规模统计户口，但都无法改变地方隐匿人口的现象，说明中央已经失去了对地方人口的控制。其结果，中央以往大规模按户籍簿派役的做法难以实行，进而使中央用役减少，地方用役成为主渠道。地方用役过程中，鉴于人口的流动，不得不以现有户口为派役对象。同时，地方财政越来越将一些乡官职掌让职役者承担，从而使地方职役成为役的中心。职役中的一些役种，如里正和衙前在税收征纳和运输中需要承担赔付风险，故必须由有一定财产户来承担，这也形成了征役对象以户口、资产代替人丁的年龄差别。因此，中央与地方分权是北宋前期役制形成的深层动力。

其次，财政化对役制变迁的决定作用。在中国古代农业社会中，征役是国家财政的重要组成部分。对国家财政来说，所征集的劳动力不仅能够减少国家的财政支出，而且还是一项隐性的财政收入。因此，将剩余劳动力转化为实际的国家财政收入成为历代役制的重要内容。唐前期，一部分应役劳动力已经通过庸的形式转变为国家财政收入。这种现象在两税法后更加突出，两税法对征役制度改革的重点就是力役的全面赋税化。杨炎在大历十四年（779）八月上疏时主张："凡百役之费，一钱之敛，先度其数，而赋于人……其租庸杂徭，悉省而丁额不废，申报出入如旧式。"[1] 随后在建中元年（780）二月起请条中重申："其丁租庸调，并入两税。州县常存丁额，准式申报。"[2] 可见，此次改革一方面是将力役都折算为代役金的形式，另一方面要求地方的力役现役采用雇佣形式。力役全面赋税化的结果是职役的凸显，故唐宋之际主体役种由力役向职役更迭主要是役财政化的结果。力役的财政化对中央用役起到了限制作用，而在地方，则通过差役等其他名目重新派役，也就是说，中央用役减少，地方用役却依然存在，这导致了北宋前期用役向地方的集中。

最后，主体役种与主体税种的趋同。尽管赋役属于财政收入范畴，但赋役本身具有自己的运行规律。主体役种与主体税种的趋同就是其中之一。征役在中国古代社会前期都是以人丁为对象，而税收也是以人头税为主，因此，主体役种与主体税种趋同的运行规律尚未引起冲突。两税法以后，税收对象转向资产和土地，而征役中"丁额不废"，还试图保留丁籍。但在人口流动频繁、原有户籍制度趋于解体的情况下，唐宣宗时期只能明确按差科簿征役，也就说按资产派役。宋代一度恢复丁口簿，但在田制不立的情况下，丁口的财产差别很大，因而在实际派役过程中不得不参考户等、财产等因素，且按财产或者土地派役越来越成为发展趋势。有关这方面，有学者称之为"摊丁入地现象"，实际上，这是主体役种与主体税种趋同规律的反映。

1　王溥:《唐会要》卷 83《租税上》，第 1536 页。

2　王溥:《唐会要》卷 83《租税上》，第 1535 页。

　　总之，北宋前期役制表现出的诸特征是唐宋之际役制变迁的反映，职役地位的上升意味着劳役性力役的萎缩，按户等资产派役弥补了人丁的财产差别，地方用役为主说明远距离服役的逐步消除，这对减轻百姓负担，实现服役公平都有积极的意义。同时，北宋前期的役制特征代表了中国古代社会后期役制发展的趋向，虽然金元时期役制中力役有重新抬头的迹象，但职役始终占据主体役种的位置；而且明清时期主体役种与主体税种趋同的规律更加凸显，一条鞭法和摊丁入亩都是这一趋势的反映。更值得注意的是，北宋前期役制是唐宋之际中央与地方分权下的制度产物，其制度确立与实际运行，对理解中国古代后期的国家与社会也具有重要价值。

参考文献

一　基本史籍

《大唐郊祀录》，民国适园丛书刊旧抄本。

《大唐开元礼》，民族出版社，2000。

白居易：《白氏六帖事类集》，文物出版社，1987。

晁补之：《鸡肋集》，《景印文渊阁四库全书》，第1118册，台湾商务印书馆，1986。以下文渊阁《四库全书》本皆为此版本。

陈国灿、刘永增编《日本宁乐美术馆藏吐鲁番文书》，文物出版社，1997。

陈耆卿：《嘉定赤城志》，宋元方志丛刊本，中华书局，1990。

程颢、程颐：《二程文集》，《景印文渊阁四库全书》，第1345册。

程敏政：《新安文献志》,《景印文渊阁四库全书》, 第 1376 册。

丁度等编《宋刻集韵》, 中华书局, 2005。

董诰等编《全唐文》, 中华书局, 1983。

窦仪等：《宋刑统》, 薛梅卿点校, 法律出版社, 1999。

杜牧：《樊川文集》, 陈允吉点校, 上海古籍出版社, 2009。

杜佑：《通典》, 王文锦等点校, 中华书局, 1988。

范晔：《后汉书》, 中华书局, 1965。

范祖禹：《范太史集》,《景印文渊阁四库全书》, 第 1100 册。

顾炎武撰, 黄汝成集释《日知录集释》, 上海古籍出版社, 1985。

国家文物局古文献研究室、新疆维吾尔自治区博物馆、武汉大学历史系
　　编《吐鲁番出土文书》第 6 册, 文物出版社, 1985。

国家文物局古文献研究室、新疆维吾尔自治区博物馆、武汉大学历史系
　　编《吐鲁番出土文书》第 7 册, 文物出版社, 1986。

国家文物局古文献研究室、新疆维吾尔自治区博物馆、武汉大学历史系
　　编《吐鲁番出土文书》第 8 册, 文物出版社, 1987。

国家文物局古文献研究室、新疆维吾尔自治区博物馆、武汉大学历史系
　　编《吐鲁番出土文书》第 9 册, 文物出版社, 1990。

洪迈：《容斋续笔》, 上海古籍出版社, 1978。

黄维、杨士奇编《历代名臣奏议》,《景印文渊阁四库全书》, 第 440 册。

乐史：《宋本太平寰宇记》, 中华书局, 2000。

李昉等编《太平广记》, 中华书局, 1961。

李昉等编《文苑英华》, 中华书局, 1966。

李吉甫：《元和郡县图志》, 贺次君点校, 中华书局, 1983。

李林甫等：《唐六典》, 陈仲夫点校, 中华书局, 1992。

李焘：《续资治通鉴长编》, 上海师范大学古籍整理研究所、华东师范大
　　学古籍整理研究所点校, 中华书局, 2004。

李延寿：《北史》, 中华书局, 1974。

梁克家：《(淳熙) 三山志》,《景印文渊阁四库全书》, 第 484 册。

刘昫:《旧唐书》,中华书局,1975。

柳洪亮:《新出吐鲁番文书及其研究》,新疆人民出版社,1997。

陆贽:《陆贽集》,中华书局,2006。

马端临:《文献通考》,上海师范大学古籍研究所、华东师范大学古籍研究所点校,中华书局,2011。

欧阳修、宋祁:《新唐书》,中华书局,1975。

欧阳修:《新五代史》,中华书局,1974。

钱大昕:《廿二史考异》,方诗铭、周殿杰校点,上海古籍出版社,2004。

丘濬:《大学衍义补》,《景印文渊阁四库全书》,第712册。

仁井田陞:《唐令拾遗》,栗劲等译,长春出版社,1989。

荣新江、李肖、孟宪实主编《新获吐鲁番出土文献》,中华书局,2008。

阮元校刻《周礼注疏》,十三经注疏本,中华书局,2009。

释圆仁著,小野胜年校注《入唐求法巡礼行记校注》,白化文、李鼎霞、许德楠修订校注,花山文艺出版社,1992。

睡虎地秦墓竹简整理小组编《睡虎地秦墓竹简》,文物出版社,1990。

司马光:《资治通鉴》,中华书局,1956。

司马光:《涑水记闻》,邓广铭、张希清点校,中华书局,1989。

宋敏求编《唐大诏令集》,商务印书馆,1959。

宋庠:《元宪集》,《景印文渊阁四库全书》,第1087册。

孙光宪:《北梦琐言》,贾二强点校,中华书局,2002。

孙诒让:《周礼正义》,王文锦、陈玉霞点校,中华书局,2013。

唐长孺主编《吐鲁番出土文书》(图录本)(壹),文物出版社,1992。

唐长孺主编《吐鲁番出土文书》(图录本)(贰),文物出版社,1994。

唐长孺主编《吐鲁番出土文书》(图录本)(叁),文物出版社,1996。

唐长孺主编《吐鲁番出土文书》(图录本)(肆),文物出版社,1996。

天一阁博物馆、中国社会科学院历史研究所天圣令整理课题组校证《天一阁藏明钞本天圣令校证(附唐令复原研究)》,中华书局,2006。

脱脱等：《宋史》，中华书局，1985。

王夫之：《读通鉴论》，中华书局，1984。

王明清：《挥麈前录》，燕永成整理，《全宋笔记》本，大象出版社，
　　2019。

王鸣盛：《十七史商榷》，黄曙辉点校，上海书店出版社，2005。

王溥：《唐会要》，中华书局，1955。

王溥：《五代会要》，中华书局，1998。

王钦若等编《册府元龟》，中华书局，1960。

魏收：《魏书》，中华书局，1974。

魏徵等：《隋书》，中华书局，1973。

吴曾：《能改斋漫录》，上海古籍出版社，1979。

吴兢撰，谢保成集校《贞观政要集校》，中华书局，2003。

吴任臣：《十国春秋》，中华书局，1983。

萧子显：《南齐书》，中华书局，1972。

谢深甫：《庆元条法事类》，戴建国点校，杨一凡、田涛主编《中国珍稀
　　法律典籍续编》第 1 册，黑龙江人民出版社，2002。

谢思炜校注《白居易诗集校注》，中华书局，2006。

徐松辑《宋会要辑稿》，刘琳等点校，上海古籍出版社，2014。

许慎：《说文解字》，徐铉等校，上海古籍出版社，2007。

薛居正：《旧五代史》，中华书局，1976。

佚名：《宋大诏令集》，中华书局，1962。

曾公亮等：《武经总要·前集》，《中国兵书集成》第 3 册，解放军出版
　　社、辽沈书社，1988。

曾枣庄、刘琳主编《全宋文》，上海辞书出版社，2006。

长孙无忌等：《唐律疏议》，刘俊文点校，中华书局，1983。

赵抃：《清献集》，《景印文渊阁四库全书》，第 1094 册。

赵汝愚：《宋名臣奏议》，《景印文渊阁四库全书》，第 432 册。

赵彦卫：《云麓漫钞》，中华书局，1996。

赵翼撰，王树民校证《廿二史札记校证》，中华书局，1984。

郑樵:《通志》，浙江古籍出版社，2000。

朱熹:《晦庵集》，《景印文渊阁四库全书》，第1145册。

黑板勝美編『令義解』吉川弘文館、1983。

黑板勝美編『令集解』吉川弘文館、1985。

小田義久『大谷文書集成』第一卷、法藏館、1984。

小田義久『大谷文書集成』第二卷、法藏館、1989。

小田義久『大谷文書集成』第三卷、法藏館、1990。

二 著作类

白寿彝:《中国通史》第七卷《中古时期·五代辽宋夏金时期》，上海人民出版社，1999。

包伟民:《宋代地方财政史研究》，上海古籍出版社，2001。

包伟民主编《宋代制度史研究百年（1900~2000）》，商务印书馆，2004。

陈明光:《唐代财政史新编》，中国财政经济出版社，1991。

陈明光:《中国古代的纳税与应役》，商务印书馆，2013。

陈仲安、王素:《汉唐职官制度研究》（增订本），中西书局，2018。

程喜霖:《汉唐烽燧制度研究》，三秦出版社，1990。

程喜霖、陈习刚:《吐鲁番唐代军事文书研究·文书篇（上卷）》，新疆人民出版社，2013。

池田温:《中国古代籍帐研究》，龚泽铣译，中华书局，2007。

戴建国:《唐宋变革时期的法律与社会》，上海古籍出版社，2010。

邓广铭:《北宋政治改革家王安石》，人民出版社，1997。

冻国栋:《中国中古经济与社会史论稿》，湖北教育出版社，2005。

杜文玉:《五代十国制度研究》，人民出版社，2006。

杜文玉:《唐宋时期职官管理制度研究》，科学出版社，2020。

渡边信一郎:《中国古代的财政与国家》，吴明浩、吴承翰译，社会科学文献出版社，2023。

葛金芳：《土地赋役志》，上海人民出版社，1998。

耿元骊：《唐宋土地制度与政策演变研究》，商务印书馆，2012。

谷更有：《唐宋国家与乡村社会》，中国社会科学出版社，2006。

郭声波：《中国行政区划通史·唐代卷》，复旦大学出版社，2012。

胡如雷：《中国封建社会形态研究》，生活·读书·新知三联书店，
　　1979。

黄纯艳：《宋代财政史》，云南大学出版社，2013。

黄惠贤、陈锋主编《中国俸禄制度史》，武汉大学出版社，1996。

黄文弼：《吐鲁番考古记》，中国科学院，1954。

黄正建主编《中晚唐社会与政治研究》，中国社会科学出版社，2006。

黄正建主编《〈天圣令〉与唐宋制度研究》，中国社会科学出版社，
　　2011。

姜伯勤：《唐五代敦煌寺户制度》（增订版），中国人民大学出版社，
　　2011。

鞠清远：《唐代财政史》，商务印书馆，1940。

堀敏一：《均田制的研究》，韩国磐等译，福建人民出版社，1984。

雷绍锋：《归义军赋役制度初探》，洪叶文化事业有限公司，2000。

李华瑞：《王安石变法研究史》，人民出版社，2004。

李华瑞主编《中国传统经济的再认识》，科学出版社，2017。

李剑农：《宋元明经济史稿》，生活·读书·新知三联书店，1957。

李剑农：《魏晋南北朝隋唐经济史稿》，生活·读书·新知三联书店，
　　1959。

李金水：《王安石经济变法研究》，福建人民出版社，2007。

李锦绣：《唐代财政史稿》上卷，北京大学出版社，1995。

李锦绣：《唐代财政史稿》下卷，北京大学出版社，2001。

李锦绣：《敦煌吐鲁番文书与唐史研究》，福建人民出版社，2006。

梁方仲：《中国历代户口、田地、田赋统计》，上海人民出版社，1980。

林文勋、谷更有:《唐宋乡村社会力量与基层控制》,云南大学出版社,
    2005。

林文勋:《唐宋社会变革论纲》,人民出版社,2011。

刘进宝:《唐宋之际归义军经济史研究》,中国社会科学出版社,2007。

刘进宝:《敦煌文书与中古社会经济研究》,浙江大学出版社,2016。

刘俊文:《敦煌吐鲁番唐代法制文书考释》,中华书局,1989。

刘俊文主编《日本学者研究中国史论著选译》(第1、4、5卷),中华书
    局,1992、1993。

刘俊文主编《日本中青年学者论中国史》(六朝隋唐卷、宋元明清卷),
    上海古籍出版社,1995。

刘俊文:《唐律疏议笺解》,中华书局,1996。

刘小萌:《胥吏》,国家图书馆出版社,1998。

鲁西奇:《长江中游的人地关系与地域社会》,厦门大学出版社,2016。

吕思勉:《中国制度史》,上海教育出版社,2002。

孟彦弘:《出土文献与汉唐典制研究》,北京大学出版社,2015。

聂崇岐:《宋史丛考》,中华书局,1980。

欧燕:《唐代城市乐人研究》,商务印书馆,2016。

漆侠:《中国经济通史·宋代经济卷上》,经济日报出版社,1999。

漆侠:《王安石变法》,河北人民出版社,2001。

任爽:《唐代礼制研究》,东北师范大学出版社,1999。

任爽主编《十国典制考》,中华书局,2004。

孙继民:《敦煌吐鲁番所出唐代军事文书初探》,中国社会科学出版社,
    2000。

谭景玉:《宋代乡村组织研究》,山东大学出版社,2010。

唐长孺:《三至六世纪江南大土地所有制的发展》,上海人民出版社,
    1957。

唐长孺:《山居存稿》,中华书局,1989。

陶希圣、鞠清远:《唐代经济史》,商务印书馆,1936。

田晓忠：《宋代田赋制度研究》，中国社会科学出版社，2016。

王德毅：《宋史研究论集》，台湾商务印书馆，1993。

王棣：《宋代经济史稿》，长春出版社，2001。

王家范：《中国历史通论》，华东师范大学出版社，2000。

王永兴编著《隋唐五代经济史料汇编校注》，中华书局，1987。

王永兴：《陈门问学丛稿》，江西人民出版社，1993。

王永兴：《唐代前期军事史略论稿》，昆仑出版社，2003。

王永兴：《"开皇之治"与"贞观之治"——王永兴说隋唐》，生活·读
　　书·新知三联书店，2019。

王曾瑜：《宋朝阶级结构》，河北教育出版社，1996。

王曾瑜：《锱铢编》，河北大学出版社，2006。

王曾瑜：《涓埃编》，河北大学出版社，2008。

王仲荦：《隋唐五代史》，中华书局，2007。

吴廷燮：《唐方镇年表》，中华书局，1980。

吴宗国：《隋唐五代简史》，福建人民出版社，2006。

阎步克：《中国古代官阶制度引论》，北京大学出版社，2010。

杨际平：《北朝隋唐均田制新探》，岳麓书社，2003。

杨际平：《杨际平中国社会经济史论集》（三卷本），厦门大学出版社，
　　2016。

杨宇勋：《取民与用民：南宋的财政收支与官民互动》，台湾师范大学历
　　史研究所，2003。

叶炜：《南北朝隋唐官吏分途研究》，北京大学出版社，2009。

张剑光：《唐代经济与社会研究》，上海交通大学出版社，2013。

张雨：《赋税制度、租佃关系与中国中古经济研究》，上海古籍出版社，
　　2015。

张玉兴：《唐代县官与地方社会研究》，天津古籍出版社，2009。

张泽咸：《唐五代赋役史草》，中华书局，1986。

张泽咸：《唐代阶级结构研究》，中州古籍出版社，1996。

赵世瑜:《吏与中国传统社会》,浙江人民出版社,1994。

赵秀玲:《中国乡里制度》,社会科学文献出版社,1998。

赵雅书:《宋代的田赋制度与田赋收入状况》,台湾大学文学院文史丛刊,1969。

郑学檬:《五代十国史研究》,上海人民出版社,1991。

郑学檬主编《中国赋役制度史》,厦门大学出版社,1994。

中华人民共和国财政部《中国农民负担史》编辑委员会编《中国农民负担史》,中国财政经济出版社,1994。

朱雷:《敦煌吐鲁番文书论丛》,甘肃人民出版社,2000。

Brian E. Mcknight(马伯良):*Village and Bureaucracy in Southern Sung China*(《中国南宋乡村职役》),Chicago:The University of Chicago Press,1971。

濱口重國『秦漢隋唐史の研究』東京大学出版会、1966。

濱口重國『唐王朝の賤人制度』東洋史研究會、1996。

柳田節子『宋元郷村制の研究』創文社、1986。

梅原郁『宋代官僚制度研究』同朋舍、1985。

日野開三郎『唐代租調庸の研究（Ⅱ課輸篇上）』汲古書院、1975。

曽我部静雄『均田法とその税役制度』講談社、1953。

周藤吉之『宋代經濟史研究』東京大學出版會、1962。

周藤吉之『唐宋社會經濟史研究』東京大學出版會、1965。

築山治三郎『唐代政治制度の研究』創元社、1967。

三　论文类

包伟民:《宋代民匠差雇制度述略》,徐规主编《宋史研究集刊》,浙江古籍出版社,1986。

包伟民:《唐宋转折视野之下的赋役制度研究》,《中国史研究》2010年第1期。

陈国灿:《唐代的"执衣"与执衣钱》,《中华文史论丛》2006年第3辑,
　　上海古籍出版社, 2006。

陈明光:《唐代两税法时期中央与地方对"差役"的分割》,《社会科学
　　家》1986年第2期。

陈明光:《试论唐后期的两税法改革与"随户杂徭"》,《中国社会经济史
　　研究》1994年第3期。

陈瑞青:《俄藏黑水城宋代文献所见差破"白直人兵"文书考》, 杜建录
　　主编《西夏学》第5辑, 上海古籍出版社, 2010。

程喜霖:《从吐鲁番出土文书中所见的唐代烽堠制度之一》, 唐长孺主编
　　《敦煌吐鲁番文书初探》, 武汉大学出版社, 1983。

程喜霖:《对吐鲁番所出四角蒲役夫文书的考察——唐代西州杂徭研究
　　之一》,《中国史研究》1986年第1期。

程喜霖:《唐代烽子上烽铺番期新证——新出烽铺文书研究之三》,《新
　　疆师范大学学报》2006年第2期。

程喜霖:《吐鲁番新出唐代烽铺文书考释》,《吐鲁番学研究:第二届吐
　　鲁番学国际学术研讨会论文集》, 上海辞书出版社, 2006。

程喜霖:《吐鲁番文书所见唐代杂徭(上篇)——唐代西州杂徭研究之
　　二》,《庆祝宁可先生八十华诞论文集》, 中国社会科学出版社, 2008。

崔靖娟:《北周隋唐官兽医探究——以其地位演变为中心》,《农业考古》
　　2019年第1期。

戴建国:《天一阁藏〈天圣令·赋役令〉初探(下)》,《文史》2001年第
　　1辑, 中华书局, 2001。

戴建国:《唐〈开元二十五年令·杂令〉复原研究》,《文史》2006年第
　　3辑。

刁培俊:《20世纪宋朝职役制度研究的回顾与展望》,《宋史研究通讯》
　　2004年第1期。

刁培俊:《从"稽古行道"到"随时立法"——两宋乡役"迁延不定"的
　　历时性考察》,《中国社会经济史研究》2008年第3期。

冻国栋:《汉唐间"伍伯"浅识》,《魏晋南北朝隋唐史资料》第 17 辑, 武汉大学出版社,2000。

樊英峰:《唐代帝陵管理和保护乾陵的措施》,樊英峰主编《乾陵文化研究》第 6 辑,三秦出版社,2011。

樊英峰:《试论唐代对乾陵的管理和保护》,《文博》2012 年第 1~2 期。

傅玫:《唐代的勋官》,《中国史论集》,天津古籍出版社,1994。

高敏:《秦汉的徭役制度》,《中国经济史研究》1987 年第 1 期。

宫崎市定:《唐代赋役制度新考》,刘俊文主编《日本学者研究中国史论著选译》第 4 卷(六朝隋唐),中华书局,1992。

辜燮高:《略论唐代之杂徭役》,《新中华》(复刊)第 4 卷第 24 期,1946 年。

顾成瑞:《唐代官人优免制度与赋役体系的变迁研究》,博士学位论文,中国人民大学,2017。

顾成瑞:《唐前期驿丁应役方式的转变——兼论力役征派的色役化》,《史学月刊》2022 年第 10 期。

郭锋:《唐代流外官试探——兼析敦煌吐鲁番有关流外文书》,《敦煌学辑刊》1986 年第 2 期。

和卫国:《唐代色役制研究述评》,《高校社科动态》1997 年第 2 期。

侯振兵:《唐代驿丁制再探——以〈天圣令〉为中心》,《历史教学》2016 年第 12 期。

胡戟:《唐代度量衡与亩里制度》,《西北大学学报》1980 年第 4 期。

黄惠贤:《唐代前期仗身制的考察》,唐长孺主编《敦煌吐鲁番文书初探二编》,武汉大学出版社,1990。

黄清连:《唐代散官试论》,《"中央研究院"历史语言研究所集刊》第 58 本第 1 分,1987 年。

黄正建:《〈天圣令(附唐杂令)〉所涉唐前期诸色人杂考》,荣新江主编《唐研究》第 12 卷,北京大学出版社,2006。

黄正建:《唐代"庶士"研究》,《庆祝宁可先生八十华诞论文集》,中国社会科学出版社，2008。

黄正建：《唐代陵户再探》，《陕西师范大学学报》2014 年第 5 期。

姜伯勤：《敦煌音声人略论》，《敦煌研究》1988 年第 4 期。

金锡佑：《唐代百姓勋官考论》，《东方论坛》2004 年第 6 期。

李春润、朱淑瑶：《略谈唐代中男的徭役负担》，《广西师范学院学报》
　　1981 年第 4 期。

李春润：《唐代的捉钱制》，《中南民族学院学报》1982 年第 4 期。

李春润：《略论唐代的资课》，《中华文史论丛》1983 年第 2 辑，上海古
　　籍出版社，1983。

李春润：《唐开元以前的纳资纳课初探》，《中国史研究》1983 年第 3 期。

李春润：《杂职和两税法后的代役纳课》，《中南民族学院学报》1985 年
　　第 2 期。

李锦绣：《关于唐后期官与吏界限的几点思考》，纪宗安、汤开建主编
　　《暨南史学》第 4 辑，暨南大学出版社，2005。

李强：《唐代"庶士"再探》，《文史》2023 年第 1 辑。

李埏：《略论唐代的"钱帛兼行"》，《历史研究》1964 年第 1 期。

梁太济：《两宋的夫役征发》，徐规主编《宋史研究集刊》，浙江古籍出
　　版社，1986。

廖靖靖：《〈天圣令〉所附唐令中的"丁"》，杜文玉主编《唐史论丛》第
　　22 辑，三秦出版社，2016。

刘海峰：《论唐代官员俸料钱的变动》，《中国社会经济史研究》1985 年
　　第 2 期。

刘进宝：《归义军时期的"音声人"》，《敦煌研究》2006 年第 1 期。

刘进宝：《唐五代"音声人"论略》，《南京师大学报》2006 年第 2 期。

刘进宝：《从敦煌文书看归义军政权的赋役征免——以 Дx .2149 号文书
　　为主的探讨》，《中国经济史研究》2007 年第 2 期。

刘进宝：《唐五代"随身"考》，《历史研究》2010 年第 4 期。

刘进宝、郁晓刚：《归义军时期的烽子与镇兵》，《南京师大学报》2010

年第 2 期。

刘子凡：《唐前期西州民间工匠的赋役》，《西域研究》2012 年第 3 期。

卢开万：《隋唐五代的乐工乐户》，《魏晋南北朝隋唐史资料》第 12 辑，武汉大学出版社，1993。

孟宪实：《唐代府兵"番上"新解》，《历史研究》2007 年第 2 期。

乜小红：《唐五代敦煌音声人试探》，《敦煌研究》2003 年第 3 期。

倪高峰：《唐代太常音声人赋役制度研究》，《中国音乐学》2013 年第 4 期。

宁欣：《编制内外：唐代的"趋吏"》，夏炎主编《中古中国的都市与社会：南开中古社会史工作坊系列文集》，中西书局，2019。

牛来颖：《读敦煌吐鲁番文书札记》，《中国史研究》1986 年第 1 期。

牛来颖：《〈天圣令·赋役令〉丁匠条释读举例——兼与〈营缮令〉比较》，杜文玉主编《唐史论丛》第 13 辑，三秦出版社，2011。

牛来颖：《唐律令时代公共工程建设的劳役与征派——以〈天圣令〉为中心》，《江西社会科学》2016 年第 9 期。

欧燕：《唐五代音声人辨析》，杜文玉主编《唐史论丛》第 11 辑，三秦出版社，2009。

彭丽华：《唐五代工匠研究述评》，《井冈山大学学报》2014 年第 2 期。

漆侠：《关于宋代差役法的几个问题》，《宋史论集》，中州书画社，1983。

任士英：《唐代流外官名例试释》，《烟台师范学院学报》1989 年第 4 期。

申斌、刘志伟：《明代财政史的里程碑——万明、徐英凯著〈明代《万历会计录》整理与研究〉读后》，《清华大学学报》2018 年第 1 期。

沈国光：《〈日本宁乐美术馆藏吐鲁番文书〉4 号文书考——兼论唐代西州府兵月番摊派的文书行政》，《西域研究》2023 年第 2 期。

沈睿文：《桥陵陪葬墓地研究》，《文博》2000 年第 5 期。

孙正军：《官还是民：唐代三卫补吏称"释褐"小考》，《复旦学报》2013

年第 4 期。

唐刚卯:《唐代长安的纳课户》,《中国唐史学会论文集（1991 年）》,三
　　秦出版社,1991。

唐耕耦:《唐代的资课》,《中国史研究》1980 年第 3 期。

唐耕耦:《唐代前期的杂徭》,《文史哲》1981 年第 4 期。

唐耕耦:《唐代前期的临时别差科问题的提出》,《中国古代史论丛》1982
　　年第 3 辑,福建人民出版社,1982。

唐长孺:《魏、晋至唐官府作场及官府工程的工匠》,《魏晋南北朝史论
　　丛续编》,生活·读书·新知三联书店,1959。

唐长孺:《唐西州诸乡户口帐试释》,《敦煌吐鲁番文书初探》,武汉大学
　　出版社,1983。

王炳华:吐鲁番出土唐代庸调布研究》,《文物》1981 年第 1 期。

王晶:《唐前期的差科簿与差科流程:以阿斯塔那 61 号墓所出役制文书
　　为中心》,《中国社会经济史研究》2023 年第 1 期。

王永兴:《敦煌唐代差科簿考释》,《历史研究》1957 年第 12 期。

王永兴:《唐天宝敦煌差科簿研究——兼论唐代色役制和其他问题》,北
　　京大学中国中古史研究中心编《敦煌吐鲁番文献研究论集》,中华书
　　局,1982。

王曾瑜:《宋代的差役和形势户》,《历史学》1979 年第 1 期。

王曾瑜:《宋朝划分乡村五等户的财产标准》,邓广铭、程应镠主编《宋
　　史研究论文集》,上海古籍出版社,1982。

魏明孔:《浅论唐代官府工匠的身份变化》,《中国经济史研究》1991 年
　　第 4 期。

文欣:《唐代差科簿制作过程——从阿斯塔那 61 号墓所出役制文书谈
　　起》,《历史研究》2007 年第 2 期。

吴丽娱:《关于〈丧葬令〉整理复原的几个问题——兼与稻田奈津子商
　　榷》,杜文玉主编《唐史论丛》第 12 辑,三秦出版社,2010。

吴树国:《试论中晚唐时期京兆府的两税》,《长安学研究》第 4 辑,科

学出版社，2019。

吴宗国：《唐末阶级矛盾激化的几个问题》，《北京大学学报》1984 年第
　　3 期。

武仙卿：《南北朝色役考》，《食货》第 5 卷第 8 期、第 10 期，1937 年。

西村元佑：《通过唐代敦煌差科簿看唐代均田制时代的徭役制度——以
　　大谷探险队携来的敦煌和吐鲁番古文书为参考史料》，中国敦煌吐
　　鲁番学会主编《敦煌学译文集——敦煌吐鲁番出土社会经济文书研
　　究》，甘肃人民出版社，1985。

小笠原宣秀、西村元佑：《唐代徭役制度考》，中国敦煌吐鲁番学会主编
　　《敦煌学译文集——敦煌吐鲁番出土社会经济文书研究》，甘肃人民
　　出版社，1985。

邢铁：《九等户到五等户的转变时间》，《中国社会经济史研究》1990 年
　　第 1 期。

徐畅：《蠲符与唐宋间官人免课役的运作程序》，《文史》2013 年第 2 辑。

徐适端：《略论〈唐六典〉的注》，《河南理工大学学报》2012 年第 4 期。

严耕望：《论唐代尚书省之职权与地位》，《"中央研究院"历史语言研究
　　所集刊》第 24 本，1953 年。

严耕望：《唐代文化约论》，《秦汉史及中古史前期研究论集》，大陆杂志
　　社，1967。

阎步克：《品位与职位——传统官僚等级制研究的一个新视角》，《史学
　　月刊》2001 年第 1 期。

杨际平：《关于唐天宝敦煌差科簿的几个问题》，韩国磐主编《敦煌吐鲁
　　番出土经济文书研究》，厦门大学出版社，1986。

杨际平：《唐前期的杂徭与色役》，《历史研究》1994 年第 3 期。

杨联陞：《〈敦煌吐鲁番文献研究论集〉读后》，《北京大学学报》1983 年
　　第 4 期。

余新忠：《唐代勋官的实际意义》，《铁道师院学报》1996 年第 2 期。

俞鹿年：《唐代的吏胥制度》，《中国法律史国际学术讨论会论文集》，陕

西人民出版社，1990。

张广达：《论唐代的吏》，《北京大学学报》1989 年第 2 期。

张国刚：《唐代府兵渊源与番役》，《历史研究》1989 年第 6 期。

张国刚：《唐代防丁制度考述》，《唐代政治制度研究论集》，文津出版社，
　　1994。

张剑光：《唐朝的官兽医》，《农业考古》1990 年第 2 期。

张维训：《略论杂户"贱民"等级的消亡》，《江西社会科学》1982 年第
　　4 期。

张琰琰：《试论唐代胥吏的来源》，《纪念岑仲勉先生诞辰 130 周年国际学
　　术研讨会论文集》，中山大学出版社，2019。

张玉兴：《唐代陵令考述》，《历史教学》2011 年第 12 期。

张泽咸：《关于唐代杂徭的几个问题》，《中国社会经济史研究》1985 年
　　第 4 期。

赵大旺：《唐五代时期的色役》，硕士学位论文，南京师范大学，2014。

赵大旺：《"观子户"还是"馆子户"——敦煌写本〈索铁子牒〉再探》，
　　《敦煌研究》2014 年第 5 期。

赵大旺：《归义军政权对徭役影庇的限制——以 P.3231〈平康乡官斋籍〉
　　为主》，《敦煌研究》2016 年第 2 期。

赵璐璐：《唐代"杂任"考——〈天圣令·杂令〉"杂任"条解读》，荣
　　新江主编《唐研究》第 14 卷，北京大学出版社，2008。

赵璐璐：《唐代"杂职"考》，《文史》2010 年第 3 辑。

赵元信：《试论隋唐的音乐与乐人地位》，戴建国主编《唐宋法律史论
　　集》，上海辞书出版社，2007。

赵贞：《唐前期"中男"承担差役考——以敦煌吐鲁番文书为中心》，《西
　　域研究》2015 年第 1 期。

朱定芬：《唐前期"有军名"色役研究》，硕士学位论文，福建师范大
　　学，2022。

祖慧：《宋代胥吏的选任与迁转》，《杭州大学学报》1997 年第 2 期。

濱口重國「唐の陵・墓戸の良賤に就いて」『史學雜志』第 43 編第 8 号、1932 年。

濱口重國「唐に於ける両税法以前の徭役労働」『東洋学報』第 20 巻第 4 期、第 21 巻第 1 期、1933 年。

濱口重國「唐の白直と雑徭と諸々の特定の役務」『史学雑誌』第 78 編第 2 号、1969 年。

大津透「唐律令国家の予算について：儀鳳三年度支奏抄・四年金部旨符試釈」『史学雑志』第 95 編第 12 号、1986 年。

大津透「唐律令制下の力役制度について：日唐賦役令管見」『東洋文化』第 68 号、1988 年。

渡辺信一郎「唐代前期賦役制度の再検討ー雑徭を中心に」『唐代史研究』第 11 号、2008 年。

松永雅生「唐代差役考」『東洋史学』第 15 号、1956 年。

松永雅生「両税法以前における唐代の資課」『東方学』第 14 号、1957 年。

西村元佑「唐律令における雑任役と所謂色役資課に関する一考察」『竜谷史壇』第 50 号、1962 年。

曽我部静雄「我が古代の雑任と雑色人と入色者について」『律令を中心とした日中關係史の研究』（上下）、吉川弘文館、1970。

后　记

　　本书是首部较为系统地研究唐代色役问题的专著，亦是国家社会科学基金一般项目"唐代色役问题研究"（16BZS041）的结项成果。

　　拙著虽依据唐代语境，以唐代色役为考察对象，但探索唐宋制度连续性一直是我研究的问题意识和旨趣所在，故其在揭示唐代色役嬗变的同时，也把个别问题延伸到宋代，希望管窥唐宋间役制的关联。此外，本书亦将唐代色役放在中国古代役制更广阔的层面上进行观察，希冀厘清其渊源与流变。

　　承蒙不弃，本书中的一些章节曾在不同专业期刊上发表，感谢这些年来诸位编辑老师对每篇论文不遗余力的斧正与抬爱，让我能不断学习与成长。本书后面附了四篇与唐代色役相关的文章，其中《唐前期色役性质考辨》属于早期对色役性质的认识，虽然本书第一章对此看法已有修正，但其中的"杂色役"

和"部门役"的论述时至今日仍有些许启发性。《试论唐前期"支度国用"中的杂徭》与《试论唐前期中男服杂徭的法定役期》为研究杂徭的专文。关于杂徭与色役的区别，本书有详尽的论述。虽然有很多学者仍将杂徭看作地方官府随意征派之役，但我一直认为唐前期的律令制时代杂徭不会如此无序。《北宋前期役制变迁探析》探讨了役制的三个转变，都不同程度地关联到色役问题，故将它们连缀于此。

本书力求以鲜明的问题意识生发议题，以绵密的考证形成见解，商榷成说。虽然结论尚需接受学术界的考问，但本书若能唤起学术界对唐史众多学科级问题的重视，促使青年学子对传统议题进行再检讨，足矣！

本部书稿的校订完成，要感谢我所指导的博、硕士研究生。博士研究生李强、宋唐睿、王志成、郑栋，硕士研究生梁秋婷、石虹、刘进飞、李蔡翔分别校对了本书各章节，并详细地核对了史料。其中，李强博士对本书出力最多，不仅承担了全书统稿工作，还对全书进行了通篇校订。当然，本书能够付梓，更要感谢社会科学文献出版社历史学分社社长郑庆寰以及编辑汪延平女士对书稿的认真编校和提出的诸多宝贵意见。

吴树国

甲辰年六月于福州

图书在版编目（CIP）数据

唐代色役研究 / 吴树国著 .-- 北京：社会科学文
献出版社，2025.4.--（九色鹿）.--ISBN 978-7
-5228-5124-2

Ⅰ .F812.942

中国国家版本馆 CIP 数据核字第 20255HZ422 号

· 九色鹿 · 唐宋 ·

唐代色役研究

著　　者 / 吴树国

出 版 人 / 冀祥德
组稿编辑 / 郑庆寰
责任编辑 / 汪延平
责任印制 / 岳　阳

出　　版 / 社会科学文献出版社 · 历史学分社（010）59367256
　　　　　 地址：北京市北三环中路甲29号院华龙大厦　邮编：100029
　　　　　 网址：www.ssap.com.cn
发　　行 / 社会科学文献出版社（010）59367028
印　　装 / 北京联兴盛业印刷股份有限公司

规　　格 / 开　本：787mm×1092mm　1/16
　　　　　 印　张：18.75　字　数：269千字
版　　次 / 2025年4月第1版　2025年4月第1次印刷
书　　号 / ISBN 978-7-5228-5124-2
定　　价 / 89.80元

读者服务电话：4008918866
Ⓐ 版权所有 翻印必究